高等职业技术教育精品教材——铁道机车类

电力机车运用与规章

（第2版）

主　编　陆　超　曾青中　陈炳根
主　审　陈选民　孙秀丽

西南交通大学出版社
·成　都·

图书在版编目（CIP）数据

电力机车运用与规章 / 陆超，曾青中，陈炳根主编
. —2 版. —成都：西南交通大学出版社，2020.11（2022.7
重印）
ISBN 978-7-5643-7680-2

Ⅰ. ①电… Ⅱ. ①陆… ②曾…③陈… Ⅲ. ①电力机车 – 高等职业教育 – 教材 Ⅳ. ①U264

中国版本图书馆 CIP 数据核字（2020）第 187656 号

Dianli Jiche Yunyong yu Guizhang
电力机车运用与规章

（第 2 版）

主编	陆　超　曾青中　陈炳根		
责任编辑	王　旻		
封面设计	曹天擎		
出版发行	西南交通大学出版社		
	（四川省成都市金牛区二环路北一段 111 号		
	西南交通大学创新大厦 21 楼）		
邮政编码	610031		
发行部电话	028-87600564　028-87600533		
网址	http://www.xnjdcbs.com		
印刷	成都勤德印务有限公司		
成品尺寸	185 mm×260 mm		
印张	20.25		
字数	430 千		
版次	2020 年 11 月第 2 版		
印次	2022 年 7 月第 9 次		
定价	56.00 元		
书号	ISBN 978-7-5643-7680-2		

课件咨询电话：028-81435775
图书如有印装质量问题　本社负责退换
版权所有　盗版必究　举报电话：028-87600562

第 2 版前言

铁路作为国民经济的大动脉,在我国经济社会发展中一直扮演极其重要的角色。随着我国铁路建设的快速发展,铁路行业技术技能型人才需求急剧增加,对培养技术技能人才的要求也在显著提高。

为进一步对接铁路行业对机车司机等岗位技能的要求,本书依据 2019 年教育部颁布的《高等职业学校铁道机车专业教学标准》结合《铁路技术管理规程(普速铁路部分)》《铁路机车操作规则》《铁路机车运用管理规则》等铁路最新相关规章组织编写而成。全书共分为十一个项目,包括铁路行车基础知识、铁路行车信号、编组列车、行车闭塞法、列车运行、机车管理与运用、机车运用指标、机车运用安全、电力机车乘务员一次乘务作业过程、机车三项设备及 LKJ 操作标准和电力机车整备作业等内容。每个项目依据项目要点进行了任务划分,并配套有对应的 PPT 课件等教学资源,并在项目总结的基础上选取典型事故案例,让学习者能够从案例中认识到铁路行车安全的重要性。

本教材由广州铁路职业技术学院陆超、曾青中,广深铁路股份有限公司广州机务段陈炳根主编;由广州铁路职业技术学院陈选民、中国广州局集团有限公司株洲机务段孙秀丽主审。参加本教材编写的有广州铁路职业技术学院陆超(项目一、二、七、九),广深铁路股份有限公司何建球(项目三、四),广深铁路股份有限公司陈炳根(项目五、六、十),广州铁路职业技术学院曾青中(项目八、十一)。本书在编写过程中得到广州机务段职工教育科、运用车间有关人员的大力帮助,在此表示衷心感谢!

由于编者水平有限,书中难免有不妥之处,欢迎读者提出宝贵意见。

编 者
2020 年 7 月

第1版前言

本书是依据铁路高职教育"电力机车驾驶专业教学计划"结合《铁路技术管理规程（普速铁路部分）》《铁路机车操作规则》《机车段修管理规程》等铁路最新相关规章组织编写。全书共分为十一个项目，主要内容包括了铁路行车信号、编组列车、行车闭塞法、列车运行、机车管理与运用、机车运用指标、机车运用安全、电力机车乘务员一次乘务作业过程、电力机车检查与保养和机车三项设备等内容。每个项目依据项目要点进行了任务划分，并在项目总结的基础上选取典型事故案例，让学习者能够从案例中认识到铁路行车安全的重要性。

本书由广州铁路职业技术学院陆超、广深铁路股份有限公司广州机务段曾伯荣担任主编；由广州铁路职业技术学院谢家的、广深铁路股份有限公司广州机务段孙道仁担任主审。参加本书编写的有：广州铁路职业技术学院陆超（项目一、二、七、九），广深铁路股份有限公司唐正平（项目三、四），广深铁路股份有限公司曾伯荣（项目五、六、十），广州铁路职业技术学院曾青中（项目八、十一）。本书在编写过程中得到广州机务段职工教育科、运用车间有关人员的大力帮助，在此表示衷心感谢！

由于编者水平有限，书中难免有不妥之处，欢迎读者提出宝贵意见。

编　者
2015年5月

目 录

项目一　铁路行车基础知识 …………………………………………… 001
复习思考题 ………………………………………………………………… 018

项目二　铁路行车信号 ………………………………………………… 019
 任务一　铁路行车信号的基本要求 …………………………………… 019
 任务二　固定信号 ……………………………………………………… 026
 任务三　机车信号 ……………………………………………………… 051
 任务四　移动信号 ……………………………………………………… 057
 任务五　手信号 ………………………………………………………… 062
 任务六　信号表示器及信号标志 ……………………………………… 076
 任务七　听觉信号 ……………………………………………………… 096
复习思考题 ………………………………………………………………… 100

项目三　编组列车 ……………………………………………………… 101
 任务一　编组列车的一般要求 ………………………………………… 101
 任务二　列车中机车的编挂及单机挂车 ……………………………… 105
 任务三　列车中车辆的编组 …………………………………………… 107
 任务四　列车中关门车的编挂 ………………………………………… 112
复习思考题 ………………………………………………………………… 115

项目四　行车闭塞法 …………………………………………………… 116
 任务一　行车闭塞法概述 ……………………………………………… 116
 任务二　自动闭塞 ……………………………………………………… 118
 任务三　自动站间闭塞 ………………………………………………… 121
 任务四　半自动闭塞 …………………………………………………… 123
 任务五　电话闭塞 ……………………………………………………… 125
 任务六　电话中断时的行车 …………………………………………… 127
复习思考题 ………………………………………………………………… 132

项目五　列车运行 ……………………………………………………… 133
 任务一　列车运行的一般要求 ………………………………………… 133

任务二　列车被迫停车后的处理与防护……………………144
　　任务三　列车的分部运行与退行……………………………147
　　任务四　救援列车与路用列车的开行………………………151
　　任务五　列车运行中发生路外伤亡事故的处理……………154
复习思考题……………………………………………………………155

项目六　机车管理与运用……………………………………………156
　　任务一　机车运用管理部门的体制及职责…………………156
　　任务二　机车配属与检修制度………………………………162
　　任务三　机车交路及机车运转制……………………………167
　　任务四　机车乘务组与乘务制度……………………………170
　　任务五　列车运行图和机车周转图…………………………174
复习思考题……………………………………………………………182

项目七　机车运用指标………………………………………………183
　　任务一　机车运用指标概念…………………………………183
　　任务二　机车运用数量指标…………………………………184
　　任务三　机车运用质量指标…………………………………186
　　任务四　机车运用分析………………………………………194
复习思考题……………………………………………………………199

项目八　机车运用安全………………………………………………200
　　任务一　电力机车乘务员安全生产…………………………200
　　任务二　铁路交通事故等级…………………………………203
　　任务三　铁路交通事故的报告………………………………207
　　任务四　铁路交通事故救援与起复…………………………214
复习思考题……………………………………………………………219

项目九　电力机车乘务员一次作业过程……………………………220
　　任务一　库内接车作业………………………………………220
　　任务二　途中作业……………………………………………228
　　任务三　终点站与退勤作业…………………………………236
　　任务四　机车乘务员确认呼唤（应答）标准………………238
复习思考题……………………………………………………………256

项目十　机车三项设备及 LKJ 操作标准……………………………257
　　任务一　机车三项设备………………………………………257
　　任务二　LKJ 出入段基本操作………………………………265
　　任务三　LKJ 运行途中常规操作……………………………269

  任务四 LKJ 查询操作 …………………………………………………… 274
  任务五 LKJ 其他操作 …………………………………………………… 275
 复习思考题 ……………………………………………………………………… 277

项目十一 电力机车整备作业 ……………………………………………… 278
  任务一 机车整备作业基本知识 ………………………………………… 278
  任务二 电力机车检查的基本知识 ……………………………………… 284
  任务三 电力机车的静止检查 …………………………………………… 287
  任务四 电力机车乘务员的自检自修 …………………………………… 289
  任务五 电力机车主要部件的保养 ……………………………………… 295
  任务六 SS_{9G} 型电力机车电气试验 …………………………………… 299
  任务七 HXD_3 型电力机车高、低压试验程序 ………………………… 305
  任务八 电力机车故障应急处理 ………………………………………… 310
 复习思考题 ……………………………………………………………………… 314

参考文献 ………………………………………………………………………… 315

课件汇总

项目一

铁路行车基础知识

项目要点

铁路是我国社会和经济发展的先行企业,是国民经济的大动脉,是交通运输行业的骨干。我国是大陆性的国家,铁路对我国国民经济和人民生活来说,有着十分重要的意义。目前,铁路承担着我国15%以上的货运周转量,40%以上的客运周转量。为更好地完成运输任务,铁路拥有大量的技术设备,如线路、桥梁、隧道、站场、通信、信号、机车、车辆等。这些设备主要由运输、机务、车辆、电务、工务等部门运用、管理和维修。电力机车司机作为从事行车有关作业的关键岗位之一,必须深刻了解和熟悉有关机车设备的特点和性能,正确操纵和合理使用各种行车设备,以确保行车组织效率的提高和安全生产。

扫码获取
项目一课件

通过对本项目中有关铁路线路的分类与管理,区间及分界点,列车运输性质,列车运行等级,机车标记及设备、检修维护制度等知识的系统学习,希望能对铁路行车基础知识有一个全面的理解、认识,并重点掌握:

1. 线路分类;
2. 股道编号、道岔编号及定位;
3. 区间分类及分界点;
4. 机车设备及相关修制。

一、铁路线路的分类与管理

(一)线路分类

为了完成铁路运输的客货运任务和进行行车作业并保证各项作业安全,应修建和设置不同的线路。铁路线路分为正线、站线、段管线、岔线、安全线及避难线。

1. 正　线

连接车站并贯穿或直股伸入车站的线路为正线。正线可分为区间正线及站内正线,连接车站的部分为区间正线,贯穿或直股伸入车站的部分为站内正线(见图 1-1)。但新建线路直股伸入站内正线外的其他股道时,如股道未按正线设计(改造),不作为正线管理。

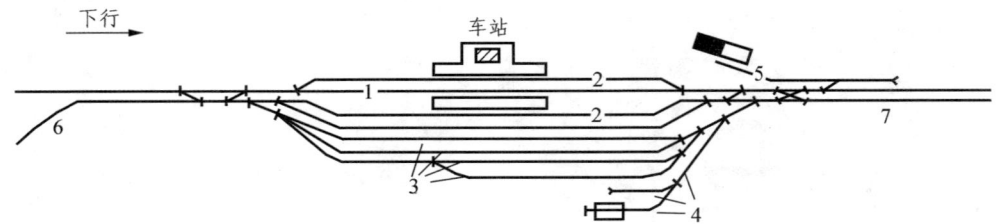

1—正线；2—到发线；3—调车线；4—站修线；5—货物线；6—牵出线；7—机车走行线。

图 1-1　线路类型示意图

2. 站　线

车站内除设有正线外,还根据业务性质、运量大小及技术作业的需要,分别铺设其他配线,这些配线统称为站线,如到发线、调车线、牵出线、货物线及指定用途的其他线等。

（1）到发线：是指供列车到达、出发使用的线路；

（2）调车线：是指进行列车编组与解体作业使用的线路；

（3）牵出线：是指设在调车场的一端,并与到发线连接,专供车列解体、编组及转线等牵出使用的线路；

（4）货物线：是指专供办理货物装卸车使用的线路；

（5）站内指定用途的其他线路,是指站内救援列车停留线、机车走行线、机车等待线、车辆站修线、轨道衡线、加冰线、换装线、货车洗刷线、驼峰迂回线等。

3. 段管线

段管线是指由机务、车辆、工务、电务等段专用,以及动车段(所)专用,并由其管理的线路。如机车整备线、机车转头用的三角线、转盘线以及机车车辆检修作业用的库线、工务、电务轨道车库线等。

4. 岔　线

岔线是指在区间或站内接轨,通往路内外单位(厂矿企业、砂石场、港湾、码头及货物仓库)的专用线路。

岔线在区间内与正线接轨,既影响通过能力,也不便管理,所以规定新建岔线不应在区间内与正线接轨。特殊情况必须在区间内接轨时,须经中国国家铁路集团有限公司(以下简称国铁集团)批准,并在接轨地点开设车站(线路所)或设辅助所（见图1-2），以便加强对道岔的管理。因路内施工而设置的临时性的区间出岔，应按期拆除。

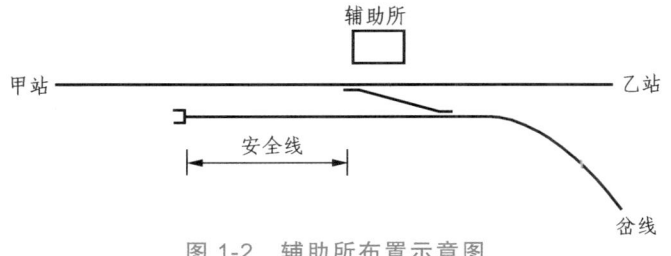

图1-2　辅助所布置示意图

5. 安全线

安全线是为防止列车或机车车辆从一条进路进入另一列车或机车车辆占用的进路而发生冲突的一种安全隔开设备，为特殊用途线。安全线有效长，一般不少于50 m，约为1台机车加2辆货车的长度，并要求向车挡方向不应采用下坡道。

机车车辆因制动原因进入安全线并不能保证其本身安全，只是起隔开作用，以保证其他机车车辆的安全。

岔线、段管线与正线、到发线接轨时，为了保证正线、到发线列车通行或调车作业通行时不致与岔线相关作业的机车车辆发生冲突，应在接轨处铺设安全线。

如岔线与正线或到发线接轨，当站内有平行进路及隔开道岔，并有联锁装置时，可不设安全线。

在进站信号机外制动距离内为超过6‰下坡道的车站，应在正线或到发线接车方向末端设置安全线，以保证下坡进站的列车不致闯入前方区间，与正线上对向进站的列车或站内发出的列车发生冲突。

6. 避难线

避难线是在长大下坡道上能使失控列车安全进入的线路，为特殊用途线。避难线是为防止长大下坡道上失去控制的列车发生冲突或颠覆而设置的，应根据线路情况，计算确定在区间或站内设置避难线。避难线宜设在车站出站端；困难条件下可设在进站端，应避免设在区间（见图1-3）。

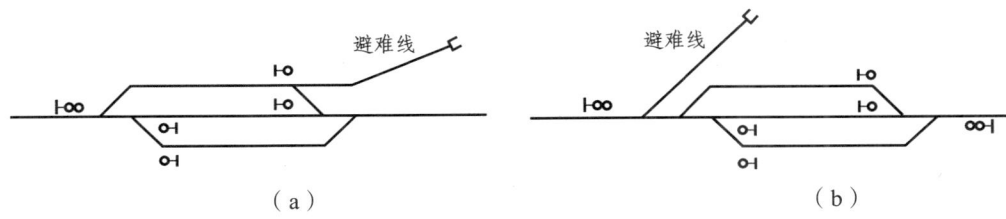

图1-3　避难线设置示意图

（二）行车方向

在行车工作中，为便于管理、指挥、办理作业和运用统计，必须规定列车运行方向。确定列车运行方向的基本原则,是以开往北京方向的列车为上行列车;反之,为下行列车。有些线路按上述原则仍不易确定列车运行方向时,根据线路情况由国铁集团规定,如陇海线、沈大线等。

枢纽地区往往有若干条支线、联络线和环线,列车运行方向较为复杂,而且枢纽地区的线路和车流情况各不相同,为此由铁路局集团有限公司(以下简称铁路局集团公司)规定。

为区别列车的种类、性质和运行方向,对每一列车必须编定车次,上行列车编为双数,下行列车编为单数。在同一列车运行径路中有不同的运行方向时,为便于掌握,在与整个方向不符的个别区间,准许不改变车次,仍使用原车次(见图1-4)。

图1-4中,于洪—揽军屯间既是山海关经于洪、揽军屯至沈阳的下行方向,又是长春经于洪、揽军屯、浑河至大连的上行方向。因此,山海关经沈阳西至沈阳、苏家屯站为下行,车次应为单数;沈阳西向苏家屯站为上行,车次应为双数;沈阳西向沈阳站为下行,车次为单数;长春方向至苏家屯站为上行,车次为双数。

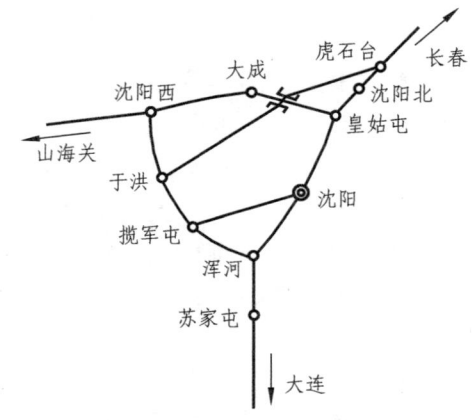

图1-4 行车方向示意图

在沈阳西—于洪—揽军屯站间,向同一方向运行的列车,既有下行列车,又有上行列车,车次既有单数,也有双数,为便于掌握,利于指挥,上述各方向的列车不在于洪、揽军屯站改变车次。

(三)双线区间的运行方向

我国铁路规定在双线区间按左侧单方向行车,这个运行方向称为正方向,相应的闭塞设备、列车信号机等行车设备也是按此设置的,在行车安全上有着可靠的保证;同时根据我国铁路成对行车的特点,列车在各自的线路上运行时,互不干扰,能够保证最大的通过能力,发挥最大的效益。

双线区间列车反方向运行时,需改变线路原正常运行方向,对运输安全、效率都有不利影响。所以规定只限于整理列车运行时才准许采用。

为了保证旅客列车运行安全,对旅客列车反方向运行应严加限制,不允许将旅客列车反方向运行作为一般整理列车运行的措施。因此规定旅客列车仅在正方向区间的线路封锁施工、发生自然灾害或因事故中断行车等特殊情况下,经铁路局集团公司调度所值班主任准许,方可反方向运行。

(四)车站线路的管理

为便于车站线路的使用,保证列车及调车作业的机车车辆正确进入有关线路,确保安全作业，应对车站内的线路及道岔进行编号。

1. 股道编号

编号时为区别正线和站线，规定正线用罗马数字编号（Ⅰ、Ⅱ…），站线用阿拉伯数字编号（1、2、3…）。

（1）单线铁路的车站，从靠近站舍（信号楼）的线路起，向远离站舍（信号楼）方向顺序编号（包括正线在内）；位于站舍（信号楼）左右或后方的股道，在站舍前的股道编完后，再由正线一侧向外顺序编号（见图1-5）。

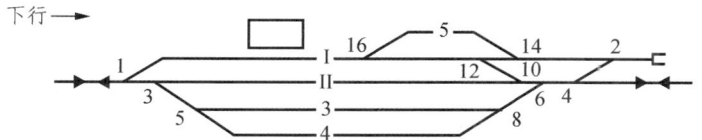

图1-5 单线区段车站线路、道岔编号图

（2）双线铁路的车站，从正线起按列车运行方向分别向外顺序编号，上行为双数，下行为单数（见图1-6）。

（3）尽头式车站，站舍位于线路一侧时，从靠近站舍的线路起，向远离站舍方向顺序编号。站舍位于线路终端时，面向终点方向由左侧线路起顺序向右编号，大站上股道较多，应分别按车场各自编号（见图1-7）。

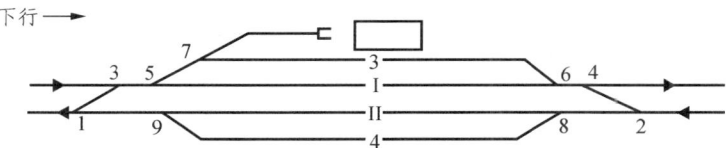

图1-6 双线区段车站线路、道岔编号图

尽头式车站，站舍（信号楼）位于线路终点处时，股道号码应向终点方向由左侧开始顺序编号；站舍（信号楼）位于线路一侧时，从靠近站舍的线路起，向远离站舍方向顺序编号（见图1-7）。

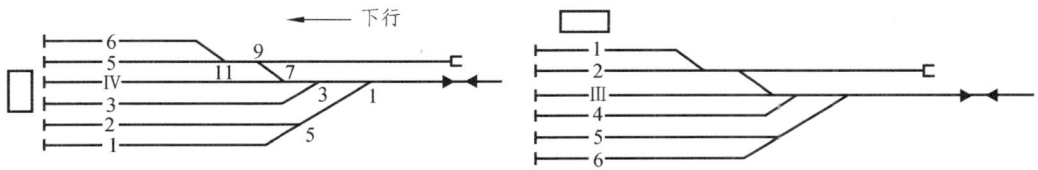

图1-7 尽头式车站线路、道岔编号图

2. 道岔编号

道岔是车站主要行车设备之一。道岔的扳动是否正确，直接关系到行车安全，必须明确道岔的使用管理责任。所以规定站内的道岔均由车站负责管理和使用，车站与其他单位管理的线路相衔接的道岔（包括衔接处起隔开作用的防护道岔）（见图1-8），也应由车站管理。其他部门不得擅自更改道岔编号，设备管理部门未经车站同意不得扳动道岔。

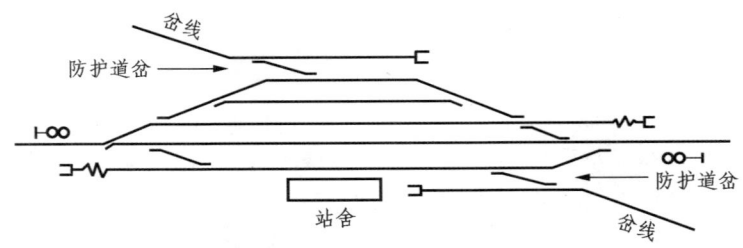

图 1-8　站线衔接道岔示意图

（1）道岔编号按上、下行咽喉统一顺序编号。由上行列车到达方向起，顺序编为双号；由下行列车到达方向起，顺序编为单号（见图1-5）。

上下行方向的划分：车站值班员室（信号楼）位于站中心附近时，以车站值班员室（信号楼）中心线为界；车站值班员室（信号楼）距站中心较远时，以车站（车场）中心线为界。

（2）尽头站向线路终点方向顺序编号，上行列车到达的方向编为双号，下行列车到达的方向编为单号（见图1-7中左图）。

（3）每一道岔应有单独的号码。渡线道岔（见图1-5中2、4号，10、12号道岔），以及同一连接线上的数个道岔（见图1-5中3、5号，6、8号道岔）均应连续编号。交分道岔每组应根据电动转辙机的安装，将两组尖轨和两组可动心轨分别编4个号码，编号顺序根据动作关系按渡线道岔的办法连续编号（见图1-9）。

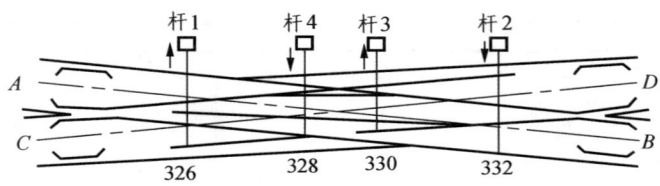

图 1-9　交分道岔编号示意图

（4）一个车站有几个车场时，每一个车场的道岔必须单独编号。为区别车场、道岔号码，使用三位及以上数字。第一位数表示车场号码，后面的数字表示道岔编号。遇到两个车场共用一个咽喉区时，可根据作业情况划分。

（5）联锁区内的道岔号码应连续编排，在联锁道岔编完后，适当地预留一些号码，再编非联锁道岔。

3. 道岔定位

道岔应规定经常保持向某一线路开通的位置，这个位置称为定位；向另一线开通的位置称为反位。道岔定位是道岔管理的重要环节，是正确准备进路的辅助措施。所以使用完了以后，应及时恢复定位，避免错扳或忘扳而造成事故，以保证行车安全。在双线车站，还可减少扳动道岔次数，提高准备进路效率。

根据现场实际工作中安全生产的经验，规定道岔定位的原则是：

（1）单线车站正线进站道岔定位为由车站两端向不同线路开通的位置（见图1-10）。

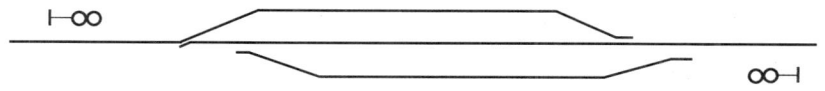

图1-10　单线车站进站道岔定位示意图

为了防止非集中操纵的道岔因忘扳而使两对向列车进入同一线路；在办理相对方向同时接车时，任何一端的列车一旦操纵不当冒进进站信号机，亦可防止进入同一线路。

（2）双线车站正线进站道岔，为各该正线开通的位置。区双线车站大部分列车都在正线上到发或通过，定位于正线可以减少道岔扳动次数（见图1-11）。

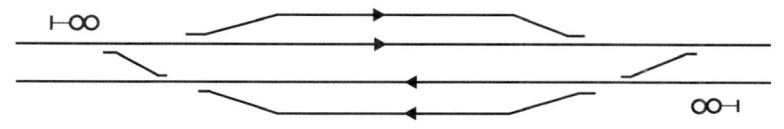

图1-11　双线车站进站道岔定位示意图

（3）区间内及站内的正线为列车运行的主要线路，由于进入区间内岔线的列车或机车车辆很少，在车站通过列车原则上应在正线办理。所以规定区间内及站内正线上的其他道岔（通向安全线、避难线的道岔除外），为正线开通的位置（见图1-12）。

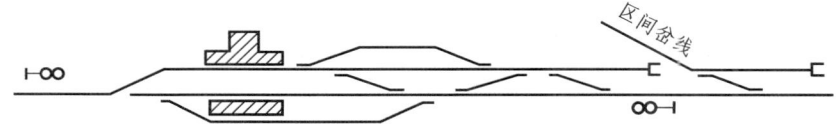

图1-12　站内、区间内其他道岔定位示意图

（4）安全线是为防止列车或机车车辆从一进路进入另一列车或机车车辆占用的进路而发生冲突的一种安全隔开设备。避难线是为了防止长大下坡道上失去控制的列车发生冲突或颠覆而设置的。所以规定引向安全线和避难线的道岔，为开通安全线、避难线的位置（见图1-13、1-14）。

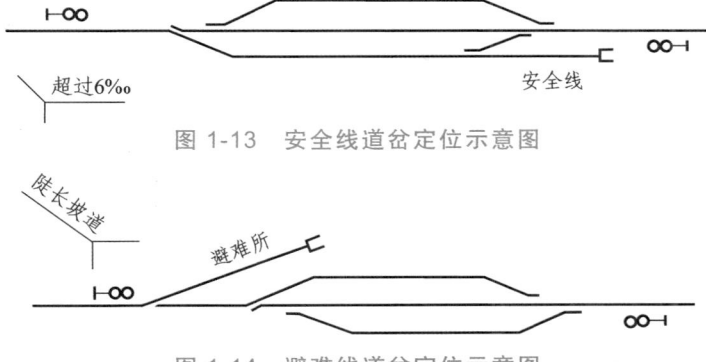

图1-13　安全线道岔定位示意图

图1-14　避难线道岔定位示意图

（5）到发线主要用于接发列车，为减少扳动和确保接发列车安全，规定到发线上的中岔为到发线开通的位置。到发线上的中岔指的是在一条到发线有效长范围内设置的通往其他线路的道岔；两条纵向衔接在一起的到发线的中间道岔不属于中岔。

（6）除以上5项外，其他由车站负责管理的道岔定位，由车站根据具体情况规定。规定时，要考虑行车安全和工作方便等因素，并符合科学管理的要求。

二、区间及分界点

为保证在线路上运行列车的安全，使同方向列车不致发生追尾冲突，对向列车不致发生迎面相撞，必须将铁路线路划分为若干线段。在划分的线段中，每个线段在同一时间内只准许进入一个列车，当前一个列车未腾空该线段前，后一列车不得进入，从而保证了列车在该线段内的运行安全。为提高运输效率，在满足列车长度、列车制动力、信号显示距离等条件的前提下，划分多线段，即可多开行列车，从而提高通过能力。这些线段就是区间或闭塞分区，按区间或闭塞分区放行列车的方法叫空间间隔法。这一方法有效地保证了列车运行的安全并提高了通过能力。

（一）区间与分界点的概念

为了保证行车安全和必要的线路通过能力，铁路上每隔一定距离（约10 km）需要设置一个车站（分界点），分界点把每一条铁路线划分成若干个长度不同的段落，每一段落则称为区间。因此，区间和分界点是组成铁路线路的两个基本环节。

（二）分界点的分类

```
          ┌ 有配线的分界点：车站 —— 除了正线以外，还配有其他线路（到发线、牵出线等）。
          │                  ┌ 线路所 —— 设置在非自动闭塞区段的两车站间。
          └ 无配线的分界点： ┤ 通过色灯信号机 —— 设置在自动闭塞区段的两车站间，将
                             └                 其划分为若干个闭塞分区。
```

1. 车 站

除办理旅客、货物运输业务外，还办理和列车运行有关的各项行车作业，是铁路运输系统的基层生产单位。

2. 线路所

为提高区间通过能力或管理区间分歧道岔，应设置线路所。线路所只有正线，没有配线，一般不办理客货运业务。线路所只设有通过信号机（无管辖地段），办理列车的通过。线路所也可以有管辖地段（该线路所设有进站及出站信号机）。

3. 自动闭塞通过色灯信号机

自动闭塞通过色灯信号机，设在闭塞分区的分界处，以划分闭塞分区。

4. 站　界

为保证行车安全和分清工作责任，车站和它两端所衔接的区间应有明确的界限。

在单线站间区间，车站的范围以两端进站信号机柱的中心线为界，外方是区间，内方则属于车站，通常称为"站界"。

在双线或多线站间区间，站界是按上下行正线分别确定的；即一端以进站信号机柱中心线为界，另一端以站界标的中心线为界（见图1-23）。

5. 警冲标

警冲标是信号标志的一种，设在两会合线路线间距离为4 m的中间，用来指示机车车辆的停留位置，防止机车车辆的侧面冲撞（见图1-15）。

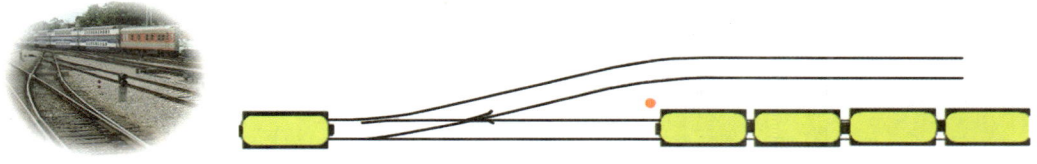

图1-15　警冲标示意图

（三）区间的分类

1. 站间区间

车站与车站之间的线段，称站间区间。

（1）在单线站间区间，以进站信号机柱中心线为车站与区间的分界线（见图1-16）。

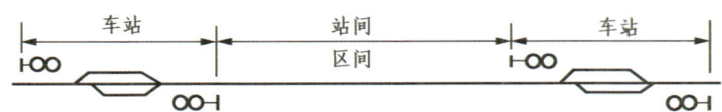

图1-16　单线区段站间区间界限示意图

（2）双线或多线站间区间，分别以各该线的进站信号机柱或站界标的中心线为车站与区间的分界线（见图1-17）。

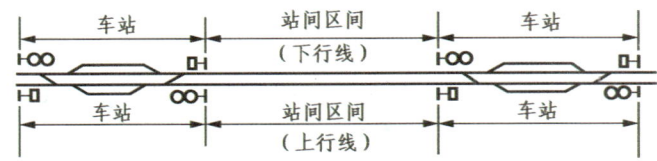

图1-17　双线区段站间区间界限示意图

2. 所间区间

两线路所间或线路所与车站间的线段，称所间区间。

（1）单线所间区间，以该线上的线路所通过信号机柱的中心线为所间区间的分界线。设有进站信号机的线路所，所间区间的分界方法与站间区间相同。

线路所只设有通过信号机，无管辖地段的（见图1-18）。

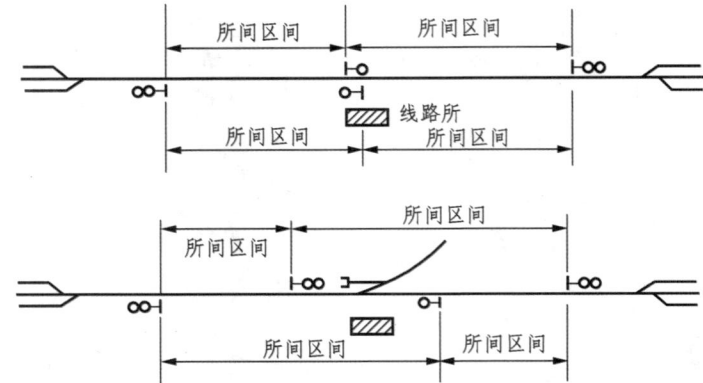

图1-18　单线区间只设有通过信号机的所间区间界限示意图

线路所设有进、出站信号机，并有管辖地段的（见图1-19）。

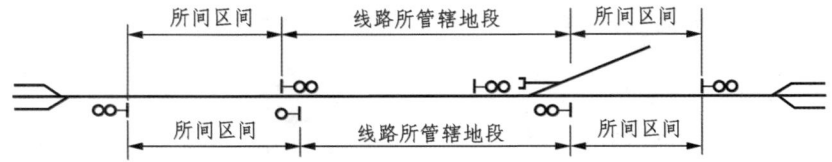

图1-19　单线区间设有进、出站信号机的所间区间界限示意图

（2）双线所间区间，其划分方法与单线所间区间相同。

线路所只设有通过信号机，无管辖地段的（见图1-20）。

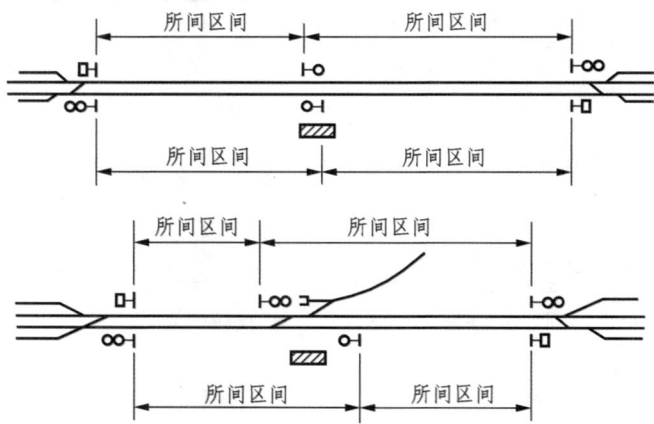

图1-20　双线区间只设有通过信号机的所间区间界限示意图

线路所设有进、出站信号机，并有管辖地段的（见图1-21）。

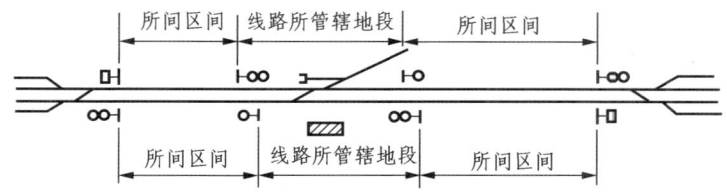

图 1-21 双线区间设有进、出站信号机的所间区间界限示意图

3. 闭塞分区

自动闭塞区间同方向相邻的两架通过色灯信号机间或进站信号机与通过色灯信号机间的线段，称闭塞分区。

自动闭塞区间的闭塞分区，以该线上同方向相邻的两架通过色灯信号机柱的中心线为分界线。

单线区间闭塞分区分界线如图 1-22 所示。

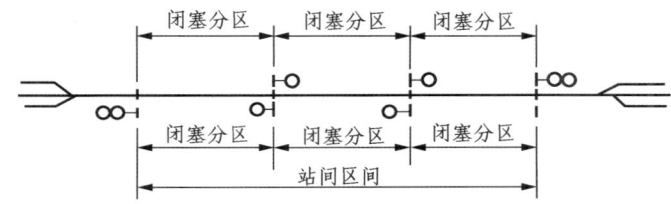

图 1-22 单线区间闭塞分区界限示意图

双线区间闭塞分区分界线（见图 1-23）。

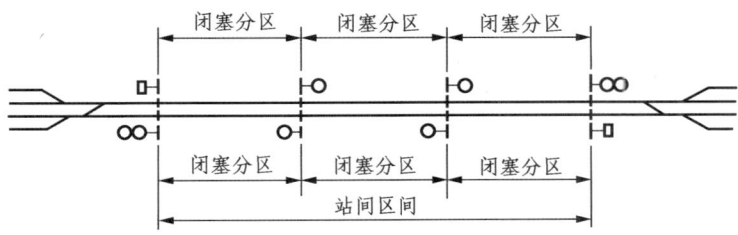

图 1-23 双线区间闭塞分区界限示意图

三、列车运输性质的分类及运行等级

（一）列车运输性质的分类

随着铁路运输事业的发展，为满足旅客和货物运输的不同需要，列车按运输性质主要分为以下 5 种。

1. 旅客列车

旅客列车是指为运送旅客开行的列车。根据旅客列车的车底及运行速度或旅行速度等，可分为动车组、特快、快速、普通旅客列车等。

2. 特快货物班列

特快货物班列是指使用行李车或邮政车等客车车辆，根据需要编组，整列装载行李、包裹和邮件等的列车。

3. 军用列车

军用列车是指为运送军队和军用物资开行的列车。

4. 货物列车

货物列车是指为运送货物和排送空货车开行的列车。分为快速货物班列、快运、重载、直达、直通、冷藏、自备车、区段、摘挂、超限及小运转列车。

（1）快速货物班列：最高运行速度为 120 km/h，使用专用货车（如 P_{65} 等）或通用棚车编组，在固定发到站间，有固定车次和运行线，明确的开行周期和运行时刻的货物列车。

（2）快运货物列车：采用运行速度 120 km/h 的专用车辆，以高附加值货物为重要运输对象的快速列车。

（3）直达货物列车：通过一个及以上编组站不进行改编作业的列车。在装车站组成的，叫始发直达列车；在技术站（编组站和区段站的总称）组成的，叫技术直达列车。

（4）直通货物列车：在技术站组成，通过一个及以上区段站不进行改编作业的列车。

（5）冷藏货物列车：利用机械冷藏车专门运送鲜活、易腐等需要保持特定温度的货物的列车。

（6）自备车列车：全部用企业自备车编组而成的列车。

（7）区段货物列车：在技术站组成，运行一个区段，在本区段内不进行甩挂作业的列车。

（8）摘挂货物列车：在技术站（或中间站）组成，在区段内进行车辆甩挂或零担货物装卸的列车。

（9）超限货物列车：编挂有超限货物车辆的列车。

（10）小运转列车：在区段规定范围内或枢纽地区几个车站间开行的列车。

5. 路用列车

路用列车是指不以营业为目的，专为完成铁路本身任务而开行的列车。如试验列车，运送铁路器材、路料的列车，因施工、检修需要开行的轨道车、接触网作业车、大型养路机械车组等。

除上述 5 种列车以外，还有为执行任务而开行的特殊用途列车，如专运、救援列车等。

（二）列车运行等级

根据我国铁路列车分类和不同种类的列车运行速度，为适应技术设备条件、满足客货服务水平，在编制列车运行图、制定日常列车运行计划及调度调整运行秩序时，列车运行等级顺序原则上按速度等级从高到低的顺序调整，同速度等级的列车原则上按以下等级顺序调整：

（1）动车组列车为固定编组，运行速度和行车要求比其他列车高。

（2）特快旅客列车一般运行于大城市之间，停站少且旅行速度快，最高运行速度达到160 km/h。

（3）特快货物班列使用最高允许速度达到160 km/h的机车和行邮车底，按特快旅客列车运行标尺运行。

（4）快速旅客列车一般运行于大中城市之间，停站较少且旅行速度较快，最高运行速度为120~160 km/h。

（5）普通旅客列车一般运行于城乡之间，停站较多，方便各地群众乘降，最高运行速度不超过120 km/h。

（6）军用列车为运送军事人员及军用物资的专用列车。

（7）货物列车运送铁路承运的各类货物。

（8）路用列车。

由于自然灾害、设备故障或铁路交通事故等原因，须开往现场救援、抢修、抢救的列车，包括救援列车和除雪机等，应优先办理，不受列车等级的限制。

由于特殊目的开行的列车（如专列或其他列车等），以及新增加列车的种类，因其性质及任务不同，缓急程度不同，应根据具体情况在指定开行时确定其等级。

特快货物班列按运输性质分类次于旅客列车，但因其使用最高允许速度为160 km/h的机车和专用车底、按特快旅客列车运行标尺运行，因此其列车运行等级顺序仅低于动车组和特快旅客列车而高于其他列车。

四、机车标记及设备

机车按牵引动力方式分为电力机车、内燃机车，传动方式主要有交流传动和直流传动。随着铁路牵引动力技术的进步，在我国，交流传动机车已经逐渐取代直流传动机车成为铁路牵引的主力军。

（一）机车标记

为便于统计和区别所属局段，并明确维修、使用的责任，在机车上应规定各种标记及有关机车设备的配置，包括所属局段简称、类型及编号、最高运行速度、制造厂名及日期、监督器具上的检验标记等。标示牌应涂记于明显部位以便识别。

1. 属于标记方面的标记

（1）路徽——区别铁路机车与其他部门（如厂矿、地方铁路）专用机车的标记。在电力、内燃机车上，路徽涂记在两端司机室瞭望窗外侧中心线的下方，如系单侧驾驶室则只涂记一侧。

（2）所属局段简称——机车配属管理单位的标记。如配属于中国铁路北京局集团有限公司（以下简称北京局集团公司）北京机务段的机车，即用"京局京段"来表示。其涂记部位，在电力、内燃机车上，均为司机室两侧侧窗外部的下方。

（3）类型及号码——区分机车类型及其构造排号的标记。如"HXN50001"，其标记部位，在驾驶室前方外侧路徽的下方和司机室两侧局段简称的下方。

各类型机车的路徽、局段简称、类型号码字标的形式和尺寸，均应按国铁集团的规定和所公布的要求执行。

2. 属于标示牌方面的标记

（1）速度标示牌——标明机车所允许的最高运营速度。该标示牌应置于司机容易查看的部位。

（2）制造厂名及日期标示牌——标明机车制造工厂及其制造的时间，一般装在机车车体侧面下部。

3. 监督器具上的检验标记

（1）在内燃机车上，监督器具有燃油进、出口压力表，润滑油进、出口压力表，柴油机转速表、牵引发电机的电流、电压表，辅助发电机的电压表和蓄电池充、放电电流表等。这些监督仪表经过检验后，均应打上检验标记。

（2）在电力机车上，各种电压、电流表等监督器具都应按规定期限检查，并须按规定打印检验标记。

4. 属于安全方面的标记

为保证电气化区段的作业安全，电气化区段运行的机车上应有"电化区段严禁攀登"安全性标记。

（二）机车设备

根据技术设备水平的提高和保障行车安全的需要，明确规定了机车必须配备和应逐步配备的主要设备。

1. 必须配备的设备

（1）机车信号。

（2）机车的列车运行安全监控类设备，包括 LKJ、机车安全信息综合监测装置 TAX 箱、机车语音记录装置、列车运行状态信息系统车载设备、机车车号识别设备。

（3）车载无线通信设备。

（4）机车列尾控制设备。

2. 应逐步配备的设备

（1）机车车载安全防护系统（简称 6A，包括机车空气制动安全监测子系统、机车防火监控子系统、机车高压绝缘检测子系统、机车列车供电监测子系统、机车走行部故障监测子系统一、机车自动视频监控及记录子系统）。

（2）机车限鸣示警系统（闪烁辅助照明灯、电笛等）。

（3）机车空气防滑装置。

（4）双管供风装置。

（5）列车供电设备。

3. 电力机车应配备的设备

自动过分相装置，必要时配备弓网检测装置。

4. 其他设备

根据机车配属区域和运用区段的需要，还可配备车内通信、空调、卫生及供氧等设备。

五、检修维护制度

1. 天窗修制度

基础设施实行天窗修制度，并推行预防性计划修、专业化集中修制度。

天窗是指在列车运行图中，不铺画列车运行线或调整、抽减列车运行线，为营业线施工、维修作业预留的时间，按用途分为施工天窗和维修天窗。

预防性计划修是以通过的总重、计划的时间周期或其他指标为目标而开展的设备维修方式。专业化集中修是调集一定数量的设备和人力，集中一段时间对某一条线进行专门维修，长大繁忙干线或重载线路往往采取这种维修方式。预防性计划修和专业化集中修对确保维修质量，提高天窗使用效率，满足设备维修要求有积极作用，是普速铁路修程修制改革的重要内容和发展方向。

2. 机车的修程及修制

机车实行计划预防修，逐步推行基于大数据技术的预见性维修，开展机车主要部件的故障预测和健康管理，实施主要零部件的专业化、集约化、规模化、集中检修。检修周期应根据机车实际技术状态和走行公里或使用时间确定，机车检修周期及技术标准按国铁集团机车检修规程执行。

（1）机车必须具有良好的技术状态，才能满足运输需要和保证行车安全。经过一定的走行公里或一定时间的运用后，机车部件会产生机械磨耗、损伤、变形、裂纹、材质疲劳和老化、性能减退等问题，从而影响机车运用性能并危及行车安全。为了及时消除上述缺陷和有害因素，恢复机件规定限度内的尺寸和性能，使机车保持良好的技术状态，国铁集团规定了机车的检修制度。

（2）计划预防修是目前及今后一段时期机车实行的维修体制，即根据检修规程规定的周期，预先安排计划，对机车进行规定内容的检查、修理。预见性维修是基于过程数据，通过预测设备可能的失效模式，根据设备实际状态需要，安排维修活动。与传统的计划修、状态修相比较，设备的检修成本较低，而可靠性更高。目前德、法、意等国家铁路公司应用刚刚起步，是当前世界设备维修技术的潮流和方向。未来逐步推行基于大数据技术的预见性维修，开展机车主要部件的故障预测和健康管理，实施主要零部件的专业化、集约化、规模化、集中检修。

（3）机车的检修周期是指机车经过一定的运用时间或走行公里后进行检修的间隔。各种类型机车的检修周期，主要是依据机车担当牵引区段的线路质量、坡度和气候等客观因素以及机车检修、保养等条件，对该型机车完成规定的走行公里或一定使用时间确定的。调车机车不易统计走行公里，只能按运用时间规定。

（4）和谐型交流传动机车检修的修程分为 C6 修、C5 修、C4 修、C3 修、C2 修、C1 修。直流传动机车定期检修的修程分为大修、中修、小修和辅修。

项目总结

本项目详细介绍了铁路行车基础知识，包括了线路分类、股道编号、道岔编号及定位、区间分类及分界点、机车设备及相关修制等基本知识。其中识别股道编号、道岔编号及定位是本项目的重点内容，需学习者认真学习和掌握。除了学习基本理论知识，还需通过技能训练来进一步巩固和提高。

事故案例

京广线"4·29"荣家湾站旅客列车冲突特别重大事故

（一）事故概况

1997 年 4 月 29 日 10 时 48 分，昆明开往郑州的 324 次旅客列车行至京广线荣家湾站 1453 km 914 m 处，与停在站内 4 道的 818 次旅客列车尾部冲突，造成 324 次旅客列车机后 1 至 9 位颠覆，10 至 11 位脱轨；818 次旅客列车机后 15 至 17 位（尾部 3 辆）颠覆，构成旅客列车冲突特别重大事故。

（二）事故经过

1997 年 4 月 29 日，818 次旅客列车（长沙—茶岭）全列编组 17 辆，总重 901 t，由长沙机务段 ND_2 型 222 号机车牵引。列车于 10 时 35 分到达荣家湾站 4 道停车，计划待避客车 324 次。

324 次旅客列车（昆明—郑州）全列编组 17 辆，总重 882 t，由长沙机务段 DF_4 2520 号机车牵引。列车 10 时 42 分通过黄秀桥车站后，荣家湾车站值班员即安排信号员办理 324 次列车Ⅱ道出站信号。324 次列车凭荣家湾车站进站信号机绿色灯光进站，行至 12 号道岔处，司机发现列车进路不对，立即采取紧急制动，停车不及，与停在站内 4 道的 818 次旅客列车尾部发生冲突。

事故共造成死亡 126 人，重伤 48 人，轻伤 182 人，机车报废 1 台，客车报废 11 辆、大破 3 辆、中破 1 辆、小破 1 辆，线路损坏 415 m，直接经济损失 415.53 万元。

（三）事故原因

经过调查、模拟试验及技术分析结果表明，导致这起行车事故的原因及过程是：4月29日8时许，长沙电务段荣家湾信号工区工长，安排两名信号工对荣家湾站内南端12号道岔区段以南的道岔及信号机的电缆盒进行配线整理、加端子牌和内部卫生清扫，信号工区工长自己在信号楼内担任联系。8时30分左右，其中一名信号工甲步行来荣家湾站南端14号道岔处，开始对14号电缆盒进行清扫、加装端子牌编号；另一名信号工乙骑自行车来到12号道岔处开始进行作业，信号工乙先打开12号道岔XB变压器箱，将箱内的1号端子电缆线甩开，擅自使用二极管封连线，将1、3号端子封连（此时12号道岔处于定位），而后又将HZ-24电缆盒打开，进行配线整理。10时22分，车站办理818次旅客列车进4道接车线路时，信号工乙发现12号道岔由定位转至反位，马上打电话问信号工区工长"现在上行什么车进4道"？信号工区工长回答"是818次"。信号工区工长告诉信号工乙"818次进站后我要接车"，并要求信号工乙停止作业。10时35分，818次列车进入4道停车后，信号工乙又用电话与信号工区工长联系，问"上行还有车吗"，信号工区工长回答"上行有车"。但信号工乙未及时将二极管封连线卸下，恢复1号端子电缆线，而是坐在工具箱上与荣家湾工务工区巡道工聊天。10时42分，车站办理324次旅客列车Ⅱ道通过进路，控制台Ⅱ道上行进出站信号均显示绿灯，Ⅱ道通过进路显示白光带，12号道岔显示定位（由于信号工乙的二极管封连线未卸下，甩开的1号端子线未接上，故12号道岔实际上仍处于反位）。当信号工乙看到324次列车将要进站时，仍未将二极管卸下，恢复1号端子电缆线，也不采取拦停列车的措施，而是站在一旁躲车，直至324次与818次尾部发生冲突。事故发生后，信号工区工长在运转室给信号工乙打电话，问信号工乙"是不是你支了什么设备，自己去检查一下"。信号工乙接完电话，急忙回到12号道岔XB箱处，将二极管封连线卸下，恢复1号端子电缆线，骑自行车离开现场。

（四）事故结论

这起事故的直接原因是：长沙电务段荣家湾信号工区信号工当日在12号道岔电缆盒整理配线作业时，瞒过车站值班员，将12号道岔XB变压器箱内1号端子电缆线甩开，致使12号道岔在反位时不向定位转动；又擅自使用二极管封连线，将1、3号端子封连，造成12号道岔定位假表示，破坏了12号道岔与Ⅱ道通过信号的联锁关系。信号工乙在818次列车进站后及发现324次列车将要进站时，既不将二极管卸下，恢复1号端子电缆线，又不拦停列车，导致本应从Ⅱ道通过的324次旅客列车进入4道，与停在该道的818次旅客列车尾部相撞。因此，信号工区工长和信号工乙为这起事故的直接责任者。

（五）事故教训及建议

这起事故教训是沉痛的。事故的发生反映了荣家湾信号工区现场作业失控，信号联锁设备缺乏有效的监测手段，当设备遭受人为破坏时，不能得到有效的监测。

对于每一位从事或即将从事铁路工作的学习者来说：

1. 要从思想认识上牢固树立安全第一的观念

在当前铁路运输十分繁忙的情况下,更要正确处理好安全与效益的关系,切实解决好运输生产与设备维修的矛盾,加强安全管理,确保铁路运输安全。

2. 要从强化管理上加强现场作业控制

对影响信、联、增长设备正常使用的维修作业,应严格落实双人作业制度,加强岗位作业互控,车、电部门间的联控。严格维修作业的联系、要点、登记制度,加强日常维修和施工作业的检查指导,堵塞安全管理上的漏网,切实落实各项安全措施。

3. 严格依照规章制度进行维修作业

改变利用行车间隔、零星要点的维修方法,信号设备必要的维修作业纳入月度运输计划或采用开"天窗"的维修方法进行。

复习思考题

1. 什么是正线?
2. 什么是站线?它包括哪些?
3. 安全线和避难线有何区别?其设置有何要求?
4. 什么是行车方向?行车方向该如何判断?
5. 给下图的股道和道岔编号。

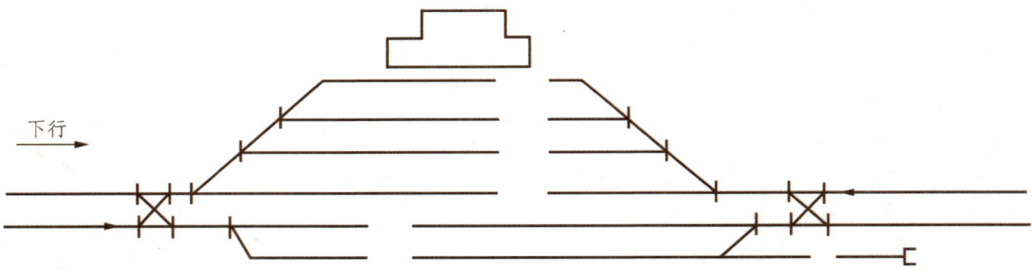

6. 什么是道岔定位?如何判定?
7. 机车设备包括哪些?
8. 什么是天窗修?
9. 为什么机车应实行计划预防修?
10. 交流传动机车和直流传动机车在修制上有何不同?

项目二

铁路行车信号

项目要点

铁路行车信号是保证行车安全,提高区间和车站通过能力以及编组站编解能力的自动控制及远程控制技术的总称,其主要功能是保证行车安全,提高运输效率。铁路行车信号担负着铁路各种行车设备的控制和行车信息的传输,是铁路信息技术的重要组成部分。

扫码获取
项目二课件

通过对本项目中铁路行车信号的基本要求,各种行车信号的作用、显示方式及所指示的行车条件,各种信号机的设置等规定的系统学习,希望能进一步加强对相关规章内容的理解、认识,并要求重点掌握:

1. 铁路行车信号的分类;
2. 铁路行车信号的设置;
3. 铁路行车信号各类信号的显示方式及所指示的行车条件。

任务一　铁路行车信号的基本要求

信号是指示列车运行及调车作业的命令,有关行车人员必须严格执行。

信号显示方式及使用方法,应按《铁路技术管理规程》(以下简称《技规》)规定执行。《技规》以外的信号显示方式,须经国铁集团批准,方可采用。

各种信号机和表示器的灯光排列、颜色和外形尺寸,必须符合国家标准、铁道行业标准及国铁集团规定的标准。

地区性联系用的手信号,由铁路局集团公司批准。

一、铁路信号的种类

（一）信号的分类

从广义上说，信号包括视觉信号和听觉信号两大类。

1. 视觉信号

（1）视觉信号分为昼间、夜间及昼夜通用信号。

在昼间遇降雾、暴风雨雪及其他情况，致使停车信号显示距离不足 1 000 m，注意或减速信号显示距离不足 400 m，调车信号及调车手信号显示距离不足 200 m 时，应使用夜间信号。隧道内只采用夜间或昼夜通用信号。

（2）视觉信号按信号机具是否移动分为手信号、移动信号和固定信号。

为防护一定目标，常设于固定地点的信号，称固定信号。如信号机和信号表示器等，都是固定信号。装在机车司机室内的信号，称机车信号，其作用是反映地面信号信息显示，也属于固定信号。

2. 听觉信号

听觉信号按使用形式分为号角、口笛、响墩发出的音响和机车、自轮运转特种设备的鸣笛声。

（二）固定信号的分类

1. 按设置部位分类

固定信号可分为地面信号和机车信号。

2. 按用途分类

固定信号装置一般分为信号机和信号表示器两类。

（1）信号机是用来防护站内进路，防护区间，防护危险地点，具有严格的防护意义。

信号机按用途分为进站、出站、进路、通过、预告、接近、遮断、驼峰、驼峰辅助、复示、调车信号机。

其中进站、出站、进路、通过、驼峰、调车等信号机，都能独立构成信号显示，指示列车或调车车列运行的条件，叫作主体信号机。预告和复示信号机不能独立存在，而是附属于主体信号机，叫作从属信号机。预告信号机从属于进站信号机、所间区间的通过信号机和遮断信号机。复示信号机从属于进站、进路、出站、驼峰、调车等信号机。另有设于铁路平交道口的道口信号机。

（2）信号表示器是表示行车设备位置或状态的信号机具，通过它的表示对列车运行或调车作业发出指示，自身没有防护意义。

信号表示器分为道岔、脱轨、进路、发车、发车线路、调车及车挡表示器。

3. 按停车信号的意义分类

固定信号可分为绝对信号和容许信号。

（1）绝对信号指列车和调车车列必须无条件遵守的停车信号，一般信号机都属于这一类。它们显示禁止信号时，列车或调车车列不许越过。当然调车信号机的禁止信号对列车不起作用。

（2）容许信号是设于区间通过信号机上的一种附属信号，当容许信号显示一个蓝灯时，对铁路局集团公司规定的停车后起动困难的列车，准许在该通过信号机显示红灯的情况下，以不超过 20 km/h 的速度通过，运行到次一架通过信号机，并随时准备停车。

（三）信号机的分类

1. 按信号机构造分类

信号机分为色灯信号机、臂板信号机和机车信号机，其中色灯信号机和臂板信号机属于地面信号机。

（1）色灯信号机是用灯光的颜色、数目及亮灯状态表示信号含义的信号机。具有昼夜显示一致，受气候条件影响小，易于控制和辨认，安全稳定，便于维修等特点，因此，凡有可靠交流电源的车站，都应采用色灯信号机。色灯信号机按构造又分为探照式、透镜式和组合式。

（2）臂板信号机是利用臂板的位置、颜色、形状、数目、灯光等特征来实现各种显示要求的。每一臂板有两种显示，即水平（或垂直）和下斜 45°角。我国铁路规定臂板呈水平位置为关闭，与水平位置向下夹 45°角为开放。夜间则以臂板信号机上的灯光颜色与数目来表示。臂板信号机存在较多缺点，难以自动化，不能构成现代化信号系统，正在逐渐淘汰。

2. 按安装方式分类

信号机可分为高柱信号机、矮型信号机、信号托架和信号桥。

（1）高柱信号机的信号机构安装在信号机柱上，一般用于显示距离要求较远的信号机。具有显示距离远、观察位置明确等优点。

因此，为保证安全，提高效率，进站、正线出站、接车进路、通过、预告、驼峰等信号机必须采用高柱信号机。设在岔线入口处、牵出线上的调车信号机以及驼峰调车场内指示机车上峰的线束调车信号机，也应采用高柱信号机。进站复示信号机因受地形影响，也采用高柱信号机。

（2）矮型信号机设于建筑接近限界下部外侧的基础上，一般用于显示距离要求不远的信号机。

因高柱信号机的设置受建筑限界的限制，另外应考虑信号机的设置不影响到发线有效长，站线出站、发车进路、道岔区内的调车信号机、驼峰调车场内设有线路表示器的指示机车上峰的线束调车信号机采用矮型信号机。出站复示、调车复示信号机也多采用矮型信号机。

设于特殊地形和特殊条件下的信号机，其中包括进站信号机，经铁路局集团公司批准，亦可采用矮型信号机。如双线双向自动闭塞区段的反方向进站信号机即可采用矮型信号机。

（3）因受限界限制，不能安装信号机柱时，则以信号托架和信号桥代替。信号托架为托臂形结构建筑物，信号桥为桥形结构建筑物（见图2-1）。

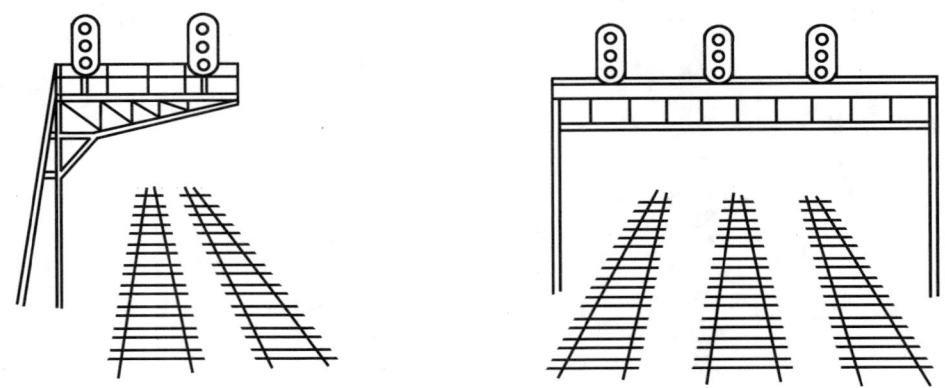

图 2-1　信号托架和信号桥

二、视觉信号的颜色及其意义

（一）视觉信号的颜色

1. 视觉信号的基本颜色

红色 —— 停车；
黄色 —— 注意或减低速度；
绿色 —— 按规定速度运行。

2. 视觉信号的辅助颜色

月白色 —— 用于引导信号及调车信号；
蓝色 —— 用于容许信号及调车信号；
紫色 —— 用于道岔表示器；
白色 —— 用于表示器、手信号及列车标志。

（二）信号颜色的表示方法及意义

信号颜色的表示方法及意义如图2-2所示。

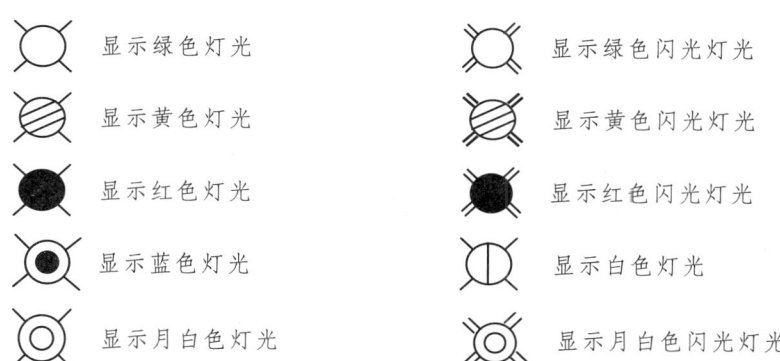

图 2-2　信号颜色的表示方法及意义

三、信号机及表示器的显示距离

（1）各种信号机及表示器在正常情况下的显示距离。

① 进站、通过、接近、遮断信号机，不得小于 1 000 m。

② 高柱出站、高柱进路信号机不得小于 800 m。

③ 预告、驼峰、驼峰辅助信号机，不得小于 400 m。

④ 调车、矮型出站、矮型进路、复示信号机，容许、引导信号及各种表示器，不得小于 200 m。

⑤ 在地形、地物影响视线的地方，进站、通过、接近、预告、遮断信号机的显示距离，在最坏的条件下，不得小于 200 m。

（2）铁路沿线及站内，禁止设置妨碍确认信号的红、黄、绿色的装饰彩布、标语和灯光。如已装有妨碍确认信号灯光的设备时，应拆除或采取遮光措施。

（3）在规定的信号显示距离内，不得种植影响信号显示的树木。对影响信号显示的树木，其处理办法由铁路局集团公司规定。

四、信号机的定位

进站、出站、进路、调车、驼峰、驼峰辅助信号机均以显示停车信号为定位；线路所的通过信号机以显示停车信号为定位，其他通过信号机以显示进行信号为定位。

接近信号机、进站预告信号机、非自动闭塞区段通过信号机的预告信号机及通过臂板，以显示注意信号为定位。

遮断、遮断预告、复示信号机以无显示为定位。

在自动闭塞区段内的车站（线路所），如将进站、正线出站信号机及其直向进路内的进路信号机转为自动动作时，以显示进行信号为定位。

五、信号机的设置

1. 色灯信号机的设置

铁路信号机应采用色灯信号机。色灯信号机均应采用高柱信号机，在下列处所可采用矮型信号机：

（1）不办理通过列车的到发线上的出站、发车进路信号机。

（2）道岔区内的调车信号机及驼峰调车场内的线束调车信号机。

（3）自动闭塞区段，隧道内的通过信号机。

特殊情况需设矮型信号机时，须经铁路局集团公司批准。

2. 信号机的位置

信号机应设在列车运行方向的左侧或其所属线路的中心线上空。反方向运行进站信号机可设在列车运行方向的右侧；其他特殊地段因条件限制，需设于右侧时，须经铁路局集团公司批准。

在确定设置信号机地点时，除满足信号显示距离的要求外，还应考虑到该信号机不致被误认为邻线的信号机。

六、信号机的关闭时机

（1）集中联锁车站的进站、进路、出站信号机、通过信号机，当机车或车辆第一轮对越过该信号机后自动关闭。

（2）调车信号机在调车车列全部越过调车信号机后自动关闭；当调车信号机外方不设轨道占用检查装置或虽设轨道占用检查装置而占用时，应在调车车列全部出清调车信号机内方第一轨道区段后自动关闭，根据需要也可在调车车列第一轮对进入调车信号机内方第一轨道区段后自动关闭。

（3）引导信号应在列车头部越过信号机后及时关闭。

（4）非集中联锁车站的进站信号机及线路所通过信号机，在列车进入接车线轨道区段后自动关闭，出站信号机应在列车进入出站方面轨道区段后自动关闭。

（5）非集中联锁车站，由手柄操纵的信号机：进站信号机在确认列车全部进入接车线警冲标内方，出站信号机在列车全部越过最外方道岔并确认列车全部进入出站方面轨道区段 后，恢复手柄，关闭信号。

（6）特殊站（场）执行上述规定有困难时，由铁路局集团公司规定。

七、信号机的无效标

新设尚未开始使用及应撤除尚未撤掉的信号机，均应装设信号机无效标，并应熄灭灯光；如为臂板信号机，并需将臂板置于水平位置。

信号机无效标为白色的十字交叉板。高柱色灯信号机的无效标装在机柱上，矮型色灯信号机的无效标装在信号机构上，臂板信号机的无效标装在臂板上（见图2-3）。

在新建铁路线上，新设尚未开始使用的信号机（进站信号机暂用作防护车站时除外），可撤下臂板或将色灯机构向线路外侧扭转90°，并熄灭灯光，作为无效标志。

图 2-3　信号机无效标志

八、视为停车信号的情况

（1）进站、出站、进路和通过信号机的灯光熄灭、显示不明或显示不正确时，均视为停车信号。

进站预告信号机或接近信号机的灯光熄灭、显示不明或显示不正确时，均视进站信号机为关闭状态；非自动闭塞区段通过信号机的预告信号机的灯光熄灭、显示不明或显示不正确时，视通过信号机为关闭状态。

（2）起阻挡列车运行作用的调车信号机，应采用矮型三显示机构，增加红色灯光或用红色灯光代替蓝色灯光。当该信号机的红色灯光熄灭、显示不明或显示不正确时，应视为列车的停车信号。

九、同方向相邻两架信号机间的距离小于制动距离时的处理

特殊地段因条件限制，同方向相邻两架指示列车运行的信号机（预告、遮断、复示信号机除外）间的距离小于制动距离时，按下列方式处理：

（1）在列车运行速度不超过 120 km/h 的区段，当两架信号机间的距离小于400 m 时，前架信号机的显示，必须完全重复后架信号机的显示；当两架信号机间的距离在 400 m 及以上，但小于 800 m 时，后架信号在关闭状态时，则前架信号机不准开放。

（2）在列车运行速度超过 120 km/h 的区段，两架有联系的信号机间的距离小于列车规定速度级差的制动距离时，应采取必要的降级或重复显示措施。

任务二　固定信号

一、进站色灯信号机

（一）进站色灯信号机的作用

（1）防护车站以及车站与区间的界限。
（2）指示进站列车的运行条件。
（3）锁闭接车进路上的敌对道岔及敌对信号，保证在信号开放后进站进路的正确和安全可靠。

所以，凡车站在列车的入口处都必须装设进站信号机。

（二）进站色灯信号机的设置

（1）为满足调车作业的需要，即一台机车挂 1~2 辆货车由一股道转向另一股道时，不致越出进站信号机，所以进站信号机应设于距列车进站时遇到的第一个道岔尖轨尖端（顺向为警冲标）不少于 50 m 的地点（见图 2-4）。

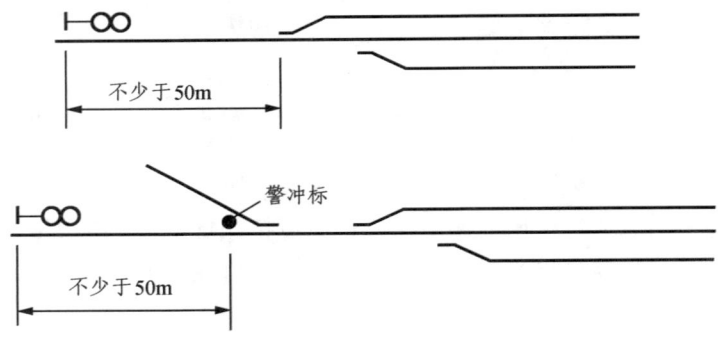

图 2-4　进站信号机的设置位置

（2）经常利用正线进行调车作业的车站，可适当延长进站信号机与进站道岔岔尖或进站道岔警冲标之间的距离，以便进行调车作业时，车列不致越出进站信号机，减少办理越出站界调车的手续。但该距离延长后，将影响车站的通过能力，所以延长的距离一般不得超过 400 m。

（3）进站信号机与其后方第一架信号机（进路或出站）间必须大于规定的制动距离，特殊情况少于规定的制动距离时，进站信号机与进站道岔的距离应适当加长，但原则上不超过 400 m（见图 2-5）。

（4）双线自动闭塞区间反方向运行，因进站信号机前方未设色灯预告信号机，应在进站信号机外方设预告标。预告标应设在进站信号机外方 900 m、1 000 m 及 1 100 m 处。

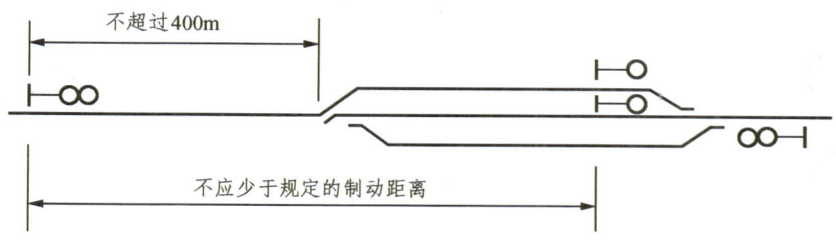

图 2-5　一般地段进站信号机外移的限制

（三）进站色灯信号机的显示方式

进站色灯信号机的灯光排列自上而下为黄、绿、红、黄、白（见图 2-6）。

图 2-6　进站色灯信号机的灯光

1. 三显示自动闭塞、半自动闭塞、自动站间闭塞区段进站色灯信号机

（1）一个绿色灯光——准许列车按规定速度经正线通过车站，表示出站及进路信号机在开放状态，进路上的道岔均开通直向位置（见图 2-7）。

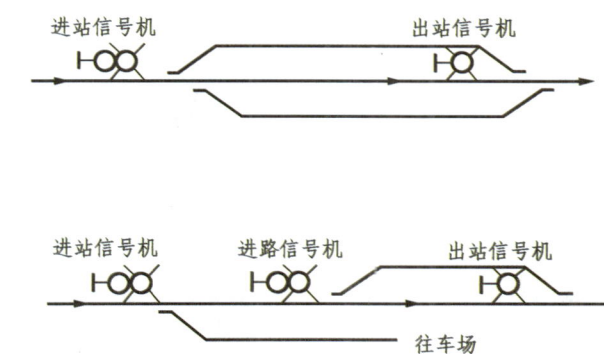

图 2-7　一个绿色灯光

（2）一个绿色灯光和一个黄色灯光——准许列车经道岔直向位置，进入站内越过次一架已经开放的信号机准备停车（见图 2-8）。

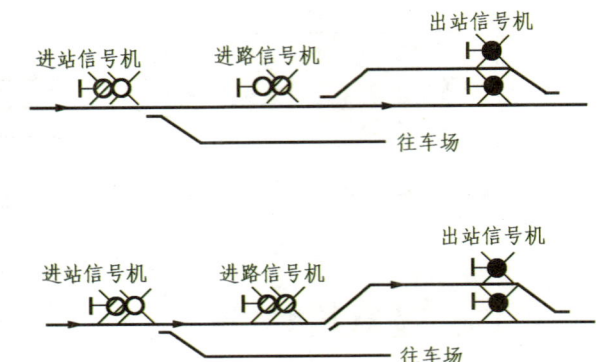

图 2-8　一个绿色灯光和一个黄色灯光

（3）一个黄色灯光——准许列车经道岔直向位置，进入站内正线准备停车（见图 2-9）；

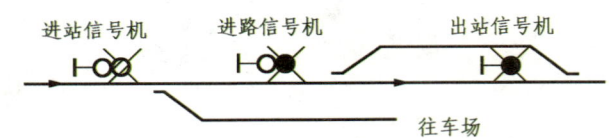

图 2-9　一个黄色灯光

（4）一个黄色闪光和一个黄色灯光——准许列车经过 18 号及其以上道岔侧向位置，进入站内越过次一架已经开放的信号机且该信号机的进路经道岔直向位置或 18 号及以上道岔侧向位置（见图 2-10）。

图 2-10　一个黄色闪光和一个黄色灯光

（5）两个黄色灯光——准许列车经道岔侧向位置[但不满足上述第（4）项条件]

进入站内准备停车（见图 2-11）。

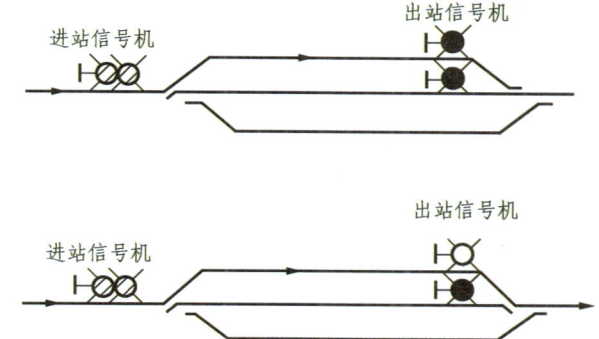

图 2-11　两个黄色灯光

（6）一个红色灯光 —— 不准列车越过该信号机（见图 2-12）。

2. 四显示自动闭塞区段进站色灯信号机

（1）一个绿色灯光 —— 准许列车按规定速度经道岔直向位置进入或通过车站，表示运行前方至少有 3 个闭塞分区空闲（见图 2-7）。

（2）一个绿色灯光和一个黄色灯光 —— 准许列车按规定速度经道岔直向位置进入站内，表示次一架信号机经道岔直向位置开放一个黄灯（见图 2-8）。

图 2-12　一个红色灯光

（3）一个黄色灯光 —— 准许列车按限速要求经道岔直向位置进入站内正线准备停车（见图 2-9）。

（4）一个黄色闪光和一个黄色灯光 —— 准许列车经过 18 号及以上道岔侧向位置，进入站内越过次一架已经开放的信号机且该信号机的进路经道岔直向位置或 18 号及以上道岔侧向位置（见图 2-10）。

（5）两个黄色灯光 —— 准许列车按限速要求越过该信号机，经道岔侧向位置[但不满足上述第（4）项条件]进入站内准备停车（见图 2-11）。

（6）一个红色灯光 —— 不准列车越过该信号机（见图 2-12）。

3. 进站及接车进路、接发车进路色灯信号机

进站及接车进路、接发车进路色灯信号机的引导信号显示一个红色灯光及一个月白色灯光 —— 准许列车在该信号机前方不停车，以不超过 20 km/h 速度进站或通过接车进路，并须准备随时停车（见图 2-13）。

图 2-13　一个红色灯光和一个月白色灯光

二、出站色灯信号机

（一）出站色灯信号机的作用

（1）作为列车占用区间的凭证，指示列车可否进入区间。

（2）与车站其他发车进路和敌对进路相联锁，信号开放后保证进路安全可靠。

3．指示列车在站内停车的位置。

（二）出站色灯信号机的设置

（1）在车站的正线和到发线上，应设出站信号机。出站信号机应设在每一发车线的警冲标内方（对向道岔为尖轨尖端外方）适当地点（见图2-14）。

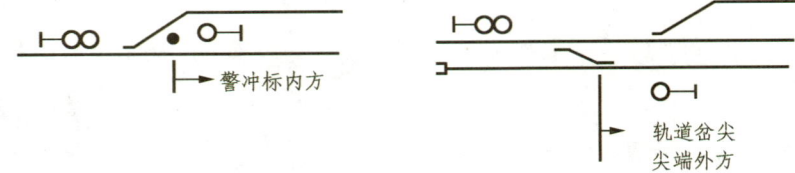

图 2-14　出站信号机的设置位置

（2）在调车场的编发线上，必要时可设线群出站信号机。

（三）出站色灯信号机的显示方式

1．半自动闭塞或自动站间闭塞区段

（1）一个绿色灯光——准许列车由车站出发（见图2-15）。

图 2-15　一个绿色灯光

（2）两个绿色灯光——准许列车由车站出发，开往次要线路（见图2-16）。

（3）一个红色灯光——不准列车越过该信号机（见图2-17）。

（4）在兼作调车信号机时，一个月白色灯光——准许越过该信号机调车（见图2-18）。

图 2-16　两个绿色灯光

图 2-17　一个红色灯光

图 2-18　一个月白色灯光

2. 三显示自动闭塞区段

（1）一个绿色灯光——准许列车由车站出发，表示运行前方至少有两个闭塞分区空闲（见图 2-19）。

图 2-19　一个绿色灯光

（2）一个黄色灯光——准许列车由车站出发，表示运行前方有一个闭塞分区空闲（见图 2-20）。

图 2-20　一个黄色灯光

（3）两个绿色灯光——准许列车由车站出发，开往半自动闭塞区间或自动站间闭塞区间（见图 2-21）。

图 2-21　两个绿色灯光

（4）一个红色灯光——不准列车越过该信号机（见图 2-22）。

图 2-22　一个红色灯光

（5）在兼作调车信号机时，一个月白灯光——准许越过该信号机调车（见图 2-23）。

图 2-23　一个月白色灯光

3. 四显示自动闭塞区段

（1）一个绿色灯光——准许列车由车站出发，表示运行前方至少有三个闭塞分区空闲（见图 2-24）。

图 2-24　一个绿色灯光

（2）一个绿色灯光和一个黄色灯光——准许列车由车站出发，表示运行前方有两个闭塞分区空闲（见图2-25）。

图2-25　一个绿色灯光和一个黄色灯光

（3）一个黄色灯光——准许列车由车站出发，表示运行前方有一个闭塞分区空闲（见图2-26）。

图2-26　一个黄色灯光

（4）两个绿色灯光——准许列车由车站出发，开往半自动闭塞或自动站间闭塞区间（见图2-27）。

图2-27　两个绿色灯光

（5）一个红色灯光——不准列车越过该信号机（见图2-28）。

图2-28　一个红色灯光

（6）在兼作调车信号机时，一个月白色灯光——准许越过该信号机调车（见图2-29）。

图2-29　一个月白色灯光

三、进路色灯信号机

（一）进路色灯信号机的作用

1. 接车进路色灯信号机

该信号机是对到达列车指示运行条件，主要用于指示列车能否由一个车场向另一个车场接车（指示列车在站内运行）。

2. 发车进路色灯信号机

该信号机是对出发列车指示运行条件，主要用于指示列车能否由一个车场向另一个车场出发（指示列车在站内运行）。

3. 接发车进路色灯信号机

该信号机是对到达及出发列车指示运行条件，指示列车在站内运行。

（二）进路色灯信号机的设置

（1）为了提高通过能力，更好地利用配线，在有两个及以上车场的车站，每一车场的出口或入口处适当地点，均应设置进路色灯信号机。

（2）进路信号机如果位于进站信号机与接车线之间，为接车进路信号机；如果位于发车线与出站信号机之间，为发车进路信号机；而位于正线上的进路信号机，对本车场来说是发车进路信号机，对前方车场来说则是接车进路信号机。因此，这种信号机又叫作接发车进路信号机（见图 2-30）。接发车进路色灯信号机具有接车进路色灯信号机和发车进路色灯信号机的双重功能。接发车进路色灯信号机在接车和列车通过时按接车进路色灯信号机办理；在发车时按发车进路色灯信号机办理。

（3）当两个车场间线路紧密衔接，在车场入口处不能装设接车进路色灯信号机时，可在相邻车场出口处的正线上装设接发车进路色灯信号机。

（4）当两个车场间线路较长，为了提高站内通过能力，除在车场入口处的正线上装设接车进路色灯信号机外，还应在相邻车场出口处的正线上装设接发车进路色灯信号机。

（5）进路色灯信号机不论是作接车、发车或接发车用，其设置位置均应设在其后方第一个道岔尖轨尖端前方（顺向为警冲标内方）的适当地点。进路色灯信号机与进站、出站信号机间的距离，原则上不得少于 800 m。

（6）接车进路色灯信号机和接发车进路色灯信号机必须采用进站色灯信号机的机构，即双机构带引导信号的形式。

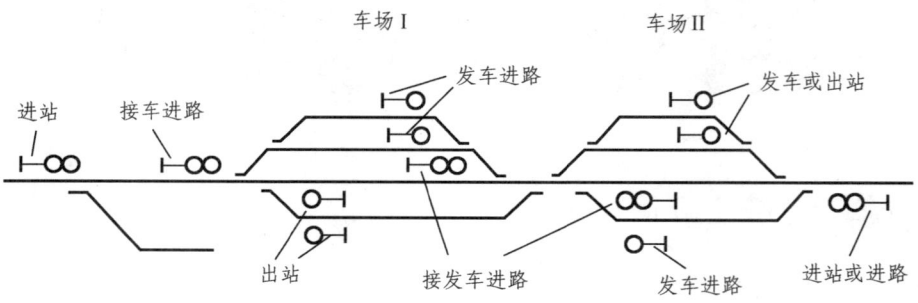

图 2-30　进路信号机的设备

（三）进路色灯信号机的显示方式

（1）接车进路及接发车进路色灯信号机的显示与进站色灯信号机相同。

（2）三显示自动闭塞、半自动闭塞、自动站间闭塞区段的发车进路色灯信号机显示下列信号：

① 一个绿色灯光 —— 准许列车由车站经正线出发，表示出站和进路信号机均在开放状态（见图 2-31）。

图 2-31　一个绿色灯光

② 一个绿色灯光和一个黄色灯光——准许列车越过该信号机，表示该信号机列车运行前方次一架进路信号机在开放状态（见图 2-32）。

图 2-32　一个绿色灯光和一个黄色灯光

③ 一个黄色灯光——准许列车运行到次一架信号机之前准备停车（见图 2-33）。

图 2-33　一个黄色灯光

④ 一个红色灯光——不准列车越过该信号机（见图 2-34）。

图 2-34　一个红色灯光

（3）四显示自动闭塞区段发车进路色灯信号机显示下列信号：

① 一个绿色灯光 —— 表示该信号机列车运行前方至少有两架信号机经道岔直向位置在开放状态（见图 2-31）。

② 一个绿色灯光和一个黄色灯光 —— 表示该信号机列车运行前方次一架信号机经道岔直向位置在开放状态（见图 2-32）。

③ 一个黄色灯光 —— 准许列车运行到次一架信号机之前准备停车（见图 2-33）。

④ 一个红色灯光 —— 不准列车越过该信号机（见图 2-34）。

（4）接车进路、发车进路及接发车进路色灯信号机兼作调车信号机时，一个月白色灯光 —— 准许越过该信号机调车（见图 2-35）。

图 2-35　一个月白色灯光

四、通过色灯信号机

（一）通过色灯信号机的作用

（1）防护闭塞分区或所间区间，当信号机开放后，作为列车进入闭塞分区或所间区间的行车凭证。

（2）指示列车运行条件。

（二）通过色灯信号机的设置

（1）通过信号机应设在闭塞分区或所间区间的分界处。自动闭塞区段的通过信号机，不应设在停车后可能脱钩、牵引供电分相的处所，也不宜设在起动困难的地点。

（2）自动闭塞区段信号机设置位置和显示关系应根据列车牵引计算确定，并应满足列车运行速度规定的制动距离和线路通过能力的要求。

（3）在自动闭塞区段内，当货物列车在设于上坡道上的通过信号机前停车后起动困难时，在该信号机上应装设容许信号。在进站信号机前方第一架通过信号机上，不得装设容许信号。

（4）在三显示自动闭塞区段的进站信号机前方第一架通过信号机的机柱上，应涂3条黑斜线，四显示自动闭塞区段的进站信号机前方第一、第二架通过信号机柱上，应分别涂3条、1条黑斜线。

（三）通过色灯信号机的显示方式

1. 半自动闭塞及自动站间闭塞区段

（1）一个绿色灯光 —— 准许列车按规定速度运行（显示方式参照图2-36，但机构为二显示）。

（2）一个红色灯光 —— 不准列车越过该信号机（显示方式参照图2-38，但机构为二显示）。

2. 三显示自动闭塞区段

（1）一个绿色灯光 —— 准许列车按规定速度运行，表示运行前方至少有两个闭塞分区空闲（见图2-36）。

（2）一个黄色灯光 —— 要求列车注意运行，表示运行前方有一个闭塞分区空闲（见图2-37）。

图2-36　一个绿色灯光

图2-37　一个黄色灯光

（3）一个红色灯光 —— 列车应在该信号机前停车（见图2-38）。

3. 四显示自动闭塞区段

（1）一个绿色灯光 —— 准许列车按规定速度运行，表示运行前方至少有 3 个闭塞分区空闲（见图 2-39）。

图 2-38　一个红色灯光

图 2-39　一个绿色灯光

（2）一个绿色灯光和一个黄色灯光 —— 准许列车按规定速度运行，要求注意准备减速，表示运行前方有两个闭塞分区空闲（见图 2-40）。

（3）一个黄色灯光 —— 要求列车减速运行，按规定限速要求越过该信号机，表示运行前方有一个闭塞分区空闲（见图 2-41）。

（4）一个红色灯光 —— 列车应在该信号机前停车（见图 2-42）。

图 2-40　一个绿色灯光和一个黄色灯光

图 2-41　一个黄色灯光

图 2-42　一个红色灯光

4. 线路所防护分歧道岔的色灯信号机开放经道岔侧向位置的进路时显示下列信号

（1）一个黄色闪光和一个黄色灯光 —— 表示分歧道岔为 18 号及以上，开往半自动闭塞或自动站间闭塞区间，或开往自动闭塞区间且列车运行前方次一闭塞分区空闲（显示方式同图 2-10）。

（2）不满足上述（1）条件时，显示两个黄色灯光（显示方式同图 2-11，具体见图 2-43）。

防护分歧道岔的线路所通过信号机，其机构外形和显示方式，应与进站信号机相同，引导灯光应予封闭。该信号机显示红色灯光时，不准列车越过。

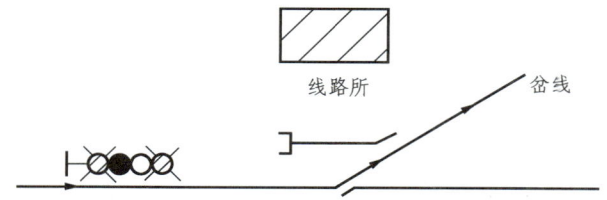

图 2-43　分歧道岔通过信号机的显示

五、容许色灯信号机

1. 容许色灯信号机的作用

准许铁路局集团公司规定停车后起动困难的货物列车，在该通过信号机显示红色灯光的情况下不停车，按规定的限制速度通过该信号机，以保证行车安全，提高区间通过能力。

2. 容许色灯信号机的设置

容许信号设在自动闭塞区段内，货物列车停车后起动困难的上坡道上的通过色灯信号机机柱上，采用方形背板（见图2-44）。

 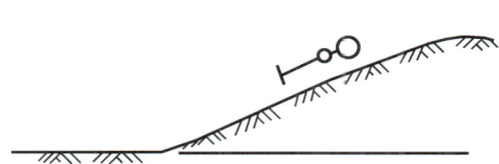

图 2-44　容许色灯信号机的设置

3. 容许色灯信号机的显示方式

（1）容许信号显示一个蓝色灯光——准许列车在通过色灯信号机显示红色灯光的情况下不停车，以不超过 20 km/h 的速度通过，运行到次一通过色灯信号机，并随时准备停车（见图2-44）；

（2）容许信号灯光熄灭或容许信号和通过信号机灯光均熄灭时，司机在确认通过色灯信号机上装有容许信号时，仍按上述限制速度通过该信号机。在按上述规定运行时，要做好遇到障碍随时停车的准备。当发现该通过信号机内方有列车时，不得越过该信号机。

六、遮断色灯信号机

1. 遮断色灯信号机的作用

防护线路有可能被遮断的地点，确保列车运行安全。

2. 遮断色灯信号机的设置

（1）根据需要，设在繁忙道口，有人看守的较大桥隧建筑物及可能危及行车安全的坍方落石地点，距防护地点不少于 50 m 处（见图 2-45）。

（2）遮断色灯信号机采用方形背板，并在信号机机柱上涂有黑白相间的斜线条。

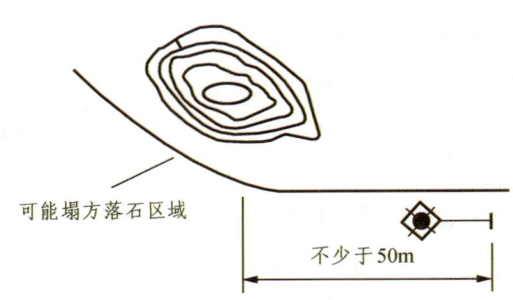

图 2-45　遮断色灯信号机的设置

3. 遮断色灯信号机的显示方式

遮断色灯信号机显示一个红色灯光——不准列车越过该信号机；不点灯时，不起信号作用（见图 2-45）。

七、预告色灯信号机

1. 预告色灯信号机的作用

预告进站信号机、线路所通过信号机、遮断信号机等主体信号机的开放或关闭状态，起着预先告诉机车乘务员注意运行的作用。

2. 预告色灯信号机的设置

（1）半自动闭塞区段、自动站间闭塞区段，进站信号机为色灯信号机时，应设色灯预告信号机。

（2）遮断信号机和半自动闭塞区段、自动站间闭塞区段线路所通过信号机，应设预告信号机。

（3）列车运行速度不超过 120 km/h 的非自动闭塞区段，预告信号机与其主体信号机的安装距离不得小于 800 m，当预告信号机的显示距离不足 400 m 时，其安装距离不得小于 1 000 m（见图 2-46）。

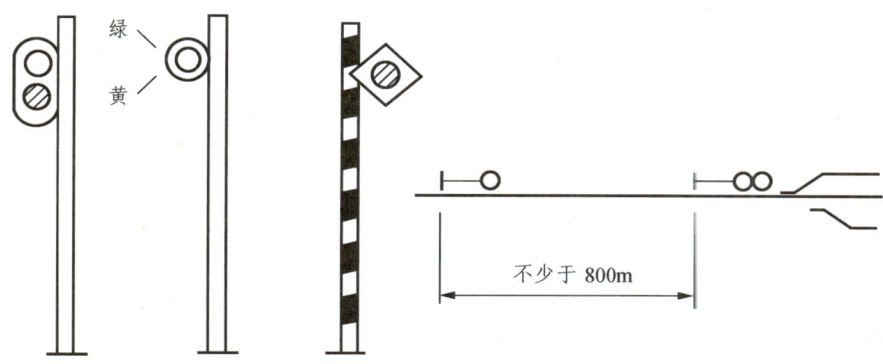

图 2-46 遮断色灯信号机的设置

3. 预告色灯信号机的显示方式

（1）一个绿色灯光——表示主体信号机在开放状态（见图 2-47）。

（2）一个黄色灯光——表示主体信号机在关闭状态（见图 2-48）。

（3）遮断信号机的预告信号机显示一个黄色灯光——表示遮断信号机显示红色灯光；不点灯时，不起信号作用（见图 2-49）。

图 2-47 一个绿色灯光

图 2-48 一个黄色灯光

图 2-49 一个黄色灯光

八、接近色灯信号机

1. 接近色灯信号机的作用

反映进站信号机的显示状态。

2. 接近色灯信号机的设置

列车运行速度超过 120 km/h 的非自动闭塞区段，设置两段接近区段，在第一接近区段和第二接近区段的分界处，设接近信号机，在第一接近区段入口 100 m 处，设置机车信号接通标。

3. 接近色灯信号机的显示方式

（1）一个绿色灯光——表示进站信号机开放一个绿色灯光或一个绿色灯光和一

个黄色灯光（见图2-50）。

（2）一个绿色灯光和一个黄色灯光——表示进站信号机开放一个黄色灯光（见图2-51）。

（3）一个黄色灯光——表示进站信号机在关闭状态，或表示进站信号机显示两个黄色灯光或一个黄色闪光和一个黄色灯光（见图2-52）。

图2-50 一个绿色灯光

图2-51 一个绿色灯光和一个黄色灯光

图2-52 一个黄色灯光

九、调车色灯信号机

1. 调车色灯信号机的作用

指示调车车列可否越过该信号机进行调车作业。

2. 调车色灯信号机的设置

集中联锁的车站应根据站内调车作业的需要，装设调车色灯信号机。必要时，可设调车表示器。

调车信号机的布置，必须根据车站的技术作业过程和调车作业的繁忙程度确定，并考虑站内必要的平行作业需要和较短的机车走行距离。

（1）出站及接、发车进路信号机可设调车信号显示，满足调车作业需要。

（2）尽头线、机车出库线、机待线、专用线及调车线等通向集中区的入口处，均应装设调车信号机。

在较大车站，列车在站内运行时，有时要经过几架调车信号机，为避免调车信号的显示影响列车运行，调车信号灯光与列车信号的灯光颜色应有所区别。因红、黄、绿3种颜色已作为列车信号的灯光使用，所以调车信号机的显示采用月白色和蓝色灯光。

3. 调车色灯信号机的显示方式

（1）一个月白色灯光——准许越过该信号机调车（见图2-53）。

图 2-53　一个月白色灯光

（2）一个月白色闪光灯光——装有平面溜放调车区集中联锁设备时，准许溜放调车（见图 2-54）。

（3）一个蓝色灯光——不准越过该信号机调车（见图 2-55）。

图 2-54　一个月白色闪光灯光　　　　图 2-55　一个蓝色灯光

（4）不办理闭塞的站内岔线，在岔线入口处设置的调车信号机，可用红色灯光代替蓝色灯光（见图 2-56）。

（5）起阻挡列车运行作用的调车信号机，应采用矮型三显示机构，增加红色灯光或用红色灯光代替蓝色灯光（见图 2-57）。当该信号机的红色灯光熄灭、显示不明或显示不正确时，应视为列车的停车信号。

图 2-56　一个红色灯光　　　　图 2-57　一个红色灯光

十、驼峰色灯信号机

1. 驼峰色灯信号机的作用

该信号机是指示调车车列或调车机车如何进行调车作业信号机。驼峰调车司机按不同的信号显示进行调车作业，以提高驼峰调车作业效率。

2. 驼峰色灯信号机的设置

（1）为了提高调车作业的编、解能力，在枢纽站或编组站、区段站内设置简易、非机械化、机械化、自动化驼峰设备，在峰顶上设置驼峰色灯信号机（见图 2-58）。

（2）由于驼峰调车作业项目较多，车列的编组和解体计划要通过驼峰信号的显示体现出来。为满足驼峰调车作业的需要，驼峰色灯信号机使用绿、红、黄、月白 4 种颜色灯光，并利用闪光的特征，组成 7 种不同信号的显示，以提高驼峰调车作业的效率。

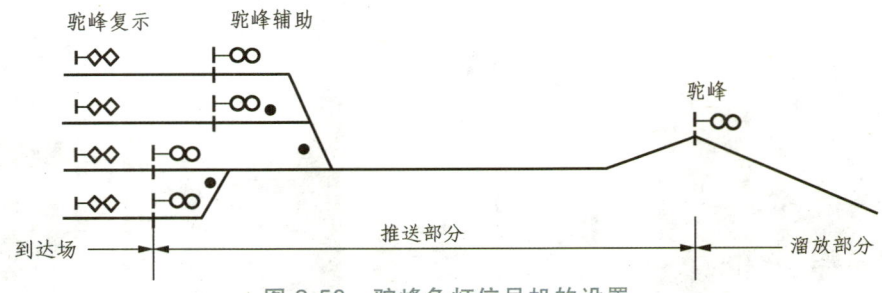

图 2-58　驼峰色灯信号机的设置

3. 驼峰色灯信号机的显示方式

（1）一个绿色灯光 —— 准许机车车辆按规定速度向驼峰推进（见图 2-59）。

（2）一个绿色闪光灯光 —— 指示机车车辆加速向驼峰推进（见图 2-60）。

图 2-59　一个绿色灯光

图 2-60　一个绿色闪光

（3）一个黄色闪光灯光 —— 指示机车车辆减速向驼峰推进（见图 2-61）。

（4）一个红色灯光——不准机车车辆越过该信号机或指示机车车辆停止作业（见图2-62）。

图2-61　一个黄色闪光灯光

图2-62　一个红色灯光

（5）一个红色闪光灯光——指示机车车辆自驼峰退回（见图2-63）。
（6）一个月白色灯光——指示机车到峰下（见图2-64）。
（7）一个月白色闪光灯光——指示机车车辆去禁溜线或迂回线（见图2-65）。

图2-63　一个红色闪光灯光

图2-64　一个月白色灯光

图2-65　一个月白色闪光灯光

十一、驼峰色灯辅助信号机

1. 驼峰色灯辅助信号机的作用

（1）驼峰色灯信号机可装设驼峰色灯辅助信号机，不仅复示驼峰色灯信号机的显示，还兼有驼峰预推（黄色灯光）显示，一般又兼作到达列车的停车信号（红色灯光）和非驼峰推送作业的调车信号显示，以达到准确及时地进行调车作业，缩短作业时间，提高作业效率的目的。

（2）可兼作出站或发车进路信号机，并根据需要装设进路表示器。

2. 驼峰色灯辅助信号机的设置

（1）当调车场与到达场成纵列式布置时，到达场的到发线上可设驼峰色灯辅助信号机。

（2）由于到达场线路较多，且调车时是推进车列运行，不利于调车司机瞭望信号，所以驼峰色灯信号机的前方，设有驼峰色灯辅助信号机（参照图 2-58）。

3. 驼峰色灯辅助信号机的显示方式

（1）一个黄色灯光——指示机车车辆向驼峰预先推送（见图 2-66）。

图 2-66　一个黄色灯光

（2）当办理驼峰推送进路后，其灯光显示与驼峰色灯信号机显示相同。

（3）驼峰色灯辅助信号机平时显示红色灯光，对列车起停车信号作用。

十二、色灯复示信号机

（一）色灯复示信号机的作用

表示主体信号机的显示状态。

（二）色灯复示信号机的设置

（1）进站、出站、进路信号机及线路所通过信号机，因受地形、地物影响，达不到规定的显示距离要求时，应设复示信号机。

（2）设在车站岔线入口处的调车色灯信号机，达不到规定的显示距离时，根据需要可设调车复示信号机。

（三）色灯复示信号机的显示方式

1. 进站、接车进路、接发车进路信号机的色灯复示信号机采用灯列式机构，显示下列信号

（1）两个月白色灯光与水平线构成 60°角显示——表示主体信号机显示经道岔

直向位置向正线接车的信号（见图2-67）。

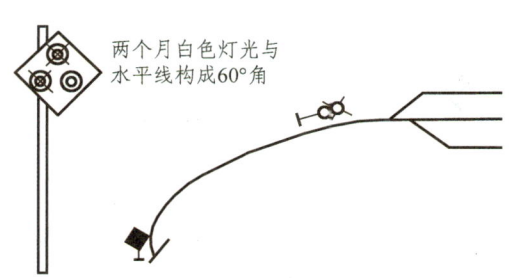

图2-67　两个月白色灯光与水平线构成60°角

（2）两个月白色灯光水平位置显示——表示主体信号机显示经道岔侧向位置接车的信号（见图2-68）。

图2-68　两个月白色灯光水平位置

（3）无显示——表示主体信号机在关闭状态（见图2-69）。

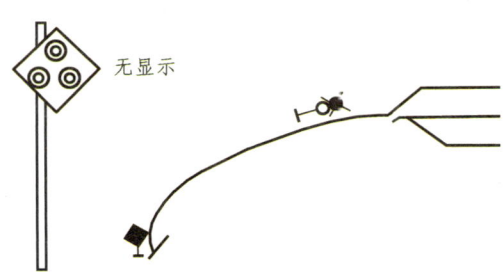

图2-69　无显示

2. 出站及发车进路信号机的色灯复示信号机显示下列信号

（1）一个绿色灯光 —— 表示主体信号机在开放状态（见图 2-70）。

（2）无显示 —— 表示主体信号机在关闭状态。

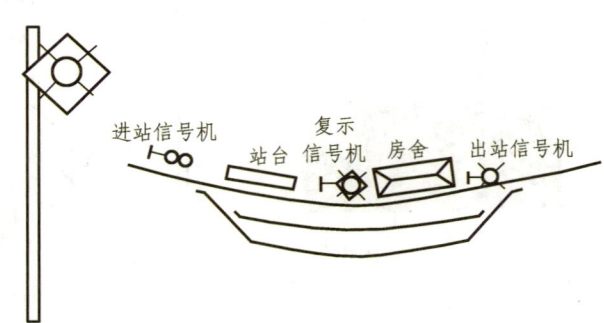

图 2-70　一个绿色灯光

3. 调车色灯复示信号机显示下列信号

（1）一个月白色灯光 —— 表示调车信号机在开放状态（见图 2-71）。

图 2-71　一个月白色灯光

（2）无显示 —— 表示调车信号机在关闭状态。

进站、出站、进路、驼峰及调车色灯复示信号机均采用方形背板，以区别于一般信号机。

4. 驼峰色灯复示信号机

驼峰色灯复示信号机，采用透镜式色灯两个双机构的高柱信号机（见图 2-72），灯光排列三显示区段为黄、绿、红、白，四显示区段为绿、红、黄、白。平时无显示，当办理驼峰推送进路后，其显示方式与驼峰信号机或驼峰色灯辅助信号机相同；当办理驼峰预先推送进路后，其显示方式与驼峰色灯辅助信号机相同。

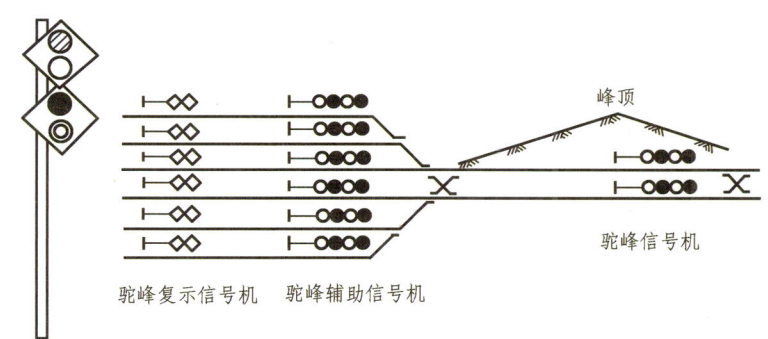

图 2-72　驼峰色灯复示信号机的设置

任务三　机车信号

由于风、雪、雨、雾等气候条件以及隧道、弯道等不良地形条件等，司机往往不能在规定的距离内确认信号显示，有冒进信号的危险。尤其是在运量大、列车速度高和载重量大的区段，要求制动距离长，发生冒进信号事故的可能性会更大。因此，需设置一种能避免受自然条件的影响，提高司机瞭望信号准确度的信号设备，即机车信号。

一、机车信号的作用

机车信号的作用是复示线路上列车接近的地面信号机的显示含义，使机车乘务员更清楚、更准确地掌握行车条件，提高列车运行速度以及改善机车乘务员的劳动条件。

二、机车信号的设置

（1）机车信号设置在机车司机室内，机车信号系统由车载设备和地面设备共同构成。车载设备主要由机车信号接收线圈、信号接收主机、信号显示器等组成。地面设备主要是指车载设备发送信号的轨道电路。

（2）机车信号分为连续式和接近连续式。自动闭塞区段应装设连续式机车信号，半自动闭塞和自动站间闭塞区段应装设接近连续式机车信号。

连续式机车信号是指地面装设连续的含有机车信号信息的轨道电路，机车信号车载设备通过机车信号接收线圈获得连续的地面轨道电路机车信号信息。

接近连续式机车信号是指地面发送信号的轨道电路，只设在接近区段，当机车进入接近区段时，才能获得机车信号信息。

（3）自动闭塞区段的区间和车站均设有轨道电路，实现向车上连续发送信息，供连续式机车信号工作；半自动闭塞区段，区间一般不设轨道电路，只能在车站的接近区段或站内接车进路设轨道电路。自动站间闭塞区段，目前采用的计轴自动站间闭塞还不具备机车信号。因此，半自动闭塞和自动站间闭塞区段，有可靠交流电源时应采用接近连续式机车信号。

三、机车信号的显示

（1）机车信号的显示，应与线路上列车接近的地面信号机的"显示含义相符"，而不是"显示相符"，这是因为随着列车运行速度的提高，机车信号信息不断增加并进一步细化，同一种地面信号显示在不同的条件下会有更具体的意义。机车停车位置，应以地面信号机或有关停车标志为依据。

（2）机车信号作为行车凭证时，是由车载信号和地面信号设备共同构成，必须符合故障导向安全原则。车载设备应具有运行数据记录的功能，地面信号设备应具有闭环检查功能，提供正确信息。

（3）机车信号机与地面信号机的显示比较（见表2-1）。

表2-1 机车信号机与地面信号机显示比较

地面信号机的显示	连续式机车信号机的显示	地面信号机的显示	连续式机车信号机的显示
○	○	●○ / ●◉	⊘
◐◐	⊘	●	●
⊘	⊘	越过红色灯光	●
◐◐	⊘	不复示地面信号	◉
◐◐	⊘		不表示时为停止工作

1. 三显示自动闭塞区段的连续式机车信号机

（1）一个绿色灯光——准许列车按规定速度运行，表示列车接近的地面信号机显示绿色灯光（见图2-73）。

（2）一个半绿半黄色灯光——准许列车按规定速度注意运行，表示列车接近的地面信号机显示一个绿色灯光和一个黄色灯光（见图2-74）。

图 2-73　一个绿色灯光

图 2-74　一个半绿半黄色灯光

（3）一个带"2"字的黄色闪光——要求列车注意运行，表示列车接近的地面信号机显示一个黄色灯光，并预告次一架地面信号机开放经 18 号及以上道岔侧向位置的进路，且列车运行前方第三架信号机开通直向进路或开放经 18 号及以上道岔侧向位置的进路（见图 2-75）。

（4）一个带"2"字的黄色灯光——要求列车注意运行，表示列车接近的地面信号机显示一个黄色灯光，并预告次一架地面信号机开放经道岔侧向位置的进路[但不满足上述第（3）项条件]（见图 2-76）。

图 2-75　一个带"2"字的黄色闪光

图 2-76　一个带"2"字的黄色灯光

（5）一个黄色灯光——要求列车注意运行，表示列车接近的地面信号机显示一个黄色灯光，并预告次一架地面信号机处于关闭状态（见图 2-77）。

（6）一个双半黄色闪光——要求列车限速运行，表示列车接近的地面信号机开放经 18 号及以上道岔侧向位置的进路，且次一架信号机开通直向进路或开放经 18 号及以上道岔侧向位置的进路；或表示列车接近设有分歧道岔线路所的地面信号机开放经 18 号及以上道岔侧向位置的进路，显示一个黄色闪光和一个黄色灯光（见图 2-78）。

图 2-77　一个黄色灯光

图 2-78　一个双半黄色闪光

（7）一个双半黄色灯光 —— 要求列车限速运行，表示列车接近的地面信号机开放经道岔侧向位置的进路[但不满足上述第（6）项条件]，显示两个黄色灯光，或其他相应显示（见图 2-79）。

（8）一个半黄半红色灯光 —— 要求及时采取停车措施，表示列车接近的地面信号机显示红色灯光（见图 2-80）。

（9）一个半黄半红色闪光 —— 表示列车接近的进站、接车进路或接发车进路信号机显示引导信号或通过信号机显示容许信号（见图 2-81）。

图 2-79　一个双半黄色灯光

图 2-80　一个半黄半红色灯光

图 2-81　一个半黄半红色闪光

（10）一个红色灯光 —— 表示列车已越过地面上显示红色灯光的信号机（见图 2-82）。

（11）一个白色灯光 —— 不复示地面上的信号显示，机车乘务人员应按地面信号机的显示运行（见图 2-83）。

（12）无显示时，表示机车信号机在停止工作状态。

图 2-82　一个红色灯光

图 2-83　一个白色闪光

2. 四显示自动闭塞区段连续式机车信号机

（1）一个绿色灯光——准许列车按规定速度运行，表示列车接近的地面信号机显示绿色灯光（见图 2-84）。

（2）一个半绿半黄色灯光——准许列车按规定速度注意运行，表示列车接近的地面信号机显示一个绿色灯光和一个黄色灯光（见图 2-85）。

图 2-84　一个绿色灯光

图 2-85　一个半绿半黄色灯光

（3）一个带"2"字的黄色闪光——要求列车减速到规定的速度等级越过接近的显示一个黄色灯光的地面信号机，并预告次一架地面信号机开放经 18 号及以上道岔侧向位置的进路，且列车运行前方第三架信号机开通直向进路或开放经 18 号及以上道岔侧向位置的进路（见图 2-86）。

（4）一个带"2"字的黄色灯光——要求列车减速到规定的速度等级越过接近的显示一个黄色灯光的地面信号机，并预告次一架地面信号机开放经道岔侧向位置的进路[但不满足上述第（3）项条件]（见图 2-87）。

图 2-86　一个带"2"字的黄色闪光

图 2-87　一个带"2"字的黄色灯光

（5）一个黄色灯光——要求列车减速到规定的速度等级越过接近的显示一个黄色灯光的地面信号机，并预告次一架地面信号机处于关闭状态（见图 2-88）。

（6）一个双半黄色闪光——要求列车限速运行，表示列车接近的地面信号机开放经 18 号及以上道岔侧向位置的进路，且次一架信号机开通直向进路或开放经 18 号及以上道岔侧向位置的进路；或表示列车接近设有分歧道岔线路所的地面信号机开放经 18 号及以上道岔侧向位置的进路,显示一个黄色闪光和一个黄色灯光（见图 2-89）。

055

图 2-88　一个黄色灯光

图 2-89　一个双半黄色闪光

（7）一个双半黄色灯光——要求列车限速运行，表示列车接近的地面信号机开放经道岔侧向位置的进路[但不满足上述第（6）项条件]，显示两个黄色灯光或其他相应显示（见图 2-90）。

（8）一个半黄半红色灯光——要求及时采取停车措施，表示列车接近的地面信号机显示红色灯光（见图 2-91）。

图 2-90　一个双半黄色灯光

图 2-91　一个半黄半红色灯光

（9）一个半黄半红色闪光——表示列车接近的进站、接车进路或接发车进路信号机显示引导信号或通过信号机显示容许信号（见图 2-92）。

图 2-92　一个半黄半红色闪光

（10）一个红色灯光——表示列车已越过地面上显示红色灯光的信号机（见图 2-93）。

（11）一个白色灯光——不复示地面上的信号显示，机车乘务人员应按地面信号机的显示运行（见图 2-94）；

图 2-93　一个红色灯光

图 2-94　一个白色闪光

（12）无显示时，表示机车信号机在停止工作状态。

3. 接近连续式机车信号机

接近连续式机车信号机的显示方式与连续式机车信号机相同。

4. LKJ 屏幕显示器的机车信号

LKJ 屏幕显示器的机车信号显示应与机车信号机的显示含义相同。

任务四　移动信号

一、移动信号的种类及用途

移动信号有两类：一类是用于线路故障或施工及站内进行列车检查或车辆修理时，临时性禁止列车驶入或要求慢行的地段而设置的信号，包括停车信号、减速信号、减速防护地段终端信号；另一类是用于防护线路（包括桥梁、隧道）遇到灾害、发生故障或列车在区间发生事故、被迫停车等情况时，为防止与前方或后方开来的列车发生冲突或脱轨事故而临时设置的紧急停车信号，包括响墩信号及火炬信号。

二、移动信号的显示方式

（一）停车信号

1. 作　用

用于线路故障或区间施工时，临时性禁止列车驶入的防护地段。

2. 设　置

设置在故障或线路施工地点前后，距防护地段至少 20 m 处。

3. 显 示

昼间——表面有反光材料的红色方牌；夜间——柱上显示红色灯光（见图 2-95）。

图 2-95　停车信号

（二）减速信号

1. 作 用

用于线路故障排除后或施工中以及施工前、后，线路状态低于正常运行速度，要求列车临时性慢行地段。

2. 设 置

设置在故障或线路施工地点前后列车运行方向左侧，距减速地段不少于 800 m 处。

3. 显 示

（1）表面有反光材料的黄底黑字圆牌，标明列车限制速度（见图 2-96）。

（2）施工及其限速区段，在减速信号牌外方增设的特殊减速信号牌为表面有反光材料的黄底黑"T"字圆牌（见图 2-97）。

图 2-96　减速信号　　　　图 2-97　特殊减速信号

（三）减速防护地段终端信号

1. 作　用

告知司机列车尾部已越过减速地段，指示列车恢复正常运行速度。

2. 设　置

距减速地段不少于 800 m 处。与减速信号在同一个圆牌上，一面为黄色，另一面为绿色，夜间分别显示黄、绿色灯光，以适应对不同方向列车的要求。该信号的设置位置，双线区段为减速地点标的同侧；单线区段为列车前进方向的右侧。

3. 显　示

（1）表面有反光材料的绿色圆牌（见图 2-98）。在单线区段，司机应看线路右侧减速信号牌背面的绿色圆牌。

（2）在有 1 万 t 或 2 万 t（含 1.5 万 t）货物列车运行的线路增设的 1 万 t、2 万 t（含 1.5 万 t）减速防护地段终端信号牌为表面有反光材料的绿底黑"W"字（1 万 t）或黑"L"字（1.5 万 t 和 2 万 t）圆牌（见图 2-99）。

图 2-98　减速防护地段终端信号　　图 2-99　带"W"和"L"字的减速防护地段终端信号

（四）带有脱轨器的检修车辆防护信号

1. 作　用

保证在站内线路上检查、修理、整备车辆或进行装卸作业的检修人员的人身安全。

2. 设　置

在列车或车辆两端来车方向的左侧钢轨设置带有脱轨器的固定或移动信号牌（灯）进行防护，前后两端的防护距离均应不少于 20 m；不足 20 m 时，应将道岔锁闭在不能通往该线的位置。

3. 显 示

昼间——红色方牌；夜间——柱上显示红色灯光（见图2-100）。

图 2-100　带有脱轨器的检修车辆防护信号

旅客列车在到发线上进行车辆技术作业时，用红色信号旗（灯）进行防护，可不设脱轨器。红色信号旗（灯）的设置：

（1）机车摘挂相关作业时，在机次一位客车非站台侧设置。

（2）技术检查作业时，在机次一位客车前端非站台侧和尾部客车后端站台侧设置。车辆乘务员单班单人值乘列车，在无客列检车站进行站折技术检查作业时，仅在来车端一位客车前端站台侧设置。

（3）处理车辆故障时，在故障车辆站台侧设置。

三、响墩及火炬信号

1. 作　用

（1）线路（包括桥梁、隧道）因遇到灾害、发生故障或列车在区间内发生事故以及其他原因被迫停车时，为防止与前方或后方开来的列车发生列车冲突或列车脱轨等事故而设置的临时紧急停车信号。

（2）要求司机听到响墩的爆炸声或看到火炬信号发出的红色光后，立即采取紧急停车措施，使列车停车。

2. 设　置

（1）响墩信号。

使用响墩信号时，每3个为一组，在距防护对象（指停车列车、妨碍行车地点、故障地点、线路施工地点等）的规定距离处，来车方向左侧钢轨放置一个，然后向远离防护对象方向间隔20 m处钢轨右侧放置一个，再向远离防护对象方向间隔20 m处钢轨左侧放置一个，响墩放置完后，派防护人员在距防护对象最近的响墩内方20 m处手持信号旗进行防护（见图2-101）。

放置响墩时，应避免将响墩放置在道岔、钢轨接头处、隧道内，以及使列车停在桥梁上或隧道内。

（2）火炬信号。

将火炬点燃，置于路心即可。

打开火炬帽时，要防止附有擦燃剂的小盖丢失，点燃时不得对着他人或自己的面部，以免烧伤。桥梁上及隧道内禁止点燃火炬（见图 2-102）。

图 2-101　响墩信号

图 2-102　火炬信号

（3）执行响墩及火炬信号的要求。

列车在运行中，无论是听到响墩的爆炸声还是看到火炬的红色光时，均应立即采取紧急停车措施。停车后根据防护人员的介绍做进一步处理。如无防护人员，机车乘务人员应立即检查前方线路，如无异状，列车以在瞭望距离内能随时停车的速度继续运行，但最高不得超过 20 km/h。在自动闭塞区间，运行至前方第一个通过信号机前，如无异状，即可按该信号机显示的要求执行；在半自动闭塞或自动站间闭塞区间，经过 1 km 后，如无异状，可恢复正常速度运行。

四、无线调车灯显信号

使用无线调车灯显信号（见图 2-103），其显示方式如下：

（1）一个红灯 —— 停车信号。

（2）一个绿灯 —— 推进信号。

（3）绿灯闪数次后熄灭 —— 起动信号。

（4）绿、红灯交替后绿灯长亮 —— 连结信号。

（5）绿、黄灯交替后绿灯长亮 —— 溜放信号。

（6）黄灯闪后绿灯长亮 —— 减速信号。

（7）黄灯长亮 —— 十、五、三车距离信号：

① 十车距离信号（加辅助语音提示）。

② 五车距离信号（加辅助语音提示）。

③ 三车距离信号（加辅助语音提示）。

（8）两个红灯 —— 紧急停车信号。

（9）先两个红灯后熄灭一个红灯 —— 解锁信号。

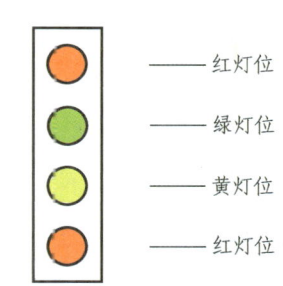

图 2-103　无线调车灯显信号

任务五　手信号

手信号来源于生活当中的打手势，而它远胜于打手势。手信号结合了铁路生产的需要，不仅根据作业丰富了内容，而且增加了信号工具。根据行车的需要，可以机动地指挥列车运行和调车作业，也可作为联系和传达行车有关事项的旗（灯）语。

手信号是以手持规定的信号用具：昼间以红、黄、绿色信号旗（或以徒手），夜间以红、黄、绿、白色灯光的信号灯，按规定的方式（动作）所显示的信号。

一、手信号的分类

手信号按用途可分为：
（1）指示列车运行条件时用的手信号。
（2）调车作业时用的手信号。
（3）调车作业行动以及行车有关人员相互联系传达行车有关事项时用的手信号。
（4）试验列车自动制动机时用的手信号。
（5）临时升降弓时用的手信号。

二、手信号的注意事项

手信号是一种特定的旗（灯）语，因此，在显示手信号时应做到：
（1）显示手信号时，左手持红旗，右手持绿旗（扳道员右手持黄旗）。不显示时应将手信号旗拢起。
（2）显示时应做到：横平、竖直、灯正、圈圆。徒手动作时，也应严肃认真，姿势正确。
（3）司机得到手信号并辨认清楚后，应以相应的鸣笛给以回示。

三、手信号的显示

（一）指示列车运行条件时用的手信号

1. 停车信号：要求列车停车

（1）昼间——展开的红色信号旗；夜间——红色灯光（见图2-104）。

图 2-104　停车信号（信号旗）

（2）昼间无红色信号旗时，两臂高举头上向两侧急剧摇动；夜间无红色灯光时，用白色灯光上下急剧摇动（见图 2-105）。

图 2-105　停车信号（徒手）

2. 减速信号：要求列车降低到要求的速度

（1）昼间——展开的黄色信号旗；夜间——黄色灯光（见图 2-106）。

图 2-106　减速信号（黄色）

（2）昼间无黄色信号旗时，用绿色信号旗下压数次；夜间无黄色灯光时，用白色或绿色灯光下压数次（见图 2-107）。

3. 发车信号：要求司机发车

（1）昼间——展开的绿色信号旗上弧线向列车方面作圆形转动；夜间——绿色灯光上弧线向列车方面作圆形转动（见图2-108）。

图 2-107　减速信号（绿色）

图 2-108　发车信号

（2）在设有发车表示器的车站，按发车表示器显示发车。

4. 通过手信号：准许列车由车站（场）通过

昼间——展开的绿色信号旗；夜间——绿色灯光（见图2-109）。

图 2-109　通过手信号

5. **引导手信号：准许列车进入车场或车站**

昼间——展开的黄色信号旗高举头上左右摇动；夜间——黄色灯光高举头上左右摇动（见图 2-110）。

图 2-110　引导手信号

6. **特定引导手信号显示方式**

昼间——展开绿色信号旗高举头上左右摇动；夜间——绿色灯光高举头上左右摇动（见图 2-111）。

图 2-111　特定引导手信号

（二）调车作业时用的手信号

调车手信号仅在调车工作中指挥调车机车活动时使用。调车指挥人通过调车手信号的不同显示，指挥调车机车的运行方向、起车、停车及加速、减速等。为保证调车作业的安全，调车指挥人应正确及时地显示手信号，司机亦应正确及时地执行手信号的要求，做到密切配合、协同动作。

1. **停车信号：要求列车停车**

昼间——展开的红色信号旗；夜间——红色灯光（见图 2-104）。

2. 减速信号：要求列车降低到要求的速度

昼间——展开的绿色信号旗下压数次；夜间——绿色灯光下压数次（见图 2-107）。

3. 指挥机车向显示人方向来的信号

昼间——展开的绿色信号旗在下部左右摇动；夜间——绿色灯光在下部左右摇动（见图 2-112）。

图 2-112　指挥机车向显示人方向来的信号

4. 指挥机车向显示人方向稍行移动的信号

昼间——拢起的红色信号旗直立平举，再用展开的绿色信号旗左右小动；夜间——绿色灯光下压数次后，再左右小动（见图 2-113）。

图 2-113　指挥机车向显示人方向稍行移动的信号

5. 指挥机车向显示人反方向去的信号

昼间——展开的绿色信号旗上下摇动；夜间——绿色灯光上下摇动（见图2-114）。

图 2-114　指挥机车向显示人反方向去的信号

6. 指挥机车向显示人反方向稍行移动的信号

昼间——拢起的红色信号旗直立平举，再用展开的绿色旗上下小动；夜间——绿色灯光上下小动（见图2-115）。

显示调车作业用手信号中第2、3、4、5、6种信号的中转信号时，昼间可用单臂，夜间可用白色灯光依式中转。

图 2-115　指挥机车向显示人反方向稍行移动的信号

（三）联系时用的手信号

为解决办理列车运行和调车工作中，行车有关人员不能口头或通信设备彼此联系的问题，规定了联系用的手信号。联系用的手信号种类多、使用面广，作为一种传递信息的手段，在铁路行车作业中发挥着重要作用。

1. 道岔开通信号：表示进路道岔准备妥当

昼间——拢起的黄色信号旗高举头上左右摇动；夜间——白色灯光高举头上（见图2-116）。

图 2-116　道岔开通信号

机车出入段进路道岔准备妥当后，显示如下道岔开通信号：

昼间——展开的黄色信号旗高举头上左右摇动；夜间——黄色灯光高举头上左右摇动（见图2-117）。

图 2-117　道岔开通信号（出入段）

2. 股道号码信号：要道或回示股道开通号码

一道：昼间——两臂左右平伸；夜间——白色灯光左右摇动（见图2-118）。

图 2-118　股道号码信号（一道）

二道：昼间——右臂向上直伸，左臂下垂；夜间——白色灯光左右摇动后，从左下方向右上方高举（见图 2-119）。

图 2-119　股道号码信号（二道）

三道：昼间——两臂向上直伸；夜间——白色灯光上下摇动（见图 2-120）。

图 2-120　股道号码信号（三道）

四道：昼间——右臂向右上方，左臂向左下方各斜伸 45°角；夜间——白色灯光高举头上左右小动（见图 2-121）。

图 2-121　股道号码信号（四道）

五道：昼间——两臂交叉于头上；夜间——白色灯光作圆形转动（见图2-122）。

图2-122　股道号码信号（五道）

六道：昼间——左臂向左下方，右臂向右下方各斜伸45°；夜间——白色灯光作圆形转动后，再左右摇动（见图2-123）。

图2-123　股道号码信号（六道）

七道：昼间——右臂向上直伸，左臂向左平伸；夜间——白色灯光作圆形转动后，左右摇动，然后再从左下方向右上方高举（见图2-124）。

图2-124　股道号码信号（七道）

八道：昼间——右臂向右平伸，左臂下垂；夜间——白色灯光作圆形转动后，再上下摇动（见图 2-125）。

图 2-125　股道号码信号（八道）

九道：昼间——右臂向右平伸，左臂向右下斜 45°；夜间——白色灯光作圆形转动后，再高举头上左右小动（见图 2-126）。

图 2-126　股道号码信号（九道）

十道：昼间——左臂向左上方，右臂向右上方各斜伸 45°；夜间——白色灯光左右摇动后，再上下摇动作成十字形（见图 2-127）。

图 2-127　股道号码信号（十道）

十一至十九道，须先显示十道股道号码，再显示所要股道号码的个位数信号。

二十道及其以上的股道号码，各站根据需要自行规定，并纳入《车站行车工作细则》（以下简称《站细》）。

3. 连结信号：表示连挂作业

昼间——两臂高举头上，使拢起的手信号旗杆成水平末端相接；夜间——红、绿色灯光（无绿色灯光的人员，用白色灯光）交互显示数次（见图2-128）。

图 2-128　连结信号

4. 溜放信号：表示溜放作业

昼间——拢起的手信号旗两臂高举头上交叉后，急向左右摇动数次；夜间——红色灯光作圆形转动（见图2-129）。

图 2-129　溜放信号

5. 停留车位置信号：表示车辆停留地点

夜间——白色灯光左右小摇动（见图2-130）。

6. 十、五、三车距离信号：表示推进车辆的前端距被连挂车辆的距离

昼间展开的绿色信号旗单臂平伸，夜间绿色灯光，在距离停留车十车（约110 m）

时连续下压 3 次，五车（约 55 m）时连续下压 2 次，三车（约 33 m）时下压 1 次（见图 2-131）。

图 2-130　停留车位置信号

图 2-131　十、五、三车距离信号

7．取消信号：通知将前发信号取消

昼间——拢起的手信号旗，两臂于前下方交叉后，急向左右摇动数次；夜间——红色灯光作圆形转动后，上下摇动（见图 2-132）。

图 2-132　取消信号

8. 要求再度显示信号：前发信号不明，要求重新显示

昼间——拢起的手信号旗右臂向右方上下摇动；夜间——红色灯光上下摇动（见图2-133）。

图 2-133　要求再度显示信号

9. 告知显示错误的信号：告知对方信号显示错误

昼间——拢起的手信号旗两臂左右平伸同时上下摇动数次；夜间——红色灯光左右摇动（见图2-134）。

图 2-134　告知显示错误的信号

（四）试验列车自动制动机时用的手信号

为保证列车制动机作用良好，于列车到达后或始发前，必须按规定的制动机试验项目和要求进行列车制动机试验。因列检人员不配备手信号旗和绿色手信号灯，所以规定昼间使用检查锤，夜间使用白色灯光，作为制动试验的指挥用具。

车站人员显示上述信号时，昼间可用拢起的信号旗代替。司机应注意瞭望试验信号，并按规定鸣笛回答。

如列车制动主管未达到规定压力，试验人员要求司机继续充风时，按照缓解的信号同样显示。

1. 制　动

昼间——用检查锤高举头上；夜间——白色灯光高举（见图2-135）。

图 2-135　试验自动制动机的手信号（制动）

2．缓　解

昼间——用检查锤在下部左右摇动；夜间——白色灯光在下部左右摇动（见图 2-136）。

图 2-136　试验自动制动机的手信号（缓解）

3．试验结束

昼间——用检查锤作圆形转动；夜间——白色灯光作圆形转动（见图 2-137）。

图 2-137　试验自动制动机的手信号（试验结束）

（五）临时升降弓时用的手信号

突然发现接触网故障，需要机车临时降弓通过时，发现的人员应在规定地点显示下列手信号：

1. 降弓手信号

昼间——左臂垂直高举，右臂前伸并左右水平重复摇动；夜间——白色灯光上下左右重复摇动（见图2-138）。

图2-138　降弓手信号

2. 升弓手信号

昼间——左臂垂直高举，右臂前伸并上下重复摇动；夜间——白色灯光作圆形转动（见图2-139）。

图2-139　升弓手信号

任务六　信号表示器及信号标志

一、信号表示器

信号表示器是表示行车设备位置或状态的信号机具，通过它的表示对列车运行或调车作业发出指示,表示器本身没有防护意义。

信号表示器包括道岔表示器、脱轨表示器、进路表示器、发车线路表示器、发车表示器、调车表示器和车挡表示器等。

(一)道岔表示器

道岔表示器用于表示道岔位置(开通直向或侧向)。不论昼间或夜间,均应连续不断地显示,以便有关行车人员能随时确认进路。

为了使扳道员和其他有关行车人员便于确认道岔开通位置,集中联锁调车区进行连续溜放作业的分歧道岔、非集中操纵的联锁道岔应装设道岔表示器,以表示道岔开通的方向。集中操纵的道岔,操纵人员可以通过操纵台上的表示设备确认道岔位置;接发列车和调车作业都是由信号机的显示指示运行的,所以不再需要装设道岔表示器。

(1)昼间无显示;夜间为紫色灯光——表示道岔位置开通直向(见图2-140)。

图 2-140　开通直向

(2)昼间为中央划有一条鱼尾形黑线的黄色鱼尾形牌;夜间为黄色灯光——表示道岔位置开通侧向(见图2-141)。

图 2-141　开通侧向

(3)在调车区为集中联锁时,进行连续溜放作业的分歧道岔应有道岔表示器,平时无显示,当进行溜放作业时,其显示方式如下:

① 紫色灯光——表示道岔开通直向[见图2-142(a)];
② 黄色灯光——表示道岔开通侧向[见图2-142(b)]。

(a)

(b)

图 2-142 道岔表示器（溜放作业）

（二）脱轨表示器

脱轨表示器用于引向安全线或避难线的道岔及集中联锁以外的脱轨器。

（1）带白边的红色长方牌及红色灯光——表示线路在遮断状态（见图 2-143）。

图 2-143 脱轨表示器（遮断状态）

（2）带白边的绿色圆牌及月白色灯光——表示线路在开通状态（见图 2-144）。

图 2-144 脱轨表示器（开通状态）

(三)进路表示器

1. 作 用

进路表示器设在出站信号机和发车进路兼出站信号机上,用以指示发车进路开通方向。当这两种信号机有两个及以上发车方向,而信号显示本身不能分别表示进路方向时,为使有关行车人员明确信号开放后列车的运行方向,在该信号机上装设进路表示器(见图2-145)。

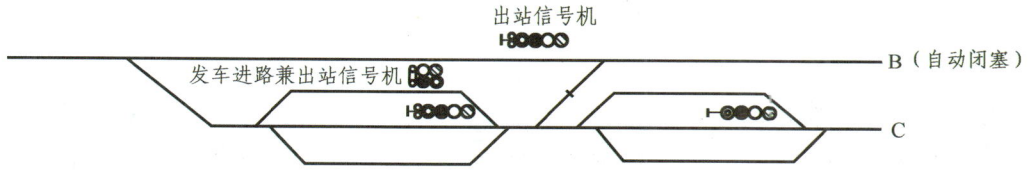

图 2-145 装设进路表示器的出站信号机和发车进路兼出站信号机

2. 显 示

在双线双向自动闭塞区段,出站信号机绿灯下方装设一个进路表示器。正方向发车时,进路表示器不着灯。反方向发车时,进路表示器白灯与绿灯(或黄灯)同时点亮。

进路表示器仅在其主体信号开放后,并保证进路开通方向与表示器显示一致时,才点亮白灯,用于区别进路开通方向或双线区段反方向发车,不能独立构成信号显示。

(1)两个发车方向,当信号机在开放的条件下,分别按左、右两个白色灯光,区别进路开通方向(见图2-146)。

图 2-146 进路表示器(2个方向)

(2)3个发车方向,其显示方式如下:

① 信号机在开放状态及机柱左方显示一个白色灯光——表示进路开通,准许列车向左侧线路发车[见图2-147(a)];

② 信号机在开放状态及机柱中间显示一个白色灯光——表示进路开通，准许列车向中间线路发车[见图2-147（b）]；

③ 信号机在开放状态及机柱右方显示一个白色灯光——表示进路开通，准许列车向右侧线路发车[见图2-147（c）]。

（a）

（b）

（c）

图 2-147　进路表示器（3个方向）

（3）4个发车方向（A、B、C、D方向）显示方式如图2-148所示。

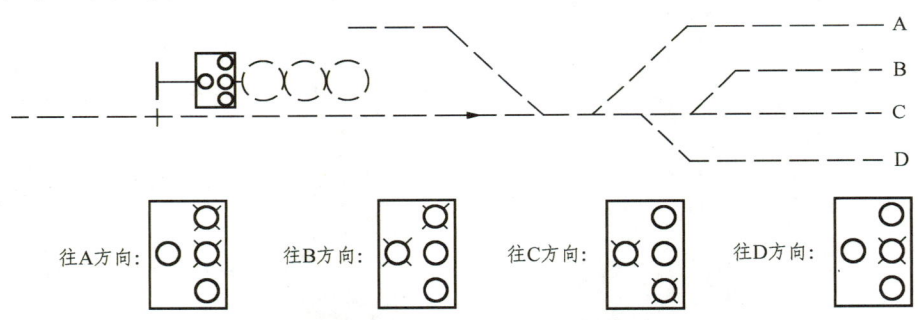

图 2-148　进路表示器（4个方向）

（4）5个发车方向（A、B、C、D、E方向）显示方式如图2-149所示。

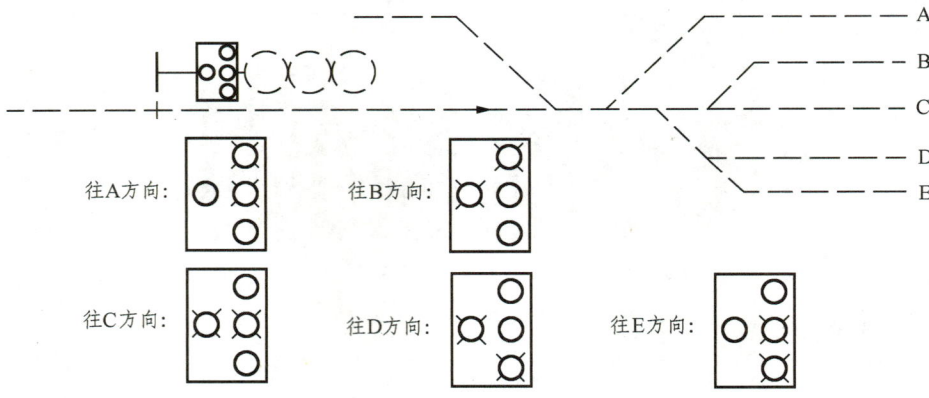

图 2-149　进路表示器（5个方向）

（5）6个发车方向（A、B、C、D、E、F方向）显示方式如图2-150所示。

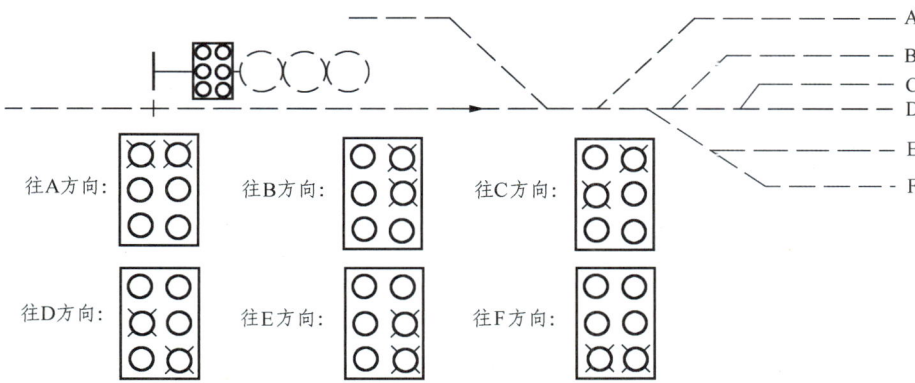

图 2-150　进路表示器（6个方向）

（6）7个发车方向（A、B、C、D、E、F、G方向）显示方式如图2-151所示。
（7）双线区段仅用于区分反方向发车，其显示方式如下：
① 信号机在开放状态且表示器不着灯 —— 准许列车正方向发车[见图2-152(a)]；
② 信号机在开放状态及表示器显示一个白色灯光 —— 准许列车反方向发车[见图2-152（b）]。

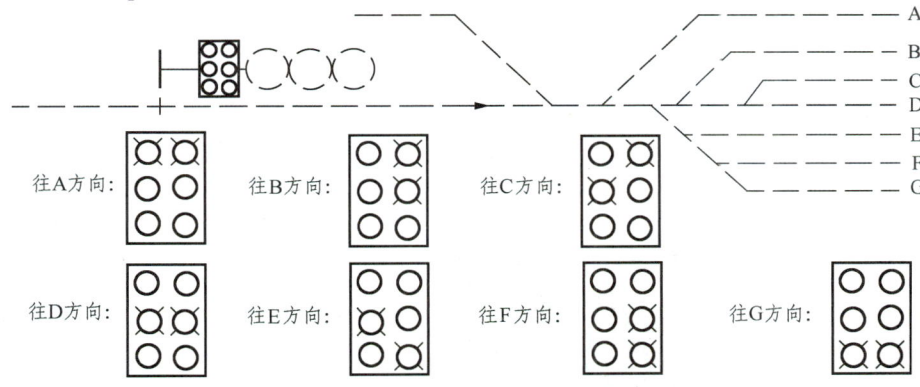

图 2-151　进路表示器（7个方向）

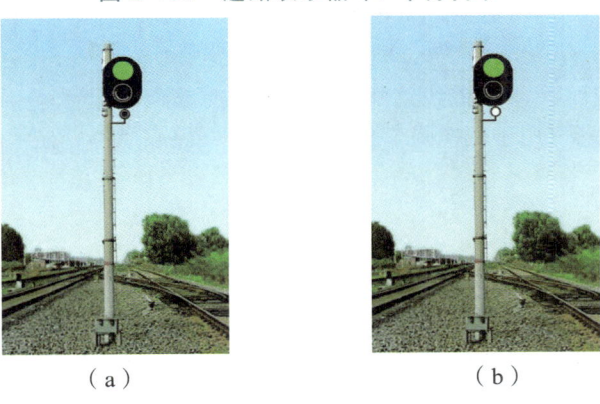

图 2-152　双线区段仅用于区分反方向发车

（四）发车线路表示器

1. 作　用

在调车场内编发线上，根据需要设置线群出站信号机时，为防止误认信号，在每条编发线的警冲标内方适当地点装设发车线路表示器，以补充说明是哪条线路发车（见图 2-153）。

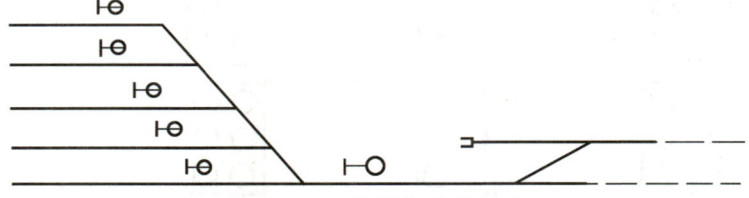

图 2-153　线群出站信号机

线群出站信号机与发车线路表示器之间的道岔是非集中操纵的，没有联锁关系。发车时，发车人员应认真监视进路，以保证行车安全。

2. 显　示

发车线路表示器在线群出站信号机开放后显示一个白色灯光——准许该线路上的列车发车（见图 2-154）。

图 2-154　发车线路表示器

不许发车的线路，所属该线路的发车线路表示器不能点亮。

发车线路表示器可用于驼峰调车场，作为调车线路表示器，显示一个白色灯光——准许调车。

（五）发车表示器

1. 作　用

发车表示器用来反映列车出发时，车站值班员是否向车站人员发出了发车信号，或车站人员是否向司机发出了发车信号。

2. 设 置

因车站设在曲线上，或站台设施影响，以及旅客乘降等因素，影响司机瞭望发车信号，应装设发车表示器。

3. 显 示

发车表示器必须保证在出站信号机已开放，车站人员同意发车的条件下才着灯，显示一个白灯。车站人员通过专用的按钮来控制发车表示器。

发车表示器常态不显示；显示一个白色灯光——表示车站人员准许发车（见图2-155）。

图 2-155　发车表示器

（六）调车表示器

1. 作 用

调车表示器设于牵出线一侧，用以指挥调车车列由牵出线向调车区，或由调车区向牵出线的进退，以及是否准许进行溜放。它是在繁忙的调车场上，因地形、地物影响调车机车司机瞭望调车指挥人的手信号时，用以代替调车指挥人的手信号而设置的。

2. 显 示

在显示条件很差的地点，可连续装设几个调车表示器，它们的显示应完全相同。调车表示器只准许调车指挥人使用，以保证调车作业安全。

调车表示器双面均设表示灯，向调车区方向设置一个，向牵出线方向设置两个。

（1）向调车区方向显示一个白色灯光——准许机车车辆自调车区向牵出线运行[见图2-156（a）]；

（2）向牵出线方向显示一个白色灯光——准许机车车辆自牵出线向调车区运行[见图2-156（b）]；

（3）向牵出线方向显示两个白色灯光——准许机车车辆自牵出线向调车区溜放[见图2-156（c）]。

(a)　　　　　　　　　　(b)　　　　　　　　　　(c)

图 2-156　调车表示器

（七）车挡表示器

车挡表示器设置在线路终端的车挡上（安全线及避难线可不设置车挡表示器），昼间一个红色方牌；夜间显示一个红色灯光（见图 2-157）。

图 2-157　车挡表示器

二、线路标志

1. 作　用

（1）线路标志表示铁路线路里程及铁路建筑物的设备状态和位置，以及各级管理机构管界等；

（2）线路标志按作用不同可分为：公里标、半公里标、曲线标、圆曲线和缓和曲线的始终点标、桥梁标、隧道（明洞）标、坡度标，以及铁路局集团公司、工务段、线路车间、线路工区和供电段的界标。

2．设　置

（1）线路标志按计算公里方向设在线路左侧。双线区段须另设线路标志时，应设在列车运行方向左侧；

（2）线路、信号标志应设在其内侧距线路中心不少于3.1 m处（警冲标除外）。

3．各类线路标志

（1）公里标、半公里标，设在一条线路自起点计算每一整公里、半公里处（见图2-158）。

图 2-158　公里标、半公里标

（2）曲线标，设在曲线中点处，标明曲线中心里程、半径大小、曲线和缓和曲线长度（见图2-159）。

图 2-159　曲线标

（3）圆曲线和缓和曲线始终点标，设在直缓、缓圆、圆缓、缓直各点处，标明所向方向为直线、圆曲线或缓和曲线（见图2-160）。

图 2-160　圆曲线和缓和曲线始终点标

（4）桥梁标，设在桥梁两端桥头处，标明桥梁编号、中心里程和长度（见图 2-161）。

图 2-161　桥梁标

（5）隧道（明洞）标，直接标注在隧道（明洞）两端洞门端墙上，标明隧道号或名称，中心里程和长度（见图 2-162）。

图 2-162　隧道（明洞）标

（6）坡度标，设在线路坡度的变坡点处，两侧各标明其所向方向的上、下坡度值及其长度（见图 2-163）。

图 2-163　坡道标

（7）铁路局集团公司、工务段、线路车间、线路工区和供电段的界标，设在各该单位管辖地段的分界点处，两侧标明所属单位的名称（见图 2-164）。

图 2-164　管界标

三、信号标志

1. 作　用

（1）信号标志表示所在地点的某种情况或状态，引起司机（包括有关行车人员）的注意和警觉，并采取必要的措施确保行车安全的一种信号器具。

（2）信号标志按作用不同分为：警冲标，站界标，预告标，引导员接车地点标，司机鸣笛标，电气化区段的电力机车禁停标，断电标、合电标，接触网终点标，准备降下受电弓标、降下受电弓标、升起受电弓标，作业标，减速地点标，补机终止推进标、机车停车位置标，四显示机车信号接通标，四显示机车信号断开标，轨道电路调谐区标志，级间转换标，通信模式转换标，以及除雪机用的临时信号标志等。

2. 设　置

信号标志，设在列车运行方向左侧（警冲标除外），应设在其内侧距线路中心不小于 3.1 m 处。

3. 各类信号标志

（1）警冲标，设在两会合线路线间距离为 4 m 的中间。线间距离不足 4 m 时，设在两线路中心线最大间距的起点处（见图 2-165）。在线路曲线部分所设道岔附近的警冲标与线路中心线间的距离，应按限界的加宽而增加。

图 2-165　警冲标

（2）站界标，设在双线区间列车运行方向左侧最外方顺向道岔（对向出站道岔的警冲标）外不少于 50 m 处，或邻线进站信号机相对处（见图 2-166）。

（3）预告标，设在进站信号机外方 900、1 000 及 1 100 m 处（见图 2-167），但在设有预告信号机及自动闭塞的区段，均不设预告标。

图 2-166　站界标

图 2-167　预告标

在双线区段，退行的列车看不见邻线的预告标时，在距站界外 1 100 m 处特设一个预告标（见图 2-168）。

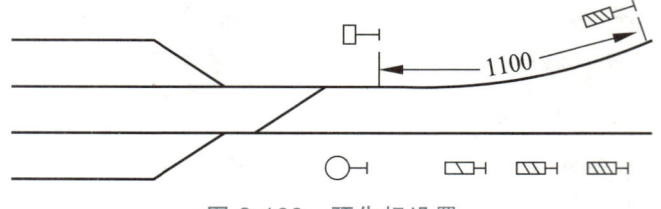

图 2-168　预告标设置

（4）引导员接车地点标，列车在距站界 200 m 以外，不能看见引导人员在进站信号机或站界标处显示的手信号时，需在列车距站界 200 m 外能清晰地看见引导人员手信号的地点设置（见图 2-169）。

（5）司机鸣笛标，设在道口、大桥、隧道及视线不良地点的前方 500～1 000 m 处（见图 2-170）。在非限鸣区域，司机见此标志需长声鸣笛；在限鸣区域内，司机见此标志应开启灯显示警设备，除遇危及行车安全等情况外，限制鸣笛。

（6）电力机车禁停标，设在站场、区间接触网锚段关节式电分段两端，电力机车（动车组）在该标志提示的禁停区域内不得停留（见图 2-171）。

图 2-169　接车地点标　　图 2-170　司机鸣笛标　　图 2-171　电力机车禁停标

（7）在电气化区段分接触网电分相前方，分别设断电标（见图 2-172）、禁止双弓标（见图 2-173）。对于最高运行速度大于 120 km/h 的旅客列车、特快货物班列及最高运行速度为 120 km/h 的货物列车、快速货物班列运行的线路，在断电标的前方增设特殊断电标（见图 2-172）。在接触网电分相后方设合电标（见图 2-174），设置位置如图 2-175 所示。在双线电气化区段，在"合""断"电标背面，可分别加装"断""合"字标，作为反方向行车的"断""合"电标使用。

图 2-172　断电标及特殊断电标　　图 2-173　禁止双弓标　　图 2-174　合电标

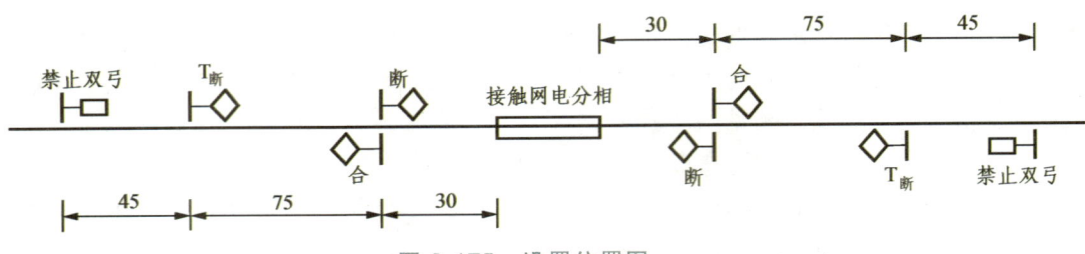

图 2-175　设置位置图

（8）接触网终点标，设在站内接触网边界（见图 2-176）。

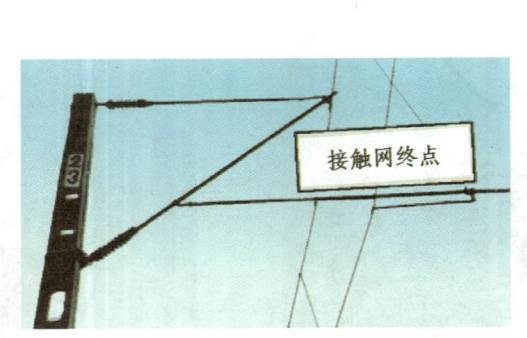

图 2-176　接触网终点标

（9）在电气化线路接触网故障降弓地段前方，分别设准备降下受电弓标（见图 2-177）、降下受电弓标（见图 2-178）；对于最高运行速度大于 120 km/h 的旅客列车、特快货物班列及最高运行速度为 120 km/h 的货物列车、快速货物班列运行的线路，在降下受电弓标的前方增设特殊降弓标（见图 2-178）。在降弓地段后方，设升起受电弓标（见图 2-179）。设置位置如图 2-180 所示。

图 2-177　准备降弓标　　图 2-178　降弓标及特殊降弓标　　图 2-179　升弓标

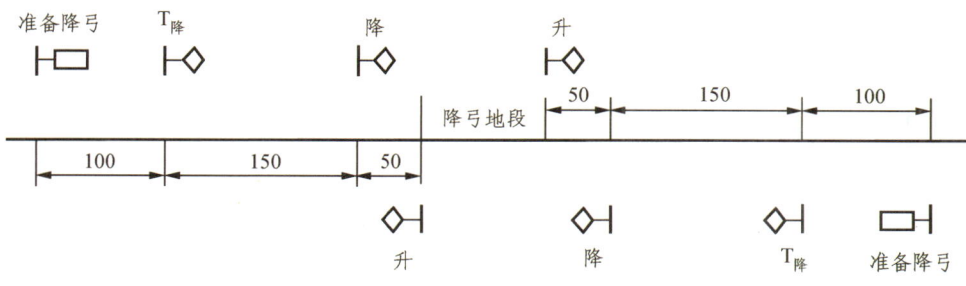

图 2-180　设置位置图

（10）作业标，设在施工线路及其邻线距施工地点两端 500~1 000 m 处（见图 2-181）。司机见此标志须长声鸣笛，注意瞭望。

（11）减速地点标，设在需要减速地点的两端各 20 m 处。正面表示列车应按规定限速通过地段的始点，背面表示列车应按规定限速通过地段的终点（见图 2-182）。

图 2-181　作业标　　　　　　图 2-182　减速地点标

（12）补机终止推进标（见图 2-183）、机车停车位置标（见图 2-184），设置位置由铁路局集团公司规定。

图 2-183　补机终止推进标　　　　图 2-184　机车停车位置标

（13）四显示机车信号接通标（机车信号接通标）：

涂有白底色、黑竖线、黑框的反光菱形板及黑白相间的立柱标志（见图2-185）。

（14）四显示机车信号断开标：

涂有白底色、中间断开的黑横线、黑框的反光菱形板及黑白相间的立柱标志（见图2-186）。

图2-185　机车信号接通标　　　　　图2-186　机车信号断开标

（15）轨道电路调谐区标志：

Ⅰ型为反方向区间停车位置标，涂有白底色、黑框、黑"停"字、斜红道，标明调谐区长度的反光菱形板标志[见图2-187（a）]；

Ⅱ型为反方向行车困难区段的容许信号标，涂有黄底色、黑框、黑"停"字、斜红道，标明调谐区长度的反光菱形板标志[见图2-187（b）]；

Ⅲ型用于反方向运行合并轨道区段之间的调谐区或因轨道电路超过允许长度而设立分隔点的调谐区，涂有蓝底色、白"停"字、斜红道、标明调谐区长度的反光菱形板标志[见图2-187（c）]。

以上3种调谐区标志均使用黑白相间的立柱。

（a）　　　　　　　　　　（b）　　　　　　　　　　（c）

图2-187　轨道电路调谐区标志

(16) 级间转换标:

在 CTCS-0/CTCS-2 级转换边界一定距离前方的级间转换应答器组对应的线路左侧设级间转换标志。该标志采用涂有白底色、黑框、写有黑"C0""C2"标记的反光菱形板及黑白相间的立柱（见图 2-188）。

图 2-188　级间转换标

(17) 通信模式转换标:

在始发站列车停车标内方或需要转换通信模式的相应地点设机车综合无线通信设备通信模式转换提示标志，标志牌顶边距轨面 2.5 m。该标志标面采用涂有白底色、黑框、写有黑"通信转换"字样的方形板（见图 2-189）。

图 2-189　通信模式转换标

(18) 通知操纵除雪机人员的临时信号标志如下:

① 除雪机工作阻碍标 —— 表示前面有道口、道岔、桥梁等建（构）筑物，妨碍除雪机在工作状态下通过;

② 除雪机工作阻碍解除标——表示已通过阻碍地点。

上述标志的设置见图 2-190，长度单位：m。

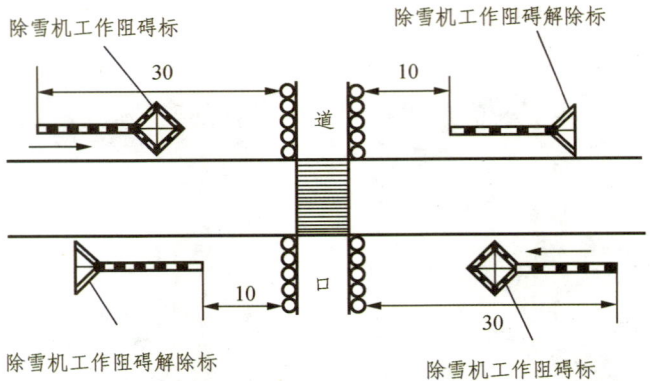

图 2-190　临时信号标志

四、列车标志

1. 作　用

列车应在头部和尾部分别显示不同的列车标志。

2. 显　示

列车标志的显示方式，昼间与夜间相同，昼间可不点灯，其显示方式如下：

（1）列车牵引运行时，机车前端，一个头灯及中部两侧各一个白色灯光（见图 2-191）；列车尾部两个侧灯，向后显示红色灯光，向前显示白色灯光，挂有货物列车列尾装置时，为列尾装置向后显示红白相间的反射标志和一个红色闪光灯光（见图 2-192）。动车组以外的旅客列车尾部加挂客车时，侧灯位置不做调整，最后一辆客车的制动软管、总风软管需吊起。

图 2-191　列车牵引运行时机车前部标志

图 2-192 列车牵引运行时列车尾部标志

（2）列车推进运行时，列车前端两个侧灯，向前显示红色灯光，向后显示白色灯光；挂有货物列车列尾装置时，为列尾装置向前显示红白相间的反射标志和一个红色闪光灯光（见图 2-193）。机车后端中部两侧各一个红色灯光（见图 2-194）。

图 2-193 列车推进运行时列车头部标志

（3）列车后端挂有补机时，机车后端标志与第（2）项同。

（4）单机在双线区段正方向及单线区段运行时，机车前端标志与第（1）项同；后端标志与第（2）项同。

（5）调车机车及机车出入段时，机车前端标志与第（1）项同，机车后端标志与第（2）项同。

（6）轨道车运行时，前端一个白色灯光（见图 2-195，后端一个红色灯光（见图 2-196）。

图 2-194　列车推进运行时机车后部标志

图 2-195　轨道车运行时前部标志　　图 2-196　轨道车运行时后部标志

任务七　听觉信号

一、使用要求

听觉信号，长声为 3 s，短声为 1 s，音响间隔为 1 s。重复鸣示时，须间隔 5 s 以上。

二、机车、自轮运转特种设备鸣笛鸣示方式

机车、自轮运转特种设备作业中提示注意、相互联系等应使用通信设备方式。遇联系不通或危及行车人身安全时，应采用鸣笛方式。机车、自轮运转特种设备鸣笛鸣示方式见表 2-2。

表 2-2 机车、自轮运转特种设备鸣笛鸣示方式

名 称	鸣示方式	使用时机
起动注意信号	一长声 —	1．列车起动或机车车辆前进时（双机牵引或使用补机时，本务机车鸣笛后，补机应回答，本务机车再鸣笛一长声后起动）； 2．接近鸣笛标、道口、桥梁、隧道、行人、施工地点或天气不良时； 3．电力机车、自轮运转特种设备在检修及整备中，准备降下或升起受电弓时
退行信号	二长声 — —	列车、机车车辆、单机开始退行时
召集信号	三长声 — — —	要求防护人员撤回时
牵引信号	一长一短声 — .	途中本务机车要求补机牵引运行时（补机应以同样信号回答）
惰行信号	一长二短声 — . .	本务机车要求补机惰力推进或要求补机断开主断路器时（补机应以同样信号回答）
途中降弓信号	一短一长声 . —	1．电力机车双机牵引中，本务机车司机要求补机降下受电弓时（补机须以同样信号回答）； 2．电力机车司机在途中发现降弓手信号时，应鸣此信号回示
呼唤信号	二短一长声 . . —	1．机车要求出入段时； 2．在车站要求显示信号时
警报信号	一长三短声 — . . .	发现线路有危及行车安全的不良处所时
试验自动制动机及复示信号	一短声 .	1．试验制动机开始减压时； 2．接到试验制动结束的手信号，回答试风人员时； 3．调车作业中，表示已接受调车长所发出的手信号时
缓解及溜放信号	二短声 . .	1．试验制动机缓解时； 2．要求列车乘务组缓解人力制动机时； 3．复示溜放调车信号时
拧紧人力制动机信号	三短声 . . .	1．要求列车乘务组拧紧人力制动机时； 2．要求就地制动时
紧急停车信号	连续短声	司机发现（或接到通知）邻线发生障碍，向邻线上运行的列车发出紧急停车信号时。邻线列车司机听到此种信号后，应紧急停车

三、口笛、号角鸣示方式

口笛、号角鸣示方式见表 2-3。

表 2-3　口笛、号角鸣示方式

用途及时机		鸣示方式	
发车、指示机车向显示人反方向移动		一长声	—
指示机车向显示人方向移动		一短一长声	·—
试验制动机减压		一短声	·
试验制动机缓解		二短声	··
试验制动机结束及安全信号		一短一长二短声	·—··
一道		一短声	·
二道		二短声	··
三道		三短声	···
四道		四短声	····
五道		五短声	·····
六道		一长一短声	—·
七道		一长二短声	—··
八道		一长三短声	—···
九道		一长四短声	—····
十道		二长声	——
二十道		二短二长声	··——
十、五、三车距离信号	十车	三短声	···
	五车	二短声	··
	三车	一短声	·
连结及停留车位置		一长一短一长声	—·—
停车		连续短声	······
要求司机鸣笛		二长三短声	——···
试拉		一短声	·
减速		连续二短声	····
溜放		三长声	———
取消		二长一短声	——·
再显示		二长二短声	——··
列车接近通报信号	上行	二长声	——
	下行	一长声	—

 项目要点

通过对本项目内容的学习，学习者需熟练掌握铁路固定信号、机车信号、移动

信号、临时防护信号、机车运行手信号、调车手信号、联系手信号、信号表示器、信号标志及听觉信号的使用时机和使用方法，在铁路运输生产中必须严格执行，确保铁路运输安全正点、方便快捷、高速高效。本项目的重点是行车信号的显示方式及所指示的行车条件，手信号的显示方式及所指示的行车条件。

事故案例

京九线"4·11"旅客列车冲突重大事故

（一）事故概况

2006年4月11日9时24分，由南昌局集团公司南昌机务段东风11型319号机车牵引的青岛开往广州东的T159次旅客列车（编组16辆，总重890 t，换长38.1）运行至京九线下行林寨至东水间K2066+841处，与前行由南昌机务段东风4D型3049号机车牵引的武昌开往汕头的1017次旅客列车发生追尾冲突，造成1017次旅客列车第18位发电车、17位宿营车、16位硬卧车脱轨；T159次机车中破。2名铁路职工死亡，轻伤21人。中断京九上、下行行车9小时58分。构成旅客列车冲突重大事故。

（二）事故原因

1. 南昌局集团公司机车乘务员违反《技规》有关规定，臆测行车、错认信号、违法解锁、违章操纵是主要原因：

（1）臆测行车，在情况不明、不确认下一个区间是否空闲的情况下，盲目行车。

（2）地面信号辨认错误，在车站值班员已经通过联控告之，司机手账上也有记录的情况下，却把非故障信号机当成故障信号机。

（3）违章解锁。将地面信号故障和机车信号故障混为一谈，对这两者的使用规定不清楚。因此在没有请求调度命令的情况下擅自输入一个虚拟的调度命令号强行解锁。这是造成本次事故的最关键的原因。

（4）错误操纵机车。《技规》中明确规定，在自闭区段通过信号机显示红灯或故障时，列车在该信号机前必须停车2 min后，以随时停车的速度运行至次一架通过信号机，最高速度不得超过20 km/h。但是机班却在前一架信号红灯停车后，擅自解除了监控模式，迅速将列车速度提升到48 km/h，最后造成这起旅客列车重大事故。

2. 广铁集团公司对信号故障处理不力，对列车追踪运行组织指挥不规范，车站值班员在不了解机车信号是否故障的情况下，盲目回答机车乘务员的询问，对机车乘务员的操纵产生误导，是造成事故的重要因素。

（1）技术管理基础工作薄弱，对信号故障处理不力。信号设备故障严重危及行车安全，从3月6日到4月11日，20629信号机共发生6次故障，电务部门未能及时消除，留下了安全隐患，是造成事故的重要原因。

（2）行车组织安全措施不够严密，特别是关键岗位、关键时段的安全监控制度不健全，干部把关作用发挥不好。在前行 2013、1017 次列车运行情况不明的条件下，仍然放行 T159 次列车，列车调度员没有要求车站值班员和机车乘务员注意列车运行安全，车站值班员也没有及时准确地向机车乘务员提供安全信息。

在运输组织上，车站值班员安全意识不强，对非正常情况下的行车指挥不力，列车运行安全注意事项提示不到位，车机联控制度、呼唤应答标准执行上打折扣，对列车追踪运行组织指挥不规范，1017 次客车从林寨站出发后，区间运行时间长达 40 min，但调度员没有主动追问林寨站及列车乘务员，缺乏随时掌握列车运行的安全观念，车站值班员在不了解机车信号是否故障的情况下，盲目回答机车乘务员询问，对机车乘务员操纵产生误导，是造成事故的又一重要原因。

（三）事故教训

1. 安全责任意识淡薄，安全第一的思想没有牢固树立，没有深刻吸取以往事故教训。
2. 安全专项整治工作没有落到实处。
3. 专业管理存在诸多薄弱环节：一是专业检查监督工作存在漏项；二是监控装置记录文件分析考核工作流于形式；三是教育培训不到位，为安全工作埋下了隐患。
4. 安全基础薄弱，班组管理不到位。

复习思考题

1. 信号装置分为哪几类？
2. 进站色灯信号机设置地点如何规定？显示方式及显示意义是什么？
3. 机车信号分为哪几类？
4. 遇到哪些情况视为列车的停车信号？
5. 简述信号机及表示器的显示距离。
6. 无线调车灯显信号的显示方式是什么？
7. 移动信号的显示方式是什么？
8. 驼峰色灯信号机显示一个黄色闪光灯光时，显示含义是什么？
9. 引导手信号的显示含义及其昼、夜间的显示方法是什么？
10. 机车、轨道车鸣笛警报信号的鸣示方式及使用时机是什么？

项目三 编组列车

项目要点

铁路运输的基本任务是合理地运用铁路运输的技术设备、安全、准确、迅速、经济、便利地运送旅客和货物，保证完成和超额完成运输任务。而旅客和货物的运送过程是通过列车方式来实现的。列车是完成铁路运输任务的主要形式，是根据列车编组计划、列车运行图及《技规》的有关规定编组而成、并挂有牵引机车和规定的列车标志的车列。为确保列车在区间的运行安全，提高运输的效率。原则上，只有所编列车完全具备条件后，方能向区间正线运行。因此，编组的列车应符合保证安全，提高效率，并充分利用铁路通过能力和牵引力这一原则。

扫码获取
项目三课件

通过对本项目中列车编组的基本要求，列车中机车的编挂，单机挂车的规定，列车中车辆的摘挂分工及列车中关门车的编挂规定等的系统学习，希望学习者能进一步加强对相关规定的理解、认识，并重点掌握：

1. 列车编组的基本要求及规定；
2. 工作机车、回送机车及单机挂车的定义及有关规定；
3. 车钩状态的确认，机车车辆的摘挂分工有关内容；
4. 关门车的定义，编挂关门车的规定及限制。

任务一 编组列车的一般要求

一、编组列车的基本要求

列车应按《技规》、列车编组计划和列车运行图规定的编挂条件、车组、重量或长度编组。

（1）必须符合《技规》有关机车车辆编入列车的技术条件、隔离限制、自动制动机数量作用和配挂要求、列车尾部挂车条件、编入列车的机车编挂位置、装载危险及易燃货物车辆编入列车的隔离限制等。同时，对于编挂装载超限货物车辆和特种车辆，还要执行《铁路超限超重货物运输规则》等规章的规定及有关临时指示。

（2）必须符合列车编组计划中列车种类、去向、编组内容、车组和车辆编挂位置的要求。

（3）必须符合列车运行图关于列车重量、长度标准的要求。凡跨及两个及以上区段的直通或直达列车，各区段规定的牵引重量、长度不同时，还应符合列车编组计划规定的基本组的重量和长度要求。

二、列车重量标准（即牵引定数）的确定

列车重量标准：是根据机车牵引力、区段内限制坡度等因素，通过计算、试运行和各种类型机车牵引重量的平衡，最后取整而定的。

编组列车时，其重量或长度应满足列车运行图规定的各区段牵引定数或换长。由于实际编成的列车与图定重量、长度不可能完全相符，因此，国铁集团规定了尾数波动范围：货物列车牵引重量允许上下波动 80 t，换长允许超过 1.3 倍。

超重列车：列车重量按列车运行图规定的牵引定数超过 81 t 及以上，连续运行距离超过列车乘务规定区段 1/2 的货物列车。

欠重列车：列车重量按列车运行图规定的牵引定数欠 81 t 及以上，同时换长欠 1.3 倍及以上，连续运行距离超过列车乘务规定区段 1/2 的货物列车。

积极提高列车重量，能节省机车运用台数，提高区段通过能力，降低运输成本。但如随意开行超重列车，由于受机车性能或司机技术水平的限制，可能造成运缓、区间停车或会让不当打乱运行秩序。为此，编组超重列车时，在编组站、区段站应得到机务段调度员的同意；在中间站应得到司机的同意。并均须经列车调度员准许，以便指挥行车时心中有数，保证列车运行有序。

三、列车长度的确定

列车长度是根据牵引区段内各站到发线的有效长度，并预留 30 m 的附加制动距离来确定的。该列车长度为列车运行图的规定长度。

列车长度的计算公式：列车换长=（到发线有效长度－牵引列车长度－30 m）/11

超长列车：实际牵引长度超过运行图规定的该区段货物列车计算长度的货物列车。编组超长列车发往区间时，其运行办法，按铁路局集团公司的规定执行。

欠长列车：换长低于列车运行图规定长度的 1.3 倍及以上的列车。

在具体车站行车作业中，列车的长度超过车站到发线的有效长，不能在车站正常进行会让等作业时，须按超长列车办理。

各铁路局集团公司制定超长列车运行办法时，要考虑区段内的具体条件，如各站到发线的有效长及数目、接近车站的线路纵断面等情况。在调车线长度不足时，还应确定分部编组与技术检查如何配合及到达甩车的办法等。但编组超长列车，其最大长度不得超过区段内两股最短到发线有效长度之和。开行超长列车时，列车调度员必须事先有计划地向各有关站、段布置，特别要注意列车会让计划。单线区段应避免对开超长列车，免得给中间站会车带来麻烦。超长列车为不宜挂超限及其他限速车辆。各站应根据铁路局集团公司制定的超长列车运行办法，按本站和机务、列检等具体条件，制定出相应的接发超长列车办法，并纳入《站细》。

四、禁止编入列车的机车车辆

1. 插有扣修、倒装色票的及车体倾斜超过规定限度的

插有扣修、倒装色票的车辆多系故障车辆，经检车人员确定，车辆技术状态不良定检到期或过期需要扣修或重车因技术状态不良需倒装后进行摘车修理。这些车辆不准使用，列检人员应按照规定正确插、撤色票，并及时向车站发出"车辆检修通知书"，车站应迅速送往车辆部门指定地点修理。其他人员不准任意插、撤色票。

车体倾斜指车辆一侧或一端倾斜，一般是由于车体结构松弛，弹簧衰弱或装载偏重、集重、超重等所造成。车体倾斜可能使弹簧折断或车辆热轴，在运行中车体左右摇摆，甚至可能发生脱轨，同时车体倾斜超过限度（客车超过 50 mm，货车超过 75 mm）时，也可能侵入限界，与信号设备、建筑物或邻线机车车辆刮碰。

2. 曾经发生冲突、脱轨、火灾、爆炸或曾编入发生特别重大、重大、较大事故列车内以及在自然灾害中损坏，未经检查确认可以运行的

这些车辆经过激烈冲撞，其主要零部件，如转向架、轮对、轴箱、车钩及车底架等，可能存在隐患，威胁行车安全，所以未经过列检检查时，禁止编入列车。

3. 装载货物超出机车车辆限界，无挂运命令的

装载超限货物的车辆，在运行上须有特殊的要求，如限制运行速度，禁止通过的线路、桥梁和隧道等，列车调度员均应根据批准装运电报发布挂运命令，否则禁止编入列车。

4. 装载跨装货物（跨及两平车的汽车除外）的平车，无跨装特殊装置的

跨装，系指一件货物的长度或重量不能容纳于一辆车上，须用两辆平车共同负担载重。为使跨装货物的车辆能灵活地通过曲线，必须在车辆与货物之间使用特殊装置——货物转向架。同时，为了防止因车钩弹簧压缩、伸张而造成货物的窜动，在货物跨装的车辆与车辆之间，还必须使用车钩缓冲停止器（特殊情况除外）。如无

跨装特殊装置,通过小半径曲线或坡道地段则可能产生移动,甚至发生脱轨或颠覆。跨及两车装载的汽车或爬装的汽车,由于有车轮的小距离转动,可以缓解和适应车钩的伸缩,因此,不用使用跨装特殊装置。

5. 平车及敞车装载货物违反装载和加固技术条件的

平车及敞车装载的货物,违反装载和《铁路货物运输规程》规定的装载加固技术条件时,可能会造成货物窜动或发生货物坠落,危及行车安全。

6. 未关闭侧开门、底开门以及平车未关闭端、侧板的(有特殊规定者除外)

未关闭端、侧板或侧开门的车辆,在运行中侧板或侧开门可能掀动或摇晃,甚至超出机车车辆界限,威胁线路附近设备和人员的安全。一旦端、侧板或侧门脱落,还可能导致列车脱轨,甚至颠覆。底开门不关闭,容易刮坏道岔,甚至脱落。

7. 由于装载的货物需停止自动制动机的作用,而未停止的

根据装载货物性质(如易燃、易爆等)要求关闭自动制动机,是考虑在列车制动时防止闸瓦与车轮踏面摩擦发热,产生高温或发出火星,特别在长大下坡道上,制动时间过长,闸瓦处于高热状态,如不停止自动制动机,对装有爆炸品或怕受高温货物的车辆,有可能引燃或引爆,所以必须停止自动制动机作用。关闭自动制动机是指关闭制动支管的截断塞门,并将副风缸的压缩空气排出。

8. 企业自备机车、车辆、自轮运转特种设备和城市轨道车辆、进出口机车车辆过轨时,未经铁路机车车辆人员检查确认的

企业自备机车车辆及重型轨道车、铁路救援起重机、车辆和工程部门的铺轨机、架桥机、电气化施工设备、轨道起重设备等自轮运转特种设备以及城市轨道车辆、进出口机车车辆的技术标准,是由各企业或设备使用部门根据本单位及区域的作业特点而制定的标准,其维修、养护皆不如铁路运用机车车辆严格,所以为保证铁路行车安全,厂、矿企业自备的机车车辆、自轮运转特种设备和城市轨道车辆、进出口机车车辆在进入铁路营业线行驶前,须经铁路机车车辆部门检查鉴定,确定其各部分的技术状态是否符合铁路规章及有关规定的要求。

9. 缺少车门的(检修回送车除外)

装货后,容易造成货物窜出或坠落、丢失,不能保证货物的完整和行车安全。

10. 超过定期检修期限的客车车辆(经车辆部门鉴定的回送客车除外)禁止编入旅客列车

由于超期运行,其各部分技术状态可能发生变化。如结构松弛、零部件磨耗、裂纹变形,材质疲劳、老化和制动作用不良等,可能产生不易发现的隐患,直接威胁行车和人身安全。因此不准编入旅客列车,但为使客车尽早入厂、段施修或随原车底入段(所),经车辆部门鉴定走行部良好后,在不影响旅客列车的运行和安全的条件下,可编入旅客列车。

任务二　列车中机车的编挂及单机挂车

一、对出入段机车的基本要求

机车应有识别的标记：路徽、配属局段简称、车型、车号、最高运行速度、制造厂名及日期。在机车主要部件上应有铭牌，在监督器上应有检验标记。电气化区段运行的机车应有"电化区段严禁攀登"的标识。内燃机车燃料箱上应标明燃料油装载量。

机车需配备机车信号、列车运行安全监控系统（LKJ、机车安全信息综合监测装置 TAX 箱、机车语音记录装置、列车运行状态信息系统车载设备、机车车号识别设备）、车载无线通信设备、机车列尾控制设备等。机车应逐步配备机车车载安全防护系统、机车限鸣示警系统及空气防滑装置等。机车应向车辆的空气制动装置提供风源，具有双管供风装置的机车应向车辆空气弹簧等其他用风装置提供风源；具有直供电设备的机车应向车辆提供电源。

电力机车还应配备自动过分相装置，并根据需要装设弓网检测装置等。

根据需要机车还可配备车内通信、空调、卫生及供氧等设备。

牵引列车的机车在出段前，必须达到运用状态，主要部件和设备必须作用良好，符合国铁集团有关机车运用、维修的规定，并符合下列要求：

（1）车钩中心水平线距钢轨顶面高度为 815～890 mm。

（2）轮对：

① 轮对内侧距离为 1 353 mm，允许偏差为 ±3 mm。

② 轮箍或轮毂不松弛。

③ 轮箍、轮毂、辐板（辐条）、轮辋无裂纹。

④ 轮缘的垂直磨耗高度不超过 18 mm，并无碾堆。

⑤ 车轮踏面擦伤深度不超过 0.7 mm。

⑥ 车轮踏面上的缺陷或剥离长度不超过 40 mm，深度不超过 1 mm。

⑦ 轮缘厚度在距踏面基线向上 H 距离处测量应符合表 3-1 的规定（轮缘原设计厚度在 25 mm 及以下，由铁路局集团公司规定）。

表 3-1　机车轮缘厚限度

序号	机车踏面类型	测量点与踏面基线之间距离 H/mm	轮缘厚限度/mm
1	JM2、JM3	10	34～23
2	JM	12	33～23

⑧ 车轮踏面磨耗深度不超过 7 mm，采用轮缘高度为 25 mm 的磨耗型踏面时，其磨耗深度不超过 10 mm。

机务段对入段机车按规定进行整备、检测、维修。机车信号、列车运行监控装置（LKJ）、车载无线通信设备、机车列尾控制设备等需由相关专业维修机构进行检测，并及时互通信息。

各相关单位应对机车车载安全防护系统等行车安全设备记录的运行信息进行转储、分析。

二、工作机车的编挂

工作机车应挂于列车头部，正向运行（牵引小运转、路用、救援列车的机车除外）；无转向设备的，可逆向运行。因为机车在设计和制造时，其技术性能和作业条件主要是按正向运行考虑的。这便于乘务员瞭望，又能充分发挥机车的最大牵引效能。但无转向设备或担当小运转、救援及路用列车的机车，因客观条件限制及工作性质的需要，所以允许逆向运行。

双机或多机牵引时，为了保证运行安全，由第一位机车担当本务，负责操纵列车；第二位及以后的机车应根据本务机车的要求进行操纵。

补机原则上挂于本务机车的前位或次位，主要是便于彼此联系、配合，防止发生挤坏车辆或断钩事故。如补机挂于列车头部，所属补机也应该执行本务机车的职务。这样有利于司机瞭望和操纵列车，对列车平稳运行，防止事故均有好处。在特殊区段或补机需途中返回时，经铁路局集团公司批准，可将补机挂于列车后部，但应接通软管，加强相互间的联系与配合，做到同步操作以及列车平稳运行，保证列车安全。对需要途中返回的补机（包括越过一个区间），可不连接软管，以避免区间停车摘管造成列车起动困难或降低通过能力。此项行车办法和安全措施由铁路局集团公司规定。

三、单机挂车

为充分利用机车动力和区间通过能力，加速车辆移动，在不影响机车运用、保证运行安全的条件下，准许利用单机附挂车辆。考虑到机车乘务组监护附挂车辆的条件限制，所以单机挂车不宜过多。在机车实际牵引区段的线路坡度不超过 12‰时，由于运行条件较好，以 10 辆为限；线路坡度超过 12‰时，考虑到具体坡度、牵引动力、牵引定数不同，单机挂车辆数不宜全路统一规定，由铁路局集团公司自行规定。

单机挂车时，应遵守以下规定：

（1）所挂车辆的自动制动机作用必须良好，发车前列检（无列检时由车站发车人员）按规定进行制动试验。

（2）连挂前按规定彻底检查货物装载状态，并将编组顺序表和货运单据交与司机。

（3）在区间被迫停车后的防护工作由机车乘务组负责，开车前应确认附挂辆数和制动主管贯通状态是否良好。

（4）列车调度员应严格掌握，不得影响机车固定交路和乘务员劳动时间。

（5）不准挂装载爆炸品、超限货物的车辆。

单机挂车时因所挂车辆较少，且开行单机车次，因此可不挂列尾装置。在这种情况下，车站接发列车时，应有确认完整到达的办法，并于发车后通知邻站，以确保运行安全。

四、回送机车的编挂

铁路局集团公司所属机车因配属、局间调拨或入厂、段检修，以及检修完毕后返回本段的机车称为回送机车。

铁路局集团公司所属的内燃机车回送时，原则上采用有动力方式。原因是为了充分利用区间通过能力，内燃机车在保证供给燃料的情况下，应尽量有动力回送。

电力机车跨交路区段回送时，原则上采用无动力方式。原因是为保证电力机车回送安全，电力机车跨交路区段回送，考虑接触网、LKJ 数据以及司机对线路的熟悉程度，应采取无动力方式；电力机车在本机车交路区段内回送，不做统一规定。

回送机车在交路区段外单机运行时，应派带道人员添乘。主要考虑乘务员不熟悉该区段线路的坡道、曲线及有关行车设备情况，故需由担任该区段机车运用的机务段派出带道人员添乘，以确保列车安全正点。

铁路局集团公司所属的机车附挂回送时，原则实行附挂货物列车。走行部和制动装置良好的客运机车附挂旅客列车回送（出入厂、段的修程机车除外），主要考虑此种情况安全能够保证，有利于提高机车回送效率，附挂旅客列车跨铁路局集团公司回送时，需按国铁集团调度命令办理。

回送机车应采取挂于本务机车次位的方式（重联机车牵引时为重联机车次位）。因为机车重量大，如挂于列车中部或后部，在列车制动时，容易发生加剧冲动。遇列车紧急制动时，还可能将其前位的车辆挤坏，所以应挂于本务机车（重联机车）次位。

受机车制动条件限制，20‰及其以上坡度的区段禁止办理机车专列回送。

铁路救援起重机回送前，回送单位应做好技术检查和整备工作。路外单位托运起重机前，应由铁路部门鉴定，无技术鉴定书时不能办理托运。考虑到铁路救援起重机自重大、制动快，规定挂于列车后部以减轻列车制动时产生的纵向冲动。考虑到铁路救援起重机重心偏高、起重臂的横向摆动大和走行部分的性能限制等因素，规定了不同的回送限制速度，《技规》未明确规定回送限制速度的按设计文件要求速度回送。

任务三 列车中车辆的编组

一、列车中车辆的编挂要求

（一）旅客列车中车辆的编挂

动车组以外的旅客列车必须严格按客车编组表所规定的车种、辆数、编挂位置编组。编入快速旅客列车的客车车辆其最高速度等级应符合该列车规定的速度要求，且在旅客列车中禁止编入装载危险、恶臭的货物车辆。

1. 旅客列车的隔离

旅客列车按旅客列车编组表编组，机车后第一位编挂一辆未搭乘旅客的车辆作为隔离车。行李车、邮政车、发电车等非乘坐旅客的车辆应分别挂于机车后第一位和列车尾部，起隔离作用；在装设集中联锁的区段，并设有列车运行监控装置时，旅客列车可不挂隔离车。如隔离车在途中发生故障摘下时，可无隔离车继续运行。局管内旅客列车经铁路局集团公司长批准，可不隔离。

2. 旅客列车、回送客车底不准编挂货车

旅客列车、回送客车底运行速度高，安全条件要求比较严，牵引重量比较小，且货车每辆闸瓦压力比客车小，会使全列车制动力减弱，降低规定的运行速度，在列车制动时还会引起冲动。同时，部分动车组以外的旅客列车还要在高速铁路运行，安全要求高，所以规定所有旅客列车均不准编挂货车。

为保证旅客安全，旅客列车中，与机车相连接的客车端门及编挂在列车尾部的客车后端门必须加锁。为避免动车组列车司机的工作受干扰，动车组列车驾驶室与旅客乘坐席间的门须锁闭。

3. 客车编入货物列车回送时的有关编挂要求

客车编入货物列车回送时，客车编挂辆数不得超过20辆，应挂于列车中部或后部。

装有密接式车钩的客车原则上应附挂旅客列车回送。需附挂货物列车回送时，不得超过10辆，其后编挂的其他车辆不得超过1辆。

客车与平车、平集共用车以外的货车连挂时，不得与货车有人力制动机端连挂；客车与平车、平集共用车人力制动机端连挂时，平车、平集共用车的人力制动机不得使用，处于非工作状态。

机械冷藏车组应尽量挂于货物列车中部或后部。

军用及其他对编挂位置有特殊要求的客车按有关规定办理。

（二）动车组的编挂

动车组为固定编组。单组动车组运用状态下不得解编，两组短编组同型动车组可重联运行。救援等特殊情况下，两组不同型号的动车组可重联运行。

动车组禁止加挂各型机车车辆（无动力调车时的调车机、救援机车、无动力回送时的本务机车及回送过渡车除外）；动车组禁止编入其他列车。

超过检修期限的动车组禁止上线运行（经车辆部门鉴定的回送动车组除外）。

（三）货运列车中车辆的编挂

货物列车的编组，除严格按照编组计划、列车运行图的规定编组外，对于

装载危险、易燃等货物的车辆编入列车的隔离限制，按《铁路车辆编组隔离表》（见《技规》之附件 10）执行。编挂超限货物车辆或特种车辆时，按国家及国铁集团有关规定或临时指示办理。

二、列尾装置的摘挂及运用

动车组以外的旅客列车应安装列尾装置。特殊情况下，无法安装或使用列尾装置时，应制定具体办法。

半自动闭塞区段货物列车尾部须挂列尾装置，其他区段货物列车尾部宜挂列尾装置。货物列车尾部未挂列尾装置时应以吊起尾部车辆软管代替尾部标志。尾部车辆软管的吊起，有列检作业的列车由列检人员负责，无列检作业的列车由车务人员负责。

旅客列车列尾装置尾部主机的安装与摘解、风管及电源的连接与摘解，由车辆部门负责。

货物列车列尾装置尾部主机的安装与摘解，由车务人员负责。软管连接，有列检作业的列车，由列检人员负责；无列检作业的列车，由车务人员负责。特殊情况，由铁路局集团公司规定。

列尾装置在使用前，必须按规定进行检测，合格后方可投入运用。

三、列车中机车车辆摘挂的分工

1. 连挂状态的确认

列车在编组直至发车之前，有关人员必须密切配合，认真检查确认机车与车辆及车辆与车辆之间车钩的连挂状态，这一点对于确保行车安全具有特别重要的意义，应予以高度重视。

动车组以外的列车中相互连挂的车钩中心水平线的高度差不得超过 75 mm。此高度差主要是由于车辆的空重、弹簧的强弱、车轮踏面的圆周磨耗、心盘垫板的厚薄，以及线路的状况等原因所造成的。

如果车钩高度差超过规定的范围，当列车运行至道岔、路基松软地段时，车辆上下颠簸，尤其在陡坡线路上，容易发生脱钩而造成列车分离，并且高差过大时，使车钩钩舌牵引面变小，承受不了牵引力，易发生断钩。

所以，必须查明原因进行调整，若无法调整或仍达不到所规定的高度差时，应将该车摘下。

2. 摘挂的分工

车辆的摘挂包括车钩、制动软管、暖气软管、电气控制连线、电灯及电话线等的连接和摘解，同时也包括折角塞门开闭情况及车钩摘挂技术状态的检查、确认等内容，对新型车辆还包括双管供风、电空联合制动线及机车供电线等的摘挂内容。

机车车辆及动车组的摘挂具体分工为：

（1）列车中车辆的连挂，由调车作业人员负责。软管的连接，有列检作业的始发列车由列检人员负责；无列检作业的，由调车作业人员负责。

（2）动车组采用机车调车作业时，随车机械师或动车段（所）胜任人员负责过渡车钩和专用风管的安装与拆卸、电气连接线的连接与摘解并打开车门，调车人员负责车钩接与摘解、软管摘结。

动车组无动力回送或被救援时，过渡车钩、专用风管的安装与拆卸由随车机械师负责，司机配合。

（3）列车机车与第一辆车的连挂，由机车乘务员负责。单班单司机值乘的由列检人员负责；无列检作业的列车，由车辆乘务员负责；无车辆乘务员的列车由车站人员负责。

（4）列车机车与第一辆车的车钩摘解、软管摘结，由列检人员负责。无列检作业的列车，车钩、软管摘解由机车乘务员（单班单司机值乘的由车辆乘务员）负责，软管连接由车辆乘务员负责；无车辆乘务员的列车由机车乘务员（单司机单班值乘的由车站人员）负责。

（5）列车机车与第一辆车电气连接线的连接与摘解由客列检作业人员负责，无客列检作业人员时，由车辆乘务员负责。

（6）货物列车本务机车在车站调车作业时，无论单机或挂有车辆，与本列的车辆摘挂和软管摘结，均由调车作业人员负责。

（7）旅客列车在途中摘挂车辆时，车辆的摘挂和软管摘结，由调车作业人员负责，密封风挡和电气连接线的连接与摘解由车辆乘务员负责，其他由列检作业人员负责，无列检作业人员时，由车辆乘务员负责，必要时打开车门，以便于调车作业。装有密接式车钩的客车车辆摘挂时，过渡车钩的安装与拆卸由列检人员负责；无列检人员时由车辆乘务员负责。

列车机车与动车组过渡车钩的连接与摘解、软管摘结、电气连接线的连接与摘解，由随车机械师负责。

（8）两列动车组重联或解编时，由动车组机械师负责引导，司机确认。动车组重联时，被控动车组应退出占用，主控动车组使用调车模式与被控动车组连接。解编操作时，主控动车组转换为调车模式后，必须一次移动 5 m 以上方可停车。

四、列车自动制动机试验的规定

（一）动车组以外的列车制动机试验

动车组以外的列车自动制动机应按下列规定进行试验。

1. 全部试验

（1）货车列检对解体列车到达后施行一次到达全部试验，对编组列车始发前施行一次始发全部试验，对有调车作业中转列车到达后首先施行到达全部试验，发车前只施行始发全部试验中的漏泄试验。

（2）货车特级列检和安全保证距离在 500 km 左右的一级列检对无调车作业中转列车始发前施行一次始发全部试验。

（3）无列检作业场车站始发的列车，在途经第一个列检作业场进行无调车中转技术检查作业时施行一次始发全部试验。

（4）列检作业场对运行途中自动制动机发生故障的到达列车。

（5）旅客列车库内检修作业。

（6）在有客列检作业的车站折返的旅客列车。

站内设有试风装置时，应使用列车试验器试验，连挂机车后只做简略试验。对装有空气弹簧等装置的旅客列车应同时检查辅助用风系统的泄漏。

2. 简略试验

（1）货车列检对始发列车、中转作业列车连挂机车后。

（2）客列检作业后和旅客列车始发前。

（3）更换机车或更换机车乘务组时。

（4）无列检作业的始发列车发车前。

（5）列车软管有分离情况时。

（6）列车停留超过 20 min 时。

（7）列车摘挂补机，或第一位机车的自动制动机损坏交由第二位机车操纵时。

（8）机车改变司机室操纵时。

（9）单机附挂车辆时。

（10）列车进行摘、挂作业开车前。

在站简略试验：有列检作业的由列检人员负责，无列检作业的由车辆乘务员负责，无车辆乘务员的由车站人员负责。挂有列尾装置的列车由司机负责（挂有列尾装置的旅客列车，始发前、摘挂作业开车前及在途中换挂机车站、客列检作业站，有列检作业的由列检人员负责，无列检作业的由车辆乘务员负责）。

3. 持续一定时间的全部试验

有列检作业场的车站发出的货物列车运行前方途经长大下坡道区间的,在始发、中转作业时应进行持续一定时间的全部试验,列检应填发制动效能证明书交给司机；在有列检作业场车站至长大下坡道区间的各站始发或进行摘挂作业的列车，是否进行持续一定时间的全部试验并填发制动效能证明书交给司机，由铁路局集团公司规定。具体试验和凉闸的地点、办法，由铁路局集团公司规定。

旅客列车出库前应进行持续一定时间的全部试验，在接近长大下坡道区间的车站，是否进行持续一定时间的全部试验，由铁路局集团公司规定。

长大下坡道为：线路坡度超过 6‰，长度为 8 km 及以上；线路坡度超过 12‰，长度为 5 km 及以上；线路坡度超过 20‰，长度为 2 km 及以上。

（二）动车组制动试验

（1）动车组在出段（所）前或折返地点停留出发前需要进行全部制动试验，一级检修作业后的动车组在出发前不再进行全部制动试验；

（2）动车组列车在始发前需在操纵端进行简略制动试验；

（3）动车组列车更换动车组司机（同向换乘除外）或操纵端后，需进行简略制动试验；

（4）动车组列车在途中重联或解编后，开车前需在操纵端进行简略制动试验；

（5）动车组列车使用紧急制动停车后，开车前需进行简略制动试验；

（6）动车组在采用机车救援、无动力回送联挂机车或回送过渡车时，按动车组无动力回送作业办法进行制动性能确认。

任务四　列车中关门车的编挂

为保证列车在施行制动时有足够的制动能力，确保列车在规定的制动距离内停车，列车中机车和车辆的制动机均应加入全列车的制动系统。由于货物列车装载的货物要求需停止制动作用，或自动制动机临时发生故障，准许关闭制动支管上的截断塞门而本身失去制动力的车辆称为"关门车"。由于关门车的存在，会使全列的制动力相对降低，而无法确保列车正常的制动距离，同时也会给列车的正常运行带来不利影响。所以，货物列车在列检作业场所在站编组始发的列车中，不得有制动故障关门车。

一、货物列车中关门车的编挂

货物列车在列检作业场所在站编组始发时，如遇有因装载的货物规定须停止制动作用或在运行中制动机临时发生故障，一时不能修复的车辆时，允许关闭截断塞门的辆数，不得超过现车总辆数的 6%（尾数不足一辆按四舍五入计算）。

编入关门车的辆数不超过现车总辆数的 6%（尾数不足一辆按四舍五入计算）时，为方便起见，可不计算每百吨列车重量的闸瓦压力，不填发制动效能证明书（车统 45）；当超过 6% 时，须按规定计算闸瓦压力，并填发制动效能证明书交与司机。

为保证列车运行安全，列车必须有充分可靠的制动性能，因此规定了列车中对车辆制动机关门的限制：

1. 关门车不得挂于机车后部 3 辆车之内

若机车后 3 辆车内挂有关门车，因关门车制动软管只能通风而本身无制动能力。在列车制动时，势必使列车前部制动力相对削弱而导致前冲力增加，加之风路长，后部车辆制动的延迟，必然会使列车的制动距离延长，易发生危险，在紧急制动时尤甚。

2. 列车中连续连挂不得超过 2 辆

若关门车连续编挂辆数过多，当列车制动时，因关门车本身无制动力而无法停轮，各车辆之间将因列车制动产生瞬间的强烈冲挤，严重时会造成脱轨、断钩等事故。

3. 列车最后一辆不得为关门车

因关门车本身无制动力，若列车最后一辆是关门车，易发生因车钩分离而形成车辆溜逸，将会产生严重后果。

4. 列车最后第二、三辆不得连续关门

若列车最后第二、三辆为关门车，当列车制动时，可能使尾部车辆因冲挤而脱轨。

对于不适于连挂在列车中部但走行部良好的车辆，经列车调度员准许，可挂于列车尾部，以一辆为限，如该车辆的自动制动机不起作用时，须由车辆人员采取安全措施，保证不致脱钩。

二、临时关门车的处理

旅客列车、特快货物班列由于运行速度较高，为保证旅客的安全和在规定的制动距离内停车，旅客列车、特快货物班列在始发站不准挂关门车。而在运行途中（包括在站折返），若遇车辆的自动制动机临时故障，且在停车的时间内不能修复时，只准许关闭一辆且不得是列车的最后一辆。120 km/h 速度等级及编组小于 8 辆的 140 km/h、160 km/h 速度等级列车按规定关门时需限速运行，车辆乘务员需向司机递交限速证明书。

编有货车的军用列车、路用列车编挂关门车时，除有特殊规定外，执行货物列车的规定。

项目总结

通过对本项目列车编组的基本要求、列车中机车的编挂、单机挂车的规定、列车中车辆的摘挂分工及列车中关门车的编挂规定等的系统学习，希望学习者能进一步加强对《技规》中有关编组列车的认识和理解。本项目的重点是列车中机车的编挂以及列车中车辆的摘挂分工。

事故案例

泰岚线"7·9"CT47940货物列车脱轨重大事故

（一）事故概况

2007年7月9日17时35分，太原北机务段韶山$_1$型687号机车牵引CT47940次货物列车（编组54辆，总重4 690 t，换长65.1）冒进太原局太岚线扫石站1道出站信号机，进入安全线冲出土挡，机车及机后1~11位车辆脱轨；两名机车乘务员受轻伤。构成货物列车脱轨重大事故。

（二）事故原因

1. 太原北车辆段古交运用车间工长、检车员在对CT47940次列车机后1位车辆更换缓解阀后进行试风作业时，关闭了2位车辆前端折角塞门，试风完毕，忘记将该折角塞门开启，是事故发生的直接原因，对事故负主要责任。尾部检车员在挂好机车进行简略试验时，简化程序，未到列车尾部，使列车折角塞门关闭的问题不能被及时发现，对事故负重要责任。

2. CT47940次列车接近扫石站前，17时27分和17时28分机车乘务员两次按压列尾控制盒排风按钮发出排风指令，虽然列尾装置接收到指令，但均未起到制动作用，致使列车冲出扫石站安全线土挡。该列尾装置在出发前按规定在厂家（北京市交大路通科技有限公司）提供的试验台上进行检测，检测数据合格；发生事故后将该列尾装置拆下再次在该试验台上进行试验，仍然符合技术标准。列尾装置作为折角塞门关闭后自动实施列车制动、保证行车安全的唯一装置，却没有起到应有的作用，是事故发生的另一主要原因。

3. CT47940次本务机车乘务员开车前未按规定认真进行简略试验，没有及时发现折角塞门关闭发出列车，在列尾装置3次报警的情况下，未采取措施，失去了防止事故的时机，是造成事故的重要原因，对事故负重要责任。

（三）事故教训

1. 列检人员违章作业，关键作业环节失控。车辆列检人员为抢时间，忽视安全，简化作业程序。检车员没有执行首尾之间联系、号志传递制度，尾部检车员本应在简略试验时在列车尾部车辆制动缸活塞筒上涂打试验标记，却提前在安定保压试验时就打了标记，没有发现折角塞门被关闭；领班工长安排检车员关闭机后2位前端折角塞门处理车辆故障后，没有盯住开放塞门，导致关闭折角塞门发出列车，最终酿成事故，一系列的违章作业是导致事故发生的直接原因。

2. 设备管理存在严重漏洞。在事故调查中发现，该列车使用了刚配备的"列车试风监测装置"，但该设备试验数据记录不完整，只有漏泄试验和感度试验记录，而没有安定试验记录；在列检装备中，电控试风装置质量达不到标准，尾部风压装置不能正常使用，列车的试风质量得不到保证，对讲机、集中机没有自动录音监控功能等问题长期存在，未得到解决。车辆部门在新设备用、管、修及人员培训方面重视不足，将就应付，降低了设备保安全的力度，同时也与国铁集团提出的列检装备现代化建设要求差距较大。

3. 机车乘务员制动机简略试验流于形式。通过监控装置变量记录数据分析，反映出司机在试风过程中，按列检人员指示简单进行充排风试验，未按列车编组辆数，认真确认列车管充排风时间，未能发现折角塞门关闭，失去了防止折角塞门关闭的有利时机。

4. 司机违反列尾装置使用规定。司机违反"本务机车连挂列车后，机车乘务员必须通过司机控制盒检查确认列车管贯通和列尾主机风压是否达到 580 kPa，确认无误后方可按规定开车"的规定，古交站开车前，司机未认真核对尾部风压与前部机车风压是否一致；开车前列尾装置连续 3 次低风压报警，也未采取任何有效措施查明原因，盲目开车，又一次失去了防止列车折角塞门关闭的有利时机。

5. 司机应变能力差。通过分析发现，进入古东站前，司机发现列车制动力不足，追加减压后仍然无效，第 3 次仍然追加，采取措施不果断。特别是采取非常制动后，没有实施电阻制动，长达 4 min 后才按压列尾装置控制盒排风按钮，错过了列尾装置排风的最佳时机。

复习思考题

1. 列车编组计划的主要作用是什么？
2. 什么是列车种类（牵引定数）？
3. 什么是列车长度？
4. 简述工作机车编挂有何规定。
5. 单机挂车应符合哪些规定？
6. 何时进行列车自动制动机的全部试验？
7. 何时进行列车自动制动机的简略试验？
8. 什么叫"关门车"？
9. 编挂"关门车"有何要求？
10. 旅客列车的关门车是如何规定的？

项目四

行车闭塞法

项目要点

车站向区间发车时，必须确认区间无车，在单线区间还必须防止两站同时向一个区间发车。为此要求按照一定的方法组织列车在区间的运行（用信号或行车凭证），一般称为行车闭塞法，简称闭塞。用以完成闭塞作用的设备称为闭塞设备。

扫码获取
项目四课件

通过对本项目中行车闭塞法的种类及作用，自动闭塞，自动站间闭塞，半自动闭塞及电话闭塞等规定的系统学习，希望能进一步加强对相关规定的理解、认识，并重点掌握：

1. 行车闭塞法的作用；
2. 自动闭塞的特点、行车凭证及特殊情况的行车规定；
3. 自动站间闭塞、半自动闭塞以及电话闭塞的办理程序和行车凭证；
4. 电话中断的行车办法。

任务一　行车闭塞法概述

基本闭塞设备是控制一个区间在（或闭塞分区）同一时间内，只准许一个列车运行的设备。通过调度所、相邻车站、线路所、闭塞分区的设备或人为控制，使列车与列车相互间保持一定间隔，以保证列车安全运行的行车方法，称为行车闭塞法。

行车闭塞制式大致经历了：电报或电话闭塞—路签或路牌闭塞—半自动闭塞—自动闭塞的发展过程。目前我国铁路，双线多采用自动闭塞，单线多为半自动闭塞或自动站间闭塞。电话闭塞则是当上述基本闭塞法不能使用的条件下，根据列车调度员的命令所采用的代用闭塞方法。

一、行车闭塞法的作用

行车闭塞法的作用是控制列车与列车之间保持一定距离,以保证列车安全运行。列车运行的间隔制度主要分为两大类:一类是时间间隔法,一类是空间间隔法。

1. 空间间隔法

以车站、线路所所划分的区间,自动闭塞区间的通过信号机所划分的闭塞分区,作为两列车间隔的行车方法。即在正常情况下,每个区间(或闭塞分区),在同一时间内,只准有一个列车占用。

2. 时间间隔法

按一定的时间间隔开行续行列车。即第一列车发车后,经过一定的时间,再发出下一列列车。

我国铁路列车运行一般采用空间间隔法。只有在一切电话中断的特殊情况下,才准许采用时间间隔法,而且要有安全保证措施。

二、行车闭塞法的种类

我国《技规》规定,行车闭塞法分为行车基本闭塞法与代用闭塞法两类。

1. 基本闭塞法

车站均需装设基本闭塞设备。行车基本闭塞法采用下列3种:自动闭塞、半自动闭塞、自动站间闭塞。

其中:自动闭塞以闭塞分区作为列车间隔;自动站间闭塞、半自动闭塞都是以站间(所间)区间作为列车间隔;其列车运行间隔均属于空间间隔法。

闭塞设备的具体设置条件如下:

(1)在单线区段,应采用半自动闭塞或自动站间闭塞,繁忙区段可根据情况采用自动闭塞;

(2)在双线区段,应采用自动闭塞。

在一个区段内,原则上应采用统一类型的闭塞方式。

2. 代用闭塞法

电话闭塞是在基本闭塞法停用条件下,主要靠人工检查确认和联系制度来保证实现列车运行空间间隔的代用闭塞方法。使用电话闭塞法行车须有列车调度员命令,并严格按有关电话闭塞接发列车规定的程序、制度办理行车作业。

原则上不使用隔时续行方法。由于按隔时续行方法行车,不易严格保持后行列车和前行列车的安全间隔,如果办理疏忽或司机操纵不当,很容易发生追尾事故,因此规定隔时续行办法原则上不使用。在特殊情况下必须使用时,由铁路局集团公司规定,并制定具体行车办法和安全措施。

任务二　自动闭塞

一、自动闭塞概述

自动闭塞是根据列车运行及有关闭塞分区状态,自动变换通过信号机显示而司机凭信号行车的闭塞方式。采用自动闭塞的区段,将站间区间划分为若干个小区间,叫作闭塞分区。每个闭塞分区入口处(始端)装设通过信号机(见图4-1)。

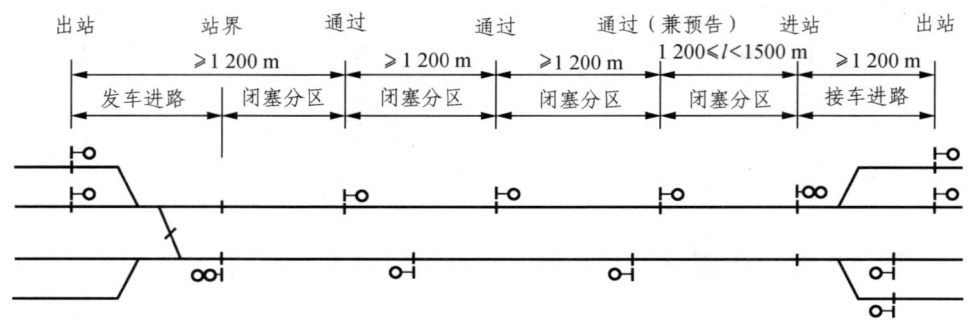

图4-1　自动闭塞示意图

在整个自动闭塞区段,各闭塞分区都设有轨道电路(或计轴器)。通过轨道电路(或计轴器)将列车运行和通过信号机的显示联系起来,根据列车运行自动变换通过信号机的显示,在列车运行过程中自动完成闭塞作用,无须人工参与。这种方式不需要办理闭塞手续,又可开行追踪列车,既保证了行车安全,又提高了运输效率。

1. 自动闭塞的优点

(1)由于两站间的区间允许续行列车追踪运行,就大幅度地提高了行车密度,显著地提高了区间通过能力;

(2)由于不需要办理闭塞手续,简化了办理接发列车的程序,因此既提高了通过能力,又大大减轻了车站值班员的劳动强度;

(3)由于通过信号机的显示能直接反映运行列车所在位置以及线路状态,因而确保了列车在区间运行的安全。

2. 自动闭塞的技术要求

(1)自动闭塞的通过信号机,应不间断地检查所防护的闭塞分区的空闲及占用情况。

（2）自动闭塞设备应满足以下要求：当闭塞分区被占用或采用轨道电路传输信息的设备失效时，防护该闭塞分区的通过信号机应自动关闭，在双方向运行的区段，在此种情况下不得改变运行方向；在双向运行的自动闭塞区段，当一个方向的出站及通过信号机开放后，则相反方向的出站信号机应不能开放，反方向通过信号机应在灭灯状态；在双向运行的自动闭塞区段，当设备故障、错误办理或外电干扰时，应不出现敌对发车。

当进站或通过信号机灭灯时，其前方一架通过信号机应自动显示红灯。

（3）当自动闭塞分区长度小于制动距离时，应设红灯重复或完全重复显示。

3. 自动闭塞的分类

按照信号显示方式可分为：三显示自动闭塞和四显示自动闭塞。

（1）三显示自动闭塞有3种灯光显示，即红灯、黄灯和绿灯。红灯显示说明其防护的闭塞分区被占用，也可能是该分区设备或线路发生故障；黄灯显示则说明它防护的闭塞分区空闲；绿灯显示则说明其前方有两个及以上闭塞分区空闲。

（2）四显示自动闭塞是在三显示自动闭塞基础上增加一种绿黄显示，它显示意义为前方有两个闭塞分区空闲，要求高速列车和重载列车减速运行，以使列车在抵达黄灯显示下运行时不大于规定的黄灯允许速度，保证在显示红灯的通过信号机前安全停车。而四显示的绿灯显示意义则为前方有3个及以上闭塞分区空闲。进站（含反方向进站）、接车进路信号机还能显示两个黄色灯光。

每一自动闭塞分区的长度，三显示自动闭塞一般为 1 200～3 000 m；四显示自动闭塞一般为 600～1 000 m。通过色灯信号机经常显示绿色灯光，随着列车驶入和驶出闭塞分区而 自动转换。但进出站信号机的显示一般仍由车站实行人工控制，只有当连续放行通过列车 时，才改由列车运行控制。

二、列车占用区间的凭证

1. 正常情况时的行车凭证

行车凭证——列车由车站进入区间、由车站进入闭塞分区，由一个闭塞分区进入下一个闭塞分区的依据。

使用自动闭塞法行车时，列车进入闭塞分区的行车凭证为出站或通过信号机显示的允许运行的信号。

自动闭塞区段的车站，办理发车前应向接车站预告；单线自动闭塞区段的车站，还须得到列车调度员的同意（列车调度员已下达列车运行调整计划时除外）。已向接车站预告，但列车不能出发时，发车站须通知接车站取消预告。

2. 非正常情况时的行车凭证

自动闭塞区段遇下列情况发车的行车凭证见表 4-1。

表 4-1　自动闭塞区段特殊情况行车凭证

列车出发情况	行车凭证	发给行车凭证的依据	附带条件
1. 出站信号机故障时发出列车 2. 由未设出站信号机的线路上发出列车 3. 超长列车头部越过出站信号机发出列车	绿色许可证（见图 4-2）	1. 监督器表示第一个闭塞分区空闲，不表示时为接到前次列车到达邻站的通知或前次列车发出后不少于 10 min 的时间； 2. 确认道岔位置正确及进路空闲； 3. 单线须取得对方站确认区间内无迎面列车的电话记录号码	从监督器上不能确认第一个闭塞分区空闲时，车站应发给司机书面通知（见图 4-3），司机以在瞭望距离内能随时停车的速度，最高不超过 20 km/h，运行到第一架通过信号机，按其显示的要求执行
4. 发车进路信号机发生故障时发出列车 5. 超长列车头部越过发车进路信号机发出列车		确认道岔位置正确及进路空闲	列车到达次一信号机按其显示的要求执行
6. 自动闭塞作用良好，监督器故障时发出列车	出站信号机显示的允许运行的信号		与邻站车站值班员及本站信号员联系
7. 双线双向闭塞设备的车站，反方向发出列车		1. 区间占用表示灯表示区间空闲； 2. 双线反方向行车的调度命令	反方向发车进路表示器显示正确（进路表示器故障时通知司机）

注：在四显示区段，因设备不同，执行上述条款困难的，可按铁路局集团公司规定办理。

《技规》规定的绿色许可证，其格式见图 4-2；书面通知，其格式见图 4-3。

三、几种特殊情况的处理

（1）自动闭塞区间通过信号机显示停车信号（包括显示不明或灯光熄灭）时，列车必须在该信号机前停车，司机应使用列车无线调度通信设备通知车辆乘务员（随车机械师）。停车等候 2 min，该信号机仍未显示允许运行的信号时，即以遇到阻碍能随时停车的速度继续运行，最高不超过 20 km/h，运行到次一通过信号机（进站信号机），按其显示的要求运行。在停车等候同时，必须与车站值班员、列车调度员联系，如确认前方闭塞分区内有列车时，不得进入。

（2）装有容许信号的通过信号机，显示停车信号时，准许铁路局集团公司规定停车后起动困难的货物列车，在该信号机前不停车，按上述速度通过。当容许信号灯光熄灭或容许信号和通过信号机灯光都熄灭时，司机在确认信号机装有容许信号时，仍按上述速度通过该信号机。

（3）装有连续式机车信号的列车，遇通过信号机灯光熄灭，而机车信号显示允许运行的信号时，应按机车信号的显示运行。

（4）司机发现通过信号机故障时，应将故障信号机的号码通知前方站（列车调度员）。车站值班员（列车调度员）发现或得到区间通过信号机故障的报告后，在故障修复前，对尚未进入区间的后续列车，改按站间组织行车。

许　可　证

第_____号

　　在出站（进路）信号机故障、未设出站信号机、列车头部越过出站（进路）信号机的情况下，准许第_____次列车由_____线上发车。

站（站名印）车站值班员（签名）
年　　月　　日填发

注：1．绿色纸，复写一式两份，司机一份，存根一份；　　　　（规格 90 mm×130 mm）
　　2．不用的字句抹消。

图 4-2　绿色许可证格式

书　面　通　知

第_____次司机：

　　监督器上不能确认第一个闭塞分区空闲，以在瞭望距离内能随时停车的速度，最高不超过 20 km/h，运行至第一架通过信号机，按其显示的要求执行。

站（站名印）车站值班员（签名）
年　　月　　日填发

注：白色纸，复写一式两份，司机一份，存根一份。　　　　（规格 90 mm×130 mm）

图 4-3　书面通知

任务三　自动站间闭塞

一、自动站间闭塞的办理程序

（1）自动站间闭塞是在半自动闭塞基础上发展起来的新型闭塞设备，区间两端站的出站信号机或线路所通过信号机和轨道检查装置构成联锁关系，自动检查区间空闲，列车以站间区间或所间区间为间隔运行，通过办理发车进路和检查列车出清区间的方式，自动实现区间闭塞和区间开通。

自动检查区间主要通过计轴设备和区间长轨道电路。

① 计轴设备通过设置在区间（所间）两端站的计轴磁头，对进入区间和车站（线路所）的列车轴数进行记录，并经过传输线路将两端站（线路所）所记录的轴数进行核对，当两端站（线路所）记录的轴数一致时，即确认列车整列到达，区间空闲，自动开通区间。发出由区间返回的列车时，由发车站自行检查。当计轴设备记录进出区间的列车轴数不一致时，即判定区间占用。当计轴设备发生故障不能正常计轴或判定区间占用时，不能自动解除闭塞。

② 区间长轨道电路由3部分组成，包括上、下行接近区段轨道电路（双线时为接近和发车区段轨道电路）和中间部分轨道电路，通过轨道电路对区间是否占用、线路是否良好进行检查。在这3部分轨道电路都空闲时，排列发车进路，开放出站信号，自动完成闭塞；在列车到达前方站（返回发车站）3部分轨道电路都空闲后，自动开通区间。当区间任何一段轨道电路处于占用状态时，不能开放出站信号机；列车虽已到达前方站（返回发车站），但不能解除闭塞开通区间。出站信号机开放后，如果区间轨道电路因故障等原因处于占用状态时，便自动关闭。

（2）由于自动站间闭塞发车前不需办理闭塞手续，排列发车进路开放出站信号后，即可发出列车，同时列车需按站间间隔行车，因此发车站在办理发车进路前，须确认区间空闲和接车站未办理同一区间或线路的发车进路，否则不能开放信号，形成自动站间闭塞。为使接车站做好接车准备工作，发车站应向接车站发出预告。

（3）自动站间闭塞区间，发车站办理预告后即是"区间闭塞"，接车站必须做好接车准备。如果列车预告后因特殊情况不能发出时，发车站必须通知接车站取消预告。避免长时间占用区间，方便接车站进行其他作业，也能为其他列车运行提供条件。

二、自动站间闭塞的行车凭证

使用自动站间闭塞法发出列车时，由于列车按站间间隔运行，列车进入区间的行车凭证为出站信号机或线路所通过信号机显示的允许运行的信号。

自动站间闭塞须与集中联锁设备结合使用，自动检查区间空闲，发车站办理发车进路后即自动构成站间闭塞。列车到达接车站或返回发车站并出清区间后，自动解除闭塞。

发车站在办理发车进路前，须确认区间空闲、接车站未办理同一区间的发车进路，并向接车站预告。

发车站已向接车站预告，但列车不能出发时，在取消发车进路后，须通知接车站。

由于自动站间闭塞在全路应用的时间不长，相关设备在制式上也不完全统一，使用区段的行车组织方式不完全相同，因此行车组织办法不宜在全路进行统一，应由各铁路局集团公司根据设备的不同，结合运输组织方式、行车工作要求制订行车组织办法。

任务四　半自动闭塞

一、半自动闭塞的办理程序

半自动闭塞是指通过两个相邻车站（线路所）的闭塞机、出站信号机（线路所通过信号机）和轨道电路构成的联锁关系。使用半自动闭塞设备时，出站或线路所通过信号机显示允许运行的信号，即表示区间已空闲、发车进路已被锁闭，当出发的列车压上出站方面的轨道电路，出站或通过信号机就立即自动关闭，在该列车运行到接车站，压上接车轨道电路之前，出站或通过信号机不能再开放。由于上述联锁关系，可以保证列车运行的安全，因此规定使用半自动闭塞方法行车时，列车凭出站或通过信号机显示的允许运行的信号进入区间。

1. 出站（线路所通过）信号机的开放条件

（1）双线半自动闭塞区间，发车站（线路所）必须在闭塞机上得到前次列车到达前方站（线路所）的到达信号后，才有权发车。因为前次列车驶过接车站接车轨道电路，闭塞机就可以解锁并开通区间。所以发车站（线路所）只要在闭塞机上得到前次列车到达前方站（线路所）的到达信号后，就可以开放出站或线路所通过信号机发车。

（2）单线半自动闭塞区间，发车站（线路所）必须在闭塞机上得到接车站（线路所）的同意闭塞信号后，才能开放出站或线路所通过信号机。而接车站（线路所）只能在区间空闲时，才能在闭塞机上发出同意闭塞信号，并在其发出同意闭塞信号后，该站（线路所）向该区间的出站或线路所通过信号机不能开放。这样就可避免同时向同一区间发出对向的列车。所以，在单线半自动闭塞区间任何一端车站（线路所），在开放出站或通过信号机前，必须得到接车站的同意闭塞信号。

2. 半自动闭塞取消闭塞的办法

（1）双线半自动闭塞的车站取消闭塞。

集中联锁的车站：开放出站信号后如需取消发车时，车站值班员须通知发车人员、司机，确认列车没有出发，关闭出站信号，发车进路解锁后，将事由通知接车站，即可取消闭塞。

电锁器联锁的车站，开放信号后因故需取消闭塞时，车站值班员须通知发车人员、司机，确认列车没有出发，关闭出站信号，按下闭塞按钮使发车表示灯亮黄灯，即可通知接车站取消闭塞；然后由接车站值班员登记破封，拉出故障按钮，再拉出闭塞按钮，办理区间复原。

（2）单线半自动闭塞的车站取消闭塞。

如发车站已请求发车（发车表示灯亮黄灯），需要取消闭塞时，经两站车站值班员联系同意后，由发车站拉出闭塞按钮（或按下复原按钮），两站表示灯熄灭，闭塞机复原。

如接车站已按下闭塞按钮（发车表示灯亮绿灯），但发车站未开放出站信号机时，亦由发车站拉出闭塞按钮（或按下复原按钮），闭塞表示灯熄灭，闭塞机复原。

如开放出站信号机后，需取消闭塞时，集中联锁的车站，经两站联系，发车站值班员确认列车没有出发，关闭出站信号机，拉出闭塞按钮（或按下复原按钮），双方闭塞表示灯熄灭，闭塞机复原；电锁器联锁的车站，双方站车站值班员确认列车没有出发，由发车站值班员，登记破封，使用事故按钮办理复原。

单线半自动闭塞的简要办理过程见表4-2。

表4-2 半自动闭塞简要程序

发车站	接车站
1．车站值班员用闭塞电话向接车站请求发车	
	2．车站值班员同意接车
3．按一下闭塞按钮，发车表示灯亮黄灯，电铃鸣响	
	4．接车表示灯亮黄灯亮，电铃鸣响
	5．按一下闭塞按钮，接车表示灯变为亮绿灯
6．发车表示灯为亮绿灯，电铃鸣响。车站值班员在发车进路准备妥当后开放出站信号机	
7．列车出发进入发车轨道电路区段，出站信号机自动关闭，发车表示灯变为红灯	
	8．接车表示灯亮灯，电铃鸣响。在进路准备妥当后，开放进站信号机
	9．列车进入接车轨道电路区段，接车表示灯和发车表示灯均亮红灯
	10．确认列车整列到达后，关闭进站信号机，按一下闭塞按钮，接车表示和发车表示灯均熄灭
11．接车表示灯红灯熄灭，电铃鸣响	
	12．通知邻站列车到达时刻

二、半自动闭塞的行车凭证

1．正常情况

使用半自动闭塞法行车时，列车凭出站信号机或线路所通过信号机显示允许运行的信号进入区间。

开放出站信号机或通过信号机前,双线区段必须得到前次列车到达前方站的到达信号;单线区段必须得到接车站的同意闭塞信号。

发车站办理闭塞手续后,列车不能出发时,应将事由通知接车站,取消闭塞。

2. 特殊情况

半自动闭塞区段,遇超长列车头部越过出站信号机而亢压上出站方面的轨道电路发车时,行车凭证为出站信号机显示的允许运行的信号,并发给司机调度命令。

遇发车进路信号机故障或超长列车头部越过发车进路信号机发车时,列车越过发车进路信号机的行车凭证为半自动闭塞发车进路通知书,其格式见图4-4。

半自动闭塞发车进路通知书

第_____号

1. 在列车头部越过发车进路信号机的情况下,准许第_____次列车由_____线发车。

2. 在_____发车进路信号机故障的情况下,准许第_____次列车越过该发车进路信号机。

站(站名印)车站值班员(签名)

年　　月　　日填发

注:1. 白色纸,复写一式两份,司机一份,存根一份;　　(规格 90 mm×130 mm)
　　2. 不用的字句抹消。

图4-4　半自动闭塞发车进路通知书

任务五　电话闭塞

一、电话闭塞的使用条件

电话闭塞法是当基本闭塞法不能使用时,主要靠人工检查确认和联系制度来保证实现列车运行空间间隔的代用闭塞方法。使用电话闭塞法行车需有列车调度员的命令,并按有关电话闭塞接发列车规定的程序、制度办理行车作业。

当基本闭塞法不能使用时,应根据列车调度员的命令采用电话闭塞法行车。遇列车调度电话不通时，闭塞法的变更或恢复，应由该区间两端站的车站值班员确认区间空闲后，直接以电话记录办理。列车调度电话恢复正常时，两端站车站值班员应及时向列车调度员报告。

遇下列情况，应停止使用基本闭塞法，改用电话闭塞法行车：

（1）基本闭塞设备发生故障导致基本闭塞法不能使用、自动闭塞区间内两架及以上通过信号机故障或灯光熄灭时。

（2）无双向闭塞设备的双线区间反方向发车或改按单线行车时。

（3）发出由区间返回的列车，或发出挂有由区间返回后部补机的列车时。

（4）自动站间闭塞、半自动闭塞区间，由未设出站信号机的线路上发车，或超长列车头部越过出站信号机并压上出站方面轨道电路发车时。

（5）在夜间或遇降雾、暴风雨雪，为消除线路故障或执行特殊任务，开行轻型车辆时。

自动站间闭塞设备故障，半自动闭塞设备良好时，可根据调度命令改按半自动闭塞法行车。

二、电话闭塞的行车凭证

使用电话闭塞法行车时，列车占用区间的行车凭证为路票，其格式见图 4-5。当挂有由区间返回的后部补机时，另发给补机司机路票副页。

单线或双线反方向发车（正方向首列发车）时，根据《行车日志》查明区间已空闲，并取得接车站承认的电话记录号码，在发车进路准备妥当后，方可填发路票。双线正方向发车（首列除外）时，根据收到的前次发出的列车到达的电话记录号码，在发车进路准备妥当后，即可填发路票。

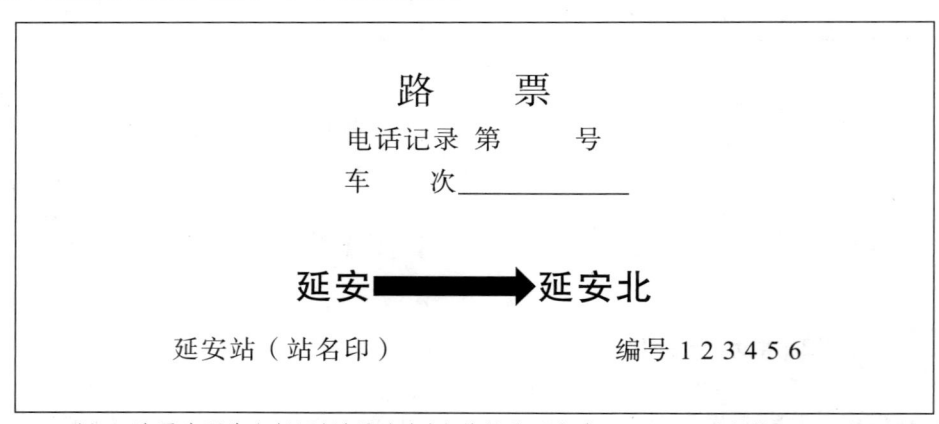

图 4-5 路票的格式

三、电话闭塞的办理程序

由于此种闭塞方法全由人工控制,所以两站间的闭塞手续,必须严格根据《行车日志》等,查明区间确实空闲后,方可办理。

办理电话闭塞时,下列各项应发出电话记录号码,并记入《行车日志》:
(1)承认闭塞。
(2)列车到达,补机返回。
(3)取消闭塞。
(4)单线或双线反方向越出站界调车。

电话记录号码自每日 0 时起至 24 时止,按日循环编号,编号办法由铁路局集团公司规定。

路票应由车站值班员或指定的助理值班员填写。

对于填写的路票,车站值班员应根据《行车日志》的记录,进行认真核对,确认无误,并加盖站名印后,方可送交司机。

双线反方向行车使用路票时,应在路票上加盖"反方向行车"章;两线、多线区间使用路票时,应在路票上加盖"××线行车"章。

任务六 电话中断时的行车

车站行车室内一切电话中断是指车站行车室内的行车闭塞电话、调度电话、自动电话全部中断,使车站值班员无法使用电话办理行车联系事项。

一、行车办法及凭证

由于自然灾害或其他原因,车站行车室内的一切电话中断,与邻站及列车调度员均无法用电话联系时,必须采用特定的方法保证不间断行车,并发给列车占用区间的特定凭证。这种特定行车方法,就是单线行车按书面联络法,双线行车按时间间隔法。特定的凭证就是红色许可证,其格式见图 4-6。

由于单线区间是双向行车制,两相邻站都可以向同一区间发车,因此必须通过书面联络来确定列车的开行。双线区间是上、下行分别按正方向行车,而且由于一切电话中断,列车调度员不能发布调度命令,不能办理列车反方向运行,所以可按时间间隔法行车。在这种情况下,不论单线或双线,列车进入区间的凭证均为红色许可证。红色许可证,既是列车占用区间的凭证,又附有与邻站联络行车的通知书,同时还具有提醒司机注意行车的作用。

红色许可证包括许可证和通知书两部分。司机通过它可了解到本列车前后的列车运行情况和计划,以便本列车在区间被迫停车后能采取相应措施,保证行车安全。

许 可 证

第＿＿＿＿号

现在一切电话中断，准许第＿＿＿次列车自＿＿＿站至＿＿＿站，本列车前于＿＿＿时＿＿＿分发出的第＿＿＿次列车，邻站到达通知 已/未 收到。

通 知 书

1. 第＿＿＿次列车到达你站后，准接你站发出的列车。
2. 于＿＿＿时＿＿＿分发出第＿＿＿次列车，并于＿＿＿时＿＿＿分再发出第＿＿＿次列车。

站（站名印）车站值班员（签名）

年　　月　　日填发

注：1. 红色纸，复写一式两份，司机一份，存根一份；
　　2. 不用的字句抹消。

（规格 90 mm×130 mm）

图 4-6　红色许可证的格式

一切电话中断后，在双线自动闭塞区间，如闭塞作用良好时，从设备上能保证行车安全。车站值班员从监督器上也能确认和监督列车运行情况，列车运行仍按自动闭塞法行车，不使用红色许可证。车站可通过列车无线调度通信设备与列车司机直接联系，了解后续列车的运行情况等，列车在车站可不停车。当列车无线调度通信设备临时故障时，为加强联系，向司机交代情况，说明注意事项，列车需在车站停车。

二、书面联络法行车

单线按书面联络法行车时，下列车站可以优先发车：
（1）已办妥闭塞而尚未发车的车站。
（2）未办妥闭塞时：
① 单线区间为开下行列车的车站。
② 双线改为单线行车时，为该线原定发车方向的车站。
③ 同一线路同一方向运行的列车，有上下行两种车次时，由铁路局集团公司规定优先发车的车站。

第一个列车的发车权为优先发车的车站所有，如优先发车的车站没有待发列车时,应主动用红色许可证的通知书通知非优先发车的车站。非优先发车的车站,如有待发列车时,应在得到通知书以后方可发车。

第一个列车的发车站,在发车前应查明区间已空闲,并在红色许可证的通知书上记明下一个列车的发车权。在已办妥闭塞而尚未发车的车站发车时,持有行车凭证的列车,还应发给红色许可证的通知书;如无行车凭证,列车应持红色许可证开往邻站。以后开行的列车,均凭红色许可证的通知书上记明的发车权办理。

红色许可证的通知书,应采取最快的方法传送,优先方向车站如无开往区间的列车时,在确认区间空闲后,可使用重型轨道车或单机传送。

三、时间间隔法行车

(1)双线按时间间隔法行车,是指前一列车发出后不论是否到达前方站,准许间隔一定的时间,再向该区间发出次一列车的行车办法。

(2)在一切电话中断后,为了保证行车安全,防止两端站同时向同一区间同一线路放行对向列车,规定双线按时间间隔法行车时,只准发出正方向的列车。

(3)在自动站间闭塞、半自动闭塞区间或自动闭塞设备故障停止使用的情况下,一切电话中断后发出第一个列车时,在发车前必须查明区间是否空闲,以防止在一切电话中断前发出的列车在区间被迫停车或退行、邻站越出站界调车未完毕、邻站发出反方向列车未到达本站等尚未腾空区间,即发出第一个列车,以致发生列车事故。

四、连续发出同一方向运行列车的间隔时间

一切电话中断后,按时间间隔法行车时,不论单线或双线区间,连续发出同一方向的列车时,均难以得到前次列车到达邻站的通知,发车站无法确知前行列车是否到达。因此,规定两列车的间隔时间,按区间规定运行时间另加 3 min。这样,在一般情况下前行列车可以到达前方站,即使前行列车未到达前方站,也可保证有足够的安全间隔。按区间规定运行时间另加 3 min 是给接车站安排后行列车准备进路的时间,或前行列车在区间被迫停车时的防护时间。在区间规定运行时间较短的情况下,为了确保与前行列车的安全间隔,所以规定不得少于 13 min。

五、一切电话中断时,禁止发出的列车

一切电话中断时,行车组织指挥和站间联系困难,行车安全缺乏有效保证,只能开行一些必要的列车。所以禁止向一切电话中断车站相邻的区间发出可能引起不安全因素的列车。

(1)禁止发出在区间内停车工作的列车。由于一切电话中断后,对列车在区间

运行的情况很难掌握，如果发出在区间停车工作的列车，就可能影响邻站待发的重要列车出发。因此，这种列车禁止开行。但准许发出到区间救援的列车。

（2）禁止发出开往区间岔线的列车。开往区间岔线的列车开出后，如待其返回或继续开往前方站，再发出其他列车，占用区间的时间太长。从岔线返回时，也很难和车站联系。因此这种列车禁止开行。

（3）禁止发出须由区间返回的列车。因为这种列车要在区间内停车进行某种作业，占用区间时间长，返回时间不易掌握，将会影响待发的其他列车。

（4）禁止发出挂有须由区间返回的后部补机的列车。由于邻站无法掌握补机返回发车站的时间，邻站发出待发列车时，就不能确保行车安全。

（5）禁止发出列车无线调度通信设备故障的列车。在车站一切电话中断情况下，如果再发出列车无线调度通信设备故障的列车，会明显增加不安全因素。

六、如有封锁区间抢修施工或开通封锁区间时

在一切电话中断时间内，如因列车在区间内发生事故或线路发生故障，造成行车中断时，必须立即组织抢救和抢修。接到请求的车站值班员，不必与邻站协商，立即封锁区间。同时将封锁区间障碍地点及是否开行救援列车等事项，以书面（应加盖站名印及车站值班员签名或盖章）的形式通知封锁区间的相邻站。如开行救援列车时，以车站值班员的书面命令（用附件四调度命令用纸）作为进入封锁区间的凭证。

抢修或抢救工作完了，应及时开通封锁区间。此时，由接到开通封锁区间请求的车站值班员，立即以书面的形式通知封锁区间的相邻站。

七、单线区间的车站，电话呼唤 5 min 无人应答时的行车

单线区间车站电话良好，而对某个车站用各种电话呼唤 5 min 得不到应答，为了避免发生列车堵塞，规定由列车调度员查明该站及两相邻区间确无列车后（包括单机、大型养路机械、重型轨道车），方可向不应答站的两端邻站发出封锁相邻区间的调度命令，按封锁区间的办法向不应答车站办理行车。并以调度命令作为进入区间的凭证。

向不应答车站发出的列车，由于事先无法了解该站接车进路是否已准备，是否发生事故、灾害或其他情况等，为确保安全，不论进站信号机是否开放，必须在进站信号机外停车，待判明情况，并确认接车进路已准备妥当后再进入站内。列车进站后，司机或该站的车站值班员，应将经过情况及时报告列车调度员。此时，不应答站的车站值班员如能恢复正常工作，就失去了再继续封锁区间的必要性，列车调度员应以命令开通封锁区间，恢复正常行车。

项目总结

本项目通过对铁路行车闭塞法的系统学习，让学习者掌握自动闭塞、自动站间闭塞、半自动闭塞及电话闭塞的行车办法和行车凭证，特别是在非正常情况下的行车凭证更应该熟悉，在以后的岗位工作中保证列车安全运行，优质、高效地完成运输任务。本项目的重点是各种行车闭塞法的行车凭证。

事故案例

京广线"7·10"163次旅客列车追尾重大事故

（一）事故概况

1993年7月10日凌晨2点55分，石家庄机务段北京型3168号机车牵引的北京开往成都的163次旅客列车在运行至京广线下行新乡南场至七里营间K608+950处，与以5 km/h速度前行的2011次货物列车追尾相撞，事故造成乘务员死亡32人，重伤7人，轻伤4人；旅客死亡8人，重伤9人，轻伤39人，是我国铁路职工因行车事故死伤最惨重的一次。3辆客车报废，15辆小破；1辆货车报废，2辆大破；机车中破1台。中断正线行车11小时18分钟，构成旅客列车冲突重大事故。

（二）事故经过

1993年7月9日，华北地区中南部普降大到暴雨。当晚，大风夹带暴雨将京广线安阳至广武间大树刮倒，砸坏铁路自闭供电设备，造成该区段行车自闭设备大面积停电，改用特定闭塞法行车。21时40分，列车调度员下达第1828号调度命令："新乡南场至老田庵各站停止基本作业法，改用特定闭塞法。"23时50分，因新乡站等部分区段恢复供电，列车调度员再次下达命令，将原1828号调度命令内容改为："七里营至老田庵各站间停止基本闭塞法，改用特定闭塞法。"没有做到一事一令，这为事故的发生埋下了隐患。

7月10日2时40分，163次旅客列车行至新乡南场，机车乘务员再次接到1828号调度命令后，误认为是重复的调度命令，没有仔细阅读、认真确认命令内容，仍将已经恢复正常的新乡南场至七里营基本闭塞区间，误读为特定闭塞区间，并擅自关闭机车信号和自动停车装置，运行精神不集中，遇黄灯不减速、红灯不停车。当163次旅客列车以80 km/h行至新乡南场—七里营站间K608+950处时，与在七里营站外慢行等信号的2011次货物列车尾部剧烈相撞。

（三）事故原因

163次旅客列车机车乘务员业务不熟，精力不集中，作业中错误理解调度命令和误判区间，违章关闭机车信号和自停装置，遇黄灯不减速，红灯不停车，擅闯有列车占用的自闭区间；调度部门行车指挥混乱。

（四）事故教训

1. 机车乘务员日常对行车规章学习不够、理解不深、把握不准，以致接到调度命令后，不明白"特定闭塞法"的含义，匆忙翻阅《技规》寻找答案，分散了注意力。

2. 麻痹大意，违章蛮干。163 次机车乘务员接到 1828 号调度命令后，没有认真确认调度命令内容，将七里营至老田庵间按特定闭塞法行车误认为是新乡南场至老田庵间，且擅自关闭了机车信号和自停装置，把已经恢复正常的区间误认为是非正常区间，遇黄灯不减速、红灯不停车，当以 80 km/h 的速度行进发现前方 100 m 处的 2011 次货物列车时，一切措施都为时已晚。

3. 调度命令漏填车次，未起到终点提示作用；漏发运转车长，没有发挥运转车长的互控、联控作用。

复习思考题

1. 什么是行车闭塞法？
2. 什么是空间间隔法和时间间隔法？
3. 行车基本闭塞法有哪几种？
4. 什么是自动闭塞？
5. 使用自动闭塞法行车时，正常情况下的行车凭证是什么？
6. 使用自动闭塞法行车时，在哪些情况下发车要发给司机绿色许可证？
7. 自动闭塞区间通过信号机显示停车信号时如何行车？
8. 使用自动站间闭塞法行车时，列车进入区间的行车凭证是什么？
9. 使用半自动闭塞法行车时，正常情况下的行车凭证是什么？
10. 在哪些情况下，应停止基本闭塞法而改用电话闭塞法行车？
11. 车站一切电话中断时的行车办法是什么？
12. 一切电话中断时，禁止发出哪些列车？

项目五 列车运行

项目要点

列车运行是完成铁路运输任务的重要环节，是行车组织的一项主要内容，它由铁路运输各部门、各工种互相配合、协调动作，并正确合理使用技术设备来完成。列车运行关系到人民生命财产安全和铁路运输经济效益，有关行车人员必须严格执行各项规章制度，确保列车安全运行。

扫码获取
项目五课件

通过对本项目中列车运行的基本要求，列车在区间被迫停车后的防护，列车分部运行及退行的规定，救援列车及路用列车的开行以及列车运行中发生路外伤亡事故的处理等规定的系统学习，希望能进一步加强对相关规定的理解、认识，并重点掌握：

1. 列车运行中对司机的要求及列车运行的限制速度；
2. 列车在区间被迫停车后对司机的要求及防护规定；
3. 列车分部运行及退行的禁止与允许规定、办法；
4. 救援列车及路用列车的行车凭证、开行办法及对司机的要求；
5. 防止路外伤亡事故的措施及处理办法。

任务一　列车运行的一般要求

列车：是指按照列车编组计划，列车运行图和《技规》有关规定编挂在一起的车列，并挂有机车及规定列车标志。

动车组列车：是指本身有动力的车辆，为自走行固定编组列车。

重型轨道车：是指不能由搭乘人员随时撤出线路的轨道车。

一、行车指挥

1. 基本原则

行车工作必须坚持集中领导、统一指挥、逐级负责的原则。

（1）局与局间由国铁集团，局管内各区段间由铁路局集团公司，一个调度区段内由本区段列车调度员统一指挥。

（2）车站由车站值班员，线路所由线路所的车站值班员统一指挥。凡划分车场的车站，各车场由该车场的车站值班员统一指挥；车场间接发列车进路互有关联的行车事项，由指定的车站值班员统一指挥。

（3）列车和单机由司机负责指挥。列车或单机在车站时，所有乘务人员应按车站值班员的指挥进行工作。

（4）在调度集中区段，调度集中控制车站有关行车工作由该区段列车调度员直接指挥；但转为车站控制时，由车站值班员指挥。

在行车工作中，为便于管理、指挥、办理作业和运用统计，必须规定列车运行方向。确定列车运行方向的基本原则，是以开往北京方向的列车为上行列车；反之，为下行列车。

全国各线的列车运行方向，以国铁集团的规定为准，但枢纽地区的列车运行方向，由铁路局集团公司规定。为区别列车的种类、性质和运行方向，列车须按规定编定车次。上行列车编为双数，下行列车编为单数。在个别区间，使用直通车次时，可与规定方向不符。

2. 调度指挥

列车调度员是一个调度区段的日常运输工作的具体组织者、指挥者，负责组织实现按运行图行车、安全正点，以及完成运输工作的数量指标和质量指标。

指挥列车运行的命令（运行揭示调度命令除外）和口头指示，只能由列车调度员发布。列车调度员在发布命令之前，应详细了解现场情况，并听取有关人员意见。有关行车人员必须执行列车调度员命令，服从调度指挥。

列车调度员应负责组织实现列车运行图、编组计划、运输方案。为此必须：

（1）检查各站执行列车运行图和编组计划的情况，及时发布有关行车命令和口头指示；

（2）严格按列车运行图指挥行车，遇列车发生晚点时，应积极采取措施，组织有关人员恢复正点；

（3）注意列车在车站到发及区间内的运行情况，正确、及时地处理临时发生的问题。

如遇表 5-1 所列情况，需发布调度命令，其格式见图 5-1。

表 5-1 行车调度命令基本内容

顺序	命令项目	受令者	
		司机	车站值班员
1	封锁、开通区间		○
2	向封锁区间开行救援列车、路用列车	○	○
3	临时变更或恢复原行车闭塞法	○	○
4	双线反方向行车、由双线改为单线或恢复双线行车	○	○
5	变更行车径路	○	○
6	发出在区间内停车或由区间返回的列车	○	○
7	开往区间内岔线的列车	○	○
8	发出临时由区间内返回后部补机的列车	○	○
9	列车需临时降弓运行	○	○
10	因行车设备故障、灾害或施工,以及列车中挂有限速的机车车辆等,需要使列车临时限速运行(纳入运行揭示调度命令或本务机车、动车组自身设备原因限速时除外)	○	○
11	动车组列车空调失效需打开部分车门限速运行	○	○
12	车站使用故障按钮、总辅助按钮		○
13	超长列车或列车挂有装载超限货物的车辆	○	○
14	单机附挂车辆	○	
15	半自动闭塞区间,超长列车头部越过出站信号机(未压上出站方面的轨道电路)发车	○	○
16	在非到发线上接发列车	○	○
17	调度日(班)计划以外,临时加开或停运列车(单机除外)	○	○
18	双线区间在区间内进行跨线装卸作业时,对开入其邻线的列车	○	○
19	双线区间在区间内有除雪机、起重机工作时,对开入其邻线的列车	○	○
20	双线区间在区间内发生冲突、脱轨、火灾、爆炸事故,对开入其邻线的列车	○	○
21	列尾装置故障(丢失)的货物列车继续运行	○	○
22	改按天气恶劣难以辨认信号的办法行车或恢复正常行车	司机	车站值班员
23	动车组列车转入或退出隔离模式(被救援时除外)	○	○
24	动车组列车在列控车载设备控车和列车运行监控装置控车之间人工转换	○	○
25	临时利用本务机车调车作业	○	○
26	利用天窗施工、维修作业		○
27	施工、维修作业较指定时间延迟结束		○

续表

顺序	命 令 项 目	受令者	
		司机	车站值班员
28	运行揭示调度命令与实际限速、行车方式或设备不符时	○	○
29	正线、到发线接触网停电或送电（接触网倒闸、跳闸后试送电、向中性区送电或弓网故障排查除外）		○
30	正线、到发线接触网停电后准许登顶作业	○	○
31	双管供风旅客列车运行途中改为单管供风	○	○
32	列车调度员认为有必要记录的上述以外的命令	有关人员	

注：1. 画○者为受令人员。
  2. 天窗维修作业在指定的时间内完成并销记后，列车调度员不再发布维修作业结束恢复行车的调度命令。
  3. 动车组列车改按列车运行监控装置方式运行需将列控车载设备隔离时，列车调度员仅发布改按列车运行监控装置方式行车的调度命令。
  4. 因调车作业动车组控车模式转换，不发布调度命令。自动站间闭塞法行车转为半自动闭塞法行车及转回的调度命令，可不发给司机。

调 度 命 令

      年＿＿＿月＿＿＿日＿＿＿时＿＿＿分＿＿＿第＿＿＿号

受令处所		调度员姓名	
内　容			

（规格 110 mm×160 mm）   受令车站＿＿＿＿＿车站值班员＿＿＿＿＿

图 5-1　调度命令

  上述调度命令，如涉及其他单位和人员时，应同时发给他们。
  列车调度员向司机发布调度命令时，应在列车进入关系区间（车站）前向司机发布或指定车站向司机交付，如来不及时应使列车停车进行发布或交付。
  对于需向司机发布的调度命令，列车调度员可使用调度命令无线传送系统或按规定使用语音记录装置良好的列车无线调度通信设备向司机发布。由车站交付的调度命令，车站值班员可使用调度命令无线传送系统或按规定使用语音记录装置良好的列车无线调度通信设备向司机转达。
  对跨局的列车，接车铁路局集团公司列车调度员可委托发车铁路局集团公司列车调度员发布调度命令。更换机车或变更限速条件时,应由有关铁路局集团公司列车调度员重新发给相关调度命令。途中乘务人员换班时,应将调度命令内容交接清楚。

使用计算机、传真机、调度命令无线传送系统发布调度命令时,命令接受人员确认无误后应及时反馈回执。使用电话发收调度命令时,应填记《调度命令登记簿》,指定受令人员中一人复诵,并记明发收人员姓名及时刻,其格式见图 5-2。

调度命令登记簿

月日	发出时刻	命令			复诵人姓名	接受命令人姓名	调度员姓名	阅读时刻（签名）
		号码	受令及抄知处所	内容				

（规格 190 mm×265 mm）

图 5-2 调度命令登记簿

二、列车乘务组

根据各种列车的任务,编组内容和运行条件的不同,要求配备直接为列车服务的工作人员,组成列车乘务组。列车乘务组包括：动车组司机、机车乘务组、随车机械师、车辆乘务人员及客运乘务组。

（1）动车组司机负责操纵动车组,机车乘务组负责操纵机车,完成列车牵引任务,负责本列车在区间的行车指挥工作。

（2）由于旅客列车、特快货物班列运行速度比较高,机械冷藏车组的车辆构造比较复杂,为便于途中随时进行检修、处理故障,均应配备车辆乘务人员。为便于动车组列车途中随时进行检修、处理故障,应配备随车机械师。

（3）为了做好旅客服务工作,如保证旅客上、下车安全、车内卫生、旅客文化生活、饮食供应以及行李包裹的运送等服务,旅客列车需有客运乘务组。客运乘务组一般由列车长、列车广播员、列车员、列车行李员及餐车工作人员等组成。

三、列车运行中对动车组以外列车司机的要求

动车组以外的列车司机是机车乘务组的负责人,在乘务作业中,应带领本组人

员严格执行《技规》和操作规程的各项规定，保证列车安全正点运行，良好地完成铁路运输任务。同时又是列车或单机的行车指挥者，负责列车运行中特殊情况处理，以及区间被迫停车进行防护，与车站、列车调度员进行联系等工作。

动车组以外的列车司机在列车运行中，应做到：

（1）列车在出发前输入监控装置有关数据；按规定对列车自动制动机进行试验，在制动保压状态下列车制动主管的压力 1 min 内漏泄不得超过 20 kPa，确认列尾装置作用良好。因为列车制动主管泄漏超过规定标准时，会引起列车意外制动，使制动装置的作用不正常。装备机车综合无线通信设备的机车，开车前司机要选定机车综合无线通信设备通信模式和运行线路。在 GSM-R 区段运行时，机车综合无线通信设备、GSM-R 手持终端按规定注册列车车次，并确认正确。

（2）遵守列车运行图规定的运行时刻和各项允许及限制速度。彻底瞭望，确认信号，执行呼唤应答制度，严格按信号显示要求行车，确保列车安全正点。遇有信号显示不明或危及行车和人身安全时，应立即采取减速或停车措施。

（3）机车信号、列车无线调度通信设备、列车运行监控装置（轨道车运行控制设备）和列尾装置必须全程运转，严禁擅自关机。

运行途中，遇列尾装置、机车信号、列车运行监控装置（轨道车运行控制设备）发生故障时，司机应立即使用列车无线调度通信设备报告车站值班员或列车调度员，并根据实际情况掌握速度运行；遇机车信号、列车运行监控记录装置（轨道车运行控制设备）发生故障时，司机应控制列车运行至前方站停车处理或请求更换机车，在自动闭塞区间，列车运行速度不超过 20 km/h；遇列车无线调度通信设备发生故障时，司机应在前方站停车报告。

（4）起动稳，加速快，精心操纵，停车准确，按规定鸣笛，防止列车冲动和断钩。

为防止因列车冲动而引起旅客受伤或断钩等情形的发生，司机在起动列车提手柄时要平稳、匀速。为保证按图行车，不发生运缓，司机在列车运行中加速要快。为方便旅客乘降，防止人身伤亡事故以及防止列车越过警冲标、冒进信号及列车后部压道岔，要求司机在进站停车时，要对准停车位置标，准确停车。按规定鸣笛是为了及时警告行人、施工人员，以及有关行车人员离开妨碍行车的地点，避免发生人身伤亡或行车事故。

（5）随时检查机车总风缸、制动主管的压力，防止欠压等危及列车安全的情况发生。检查内燃机车柴油机的润滑油压力、冷却水的温度及其转数等情况。注意电力机车的各种仪表的显示及接触网状态。

（6）在区间内列车停车进行防护、分部运行、装卸作业或使用紧急制动阀停车后再开车时，司机必须检查试验列车制动主管的贯通状态，确认列车完整，具备开车条件后，方可起动列车。

（7）单机、自轮运转特种设备在自动闭塞区间紧急制动停车或被迫停在调谐区内时，司机须立即通知后续列车司机、向两端站车站值班员（列车调度员）报告停车位置（具备移动条件时司机须先将机车移动不少于 15 m），并在轨道电路调谐区外使用短路铜线短接轨道电路。

主要原因是调谐区不能准确反映列车占用状态，单机、自轮运转特种设备长度小于调谐区长度时，可能全部停留在调谐区内；单机、自轮运转特种设备紧急制动停车，会自动撒砂，因其长度短，可能全部停在撒砂的钢轨上，不能可靠分路轨道电路。在自动闭塞区间发生上述两种情况，可能会造成后方通过信号机显示升级为允许运行的信号，存在后续列车正常运行进入该闭塞分区与单机或自轮运转特种设备发生冲突的隐患。

（8）在车站等会列车时，为了保证列车上空气制动及其他用风系统的正常工作，要求司机不准关闭空气压缩机。为保证列车安全，要求司机按规定显示列车标志。

（9）牵引货物列车或单机挂车时，司机还应负责货运票据的交接与保管，在规定车站与有关人员认真交接。

（10）为了便于列车调度员及时掌握列车运行情况，列车司机还应将列车在运行途中发生的问题以及使用紧急制动阀等情况，向列车调度员汇报（或通过车站值班员转报列车调度员）。

四、列车运行中对动车组列车司机的要求

动车组列车由司机负责指挥，在乘务作业中，应严格执行《技规》和操作规程等规定，良好地完成铁路运输任务。动车组列车司机同时又是列车的行车指挥者，负责组织处理列车运行中特殊情况，与车站、调度所进行联系等工作。

动车组列车司机在列车运行中，应做到：

（1）开车前司机要选定机车综合无线通信设备通信模式和运行线路，原因是机车综合无线通信设备有 450 MHz 和 GSM-R 两种通信模式，与列车当时所在的线路相对应，在同一时间只有采用相同通信模式的无线通信设备方能进行无线通信。在 GSM-R 区段，列车调度员（车站值班员）通过拨打车次号或机车号与司机进行无线通信，因此司机开车前要按规定注册机车综合无线通信设备和 GSM-R 手持终端的列车车次号并确认正确。装备列车运行监控装置的动车组列车还应按规定输入监控装置有关数据，以便列车运行监控装置能够及时准确记录及控制列车运行。

（2）遵守列车运行图规定的运行时刻和各项允许及限制速度。彻底瞭望，确认信号，执行呼唤应答制度，严格按信号显示要求行车，确保列车安全、正点。遇有信号显示不明或危及行车和人身安全时，应立即采取减速或停车措施。

（3）机车信号、机车综合无线通信设备、列车运行监控装置、列控车载设备必须全程运转，严禁擅自关机、隔离。

运行途中，遇机车信号、列车运行监控装置、列控车载设备发生故障时，司机应立即报告车站值班员或列车调度员。动车组列车按列车运行监控装置方式行车时，遇机车信号、列车运行监控装置发生故障，应根据实际情况掌握速度运行，运行至

前方站停车处理；在自动闭塞区间，机车信号、列车运行监控装置发生故障时，列车运行速度不超过 40 km/h。动车组列车按列控车载设备方式行车时，遇列控车载设备发生故障，应根据调度命令停车转为列车运行监控装置控车方式或隔离模式运行；转为隔离模式运行时，列车运行速度不超过 40 km/h。

（4）运行途中，司机不能使用机车综合无线通信设备进行通话时，应立即使用 GSM-R 手持终端或无线对讲设备报告车站值班员（列车调度员）；如 GSM-R 手持终端及无线对讲设备也不能进行通话时，司机应在前方站停车报告。

（5）起动稳，加速快，精心操纵，停车准确，按规定鸣笛。

（6）注意操纵台各种仪表及车载信息监控装置的显示，其原因是动车组操纵台各种仪表及车载信息监控装置能够显示重要运行部件和功能系统是否良好、列车允许和实际运行速度、行车许可、列车牵引和制动能力等重要信息。

（7）正常情况在列车运行方向最前端司机室操纵，非操纵端司机室门、窗及各操纵开关、手柄均应置于断开或锁闭位，以防止旅客进入非操纵端司机室。关闭非操纵端司机室机车综合无线通信设备电源，以防非操纵端的机车综合无线通信设备不按操作规程规定注销车次功能号码，影响其他列车的机车综合无线通信设备正常运用。

（8）动车组列车停车后，必须使列车保持制动状态。更换动车组司机（同向换乘除外）或司机室操纵端、使用紧急制动停车、重联或解编后再开车时，为了确认列车制动功能良好，必须进行相关试验。

（9）等会列车时，不准关闭辅助电源装置，以保证动车组照明、电热饮水机、空调装置、通风机等设备的正常使用，并应按规定显示列车标志，以保证列车安全。

（10）为了便于列车调度员及时掌握列车运行情况，将列车运行中发生的问题及使用紧急制动装置的情况，及时报告列车调度员（或通过车站值班员转报列车调度员）。

五、对登乘机车人员的要求

为保证机车乘务组有良好的工作条件，确保列车运行安全，应严格控制机车乘务组以外人员登乘机车。机车乘务组以外人员登乘机车时，除铁路机车运用管理规则指定的人员外，须凭登乘机车证登乘。登乘动车组司机室须凭动车组司机室登乘证。如因工作需要，在不妨碍机车乘务组正常工作的前提下，准许下列人员登乘机车：

（1）机务段直接行车有关人员、机车试运转有关人员，凭工作证可登乘本段机车。铁路局集团公司要制订相应管理办法。

（2）国铁集团、铁路局集团公司行车安全监察人员，凭监察证登乘机车。

（3）因救援抢险等需要相关人员凭调度命令可登乘机车。

（4）检查工作的人员，凭添乘机车证添乘机车。

（5）运输、牵引供电、电务、工务、车辆、通信、公安等有关人员，凭登乘机车证和工作证，可登乘机车。登乘机车证由所属单位提出书面申请，由铁路局集团公司机务处负责审核填发。

登乘机车证分为临时、定期登乘机车证，其格式见图 5-3。使用期限超过三个月（含三个月）时可填发定期登乘机车证。

机车登乘人数，不得超过 2 人，因特殊情况超过 2 人的需经乘务担当局机务处同意。登乘人员不得影响机车乘务员正常工作，不得在机车非操纵端（便乘机车乘务员除外）或其他部位乘坐，不得擅自操作机车的开关、按钮及其他设备，更不得在运行中开关司机室门。

不符合登乘规定人员，严禁登乘机车。机车乘务员对不符合规定的登乘人员劝阻无效时，有权不开车，报请车站（列车调度员）处理。

照片

定期登乘机车证

NO.000001

单位________

职务________

姓名________

区段________

自

期间　　　　年　月　日

至

填发日期　　年　月　日

填发单位　　（公章）

注：1. 90 mm × 65 mm。
2. 使用三个月以下者填发临时登乘机车证。
3. 底面蓝色印花。

临时登乘机车证

NO.000001

单位________

职务________

姓名________

区段________

自

期间　　　　年　月　日

至

填发日期　　年　月　日

填发单位　　（公章）

注：1. 90 mm × 65 mm。
2. 使用三个月以下者填发临时登乘机车证。
3. 底面蓝色印花。

图 5-3　登乘机车证格式

六、列车运行时限制速度的规定

（1）列车应按规定速度运行，确保列车安全、正点，列车运行限制速度规定见表 5-2。

表 5-2　列车运行限制速度表

项　目	速度/(km/h)
四显示自动闭塞区段通过显示绿黄色灯光的信号机	在前方第三架信号机前能停车的速度
通过显示黄色灯光的信号机及位于定位的预告信号机	在次一架信号机前能停车的速度
通过显示一个黄色闪光灯光和一个黄色灯光的信号机	该信号机防护进路上道岔侧向的允许通过速度
通过减速地点标	标明的速度，未标明时为 25
推进	30
退行	15
接入站内尽头线，自进入该线起	30

为了保证列车安全运行，司机在操纵机车时，应注意不使列车超过规定的限制速度。根据信号的显示、机车牵引方式和接车线的特点，分别规定了不同情况下列车运行的限制速度。

① 根据四显示自动闭塞的灯光排列绿、绿黄、黄及红的顺序，当列车通过显示绿黄灯光的通过信号机时，第二架信号应显示黄色灯光，而第三架则应显示红色灯光，表述列车运行前方有两个闭塞分区空闲。因此要求列车应在第三架信号机前以能停车的速度运行。

② 当列车通过显示黄色灯光的信号机及位于定位的预告信号机时，由于次一信号机可能在关闭状态，因此，司机应按在次一信号机前能停车的要求掌握列车运行速度。

③ 列车通过一个黄色闪光灯光和一个黄色灯光的信号机时，表示运行前方经过 18 号及其以上道岔侧向运行，运行速度为该信号机防护进路上道岔侧向的允许通过速度。

④ 当列车通过限速地段起点的减速地点标时，应按移动减速信号牌上标明的速度运行。如移动减速信号牌上未标明速度时，应按不超过 25 km/h 的速度运行。司机应根据牵引的列车长度，由减速地点标开始按限制速度运行，待全列车通过限速地段终点的减速地点标以后，方可加速。

⑤ 列车推进运行时，因机车在列车后部，车列在前，司机瞭望困难，故规定不得超过 30 km/h。

⑥ 列车退行，其运行方式为向原列车运行方向的反方向运行，并兼有列车推进运行的特点，是列车遇到灾害等情况，被迫采取的运行方式。所以限制速度应比推进运行时更低，不得超过 15 km/h。

⑦ 列车接入站内尽头线时，为防止制动不当，机车越过线路终端，造成机车、

车辆脱轨及建筑物损坏等。所以规定自列车进入该尽头线时起,运行速度不得超过 30 km/h。

(2)动车组一般情况下不得通过半径小于 250 m 的曲线,通过曲线半径为 300m 曲线时,限速 35 km/h;通过曲线半径为 250 m 曲线时,限速 30 km/h;特殊情况通过曲线半径为 200m 曲线时,限速 25 km/h;通过 6 号对称双开道岔时限速 15km/h;不得侧向通过小于 9 号的单开道岔和小于 6 号的对称双开道岔。

(3)列车在任何线路上的紧急制动距离限值应满足表 5-3 规定。

表 5-3 列车紧急制动距离限值表

列车类型	最高运行速度/(km/h)	紧急制动距离限值/m
旅客列车(动车组列车除外)	120	800
	140	1 100
	160	1 400
特快货物班列	160	1 400
快速货物班列	120	1 100
货物列车(货车轴重<25 t,快速货物班列除外)	90	800
	120	1 400
货物列车(货车轴重≥25 t)	100	1 400

① 最高运行速度是指列车在该运行区段内可能达到的最高速度,不能超过机车、车辆设计的最高速度(即构造速度),列车实际运行的最高运行速度还有牵引动力、制动能力和线路条件的限制,因此不一定能达到表 5-3 的最高运行速度。

② 列车紧急制动距离是指列车由开始使用紧急制动(操纵自动制动阀到非常位)至完全停止的距离。在任何坡道上,列车紧急制动距离均应满足表 5-3 的规定,因此在下坡道上制动能力不足时,有必要根据相应的制动限速表限定列车运行速度。

③ 表 5-3 中 120 km/h 货物列车(货车轴重小于 25 t,快速货物班列除外)1 400 m 紧急制动距离限值和 90 km/h 货物列车(货车轴重小于 25 t,快速货物班列除外)800 m 紧急制动距离的制动能力相当。该制动距离限值能满足轴重 21~25 t 货车车辆的制动热负荷限制,考虑到 5 000 t 级长大列车对制动空走距离和时间的影响,若为 100 km/h 货物列车(货车轴重不小于 25 t),则需 1 400 m 紧急制动距离限值。表 5-3 中的快速货物班列为小于 30 辆的短编组列车,由于其轴重较轻(18 t),制动热负荷可容许较高的制动力,加上制动空走时间较短,因而可以缩短紧急制动距离限值。上述紧急制动距离均经过黏着校核等计算和试验验证。

任务二　列车被迫停车后的处理与防护

一、被迫停车的概念

列车在区间被迫停车是指，列车在区间因线路中断、接触网停电、动车组（电力机车）停在分相无电区、制动失效及其他机车车辆故障等原因，导致列车不能按信号显示（行车凭证）继续向前运行的情况。

这种停车严重影响铁路的运输秩序和安全，如处理不当，不仅运输秩序遭到破坏，造成堵塞，还有可能造成列车的冲突、颠覆、人员伤亡等重大或大事故的发生。因此，应积极采取措施保证列车安全或防止后果继续扩大，并应以最短的时间使列车恢复运行。

列车在区间因作业需要、信号（包括地面信号和车载信号）显示停车信号或显示不明、接到停车的通知而停车，以及发现线路上有行人、异物等而临时停车，不属于列车在区间被迫停车。

二、列车在区间被迫停车的处理

（1）列车在区间因自然灾害、事故、制动失效、接触网停电等原因被迫停车，不能继续运行时，司机应立即使用列车无线调度通信设备通知两端站（列车调度员）及车辆乘务员（随车机械师），报告停车原因及停车位置，根据需要迅速请求救援。

（2）被迫停车后，如遇自动制动机发生故障时，动车组以外的旅客列车司机应立即通知车辆乘务员迅速组织列车乘务人员拧紧全列车辆的人力制动机，以使列车就地制动。其他列车的司机，应立即采取一切安全措施，如放置铁鞋、组织人员拧紧人力制动机等，并向车站值班员（列车调度员）报告，请求救援。

（3）已请求救援的列车，不得移动位置，并按规定进行防护；遇特殊情况，已请求救援的列车故障修复后，具备运行条件需取消救援时，必须报告列车调度员，得到列车调度员准许后方可恢复运行（列车调度员需确认救援调度命令已取消，并通知相关人员后，列车方可准许恢复运行）。

（4）车站值班员（列车调度员）在接到被迫停车司机的报告后，应停止向区间放行列车，立即使用列车无线调度通信设备通知该区间内运行的列车，并将该区间内列车运行的情况通知被迫停车司机。

（5）需组织旅客疏散时，车站值班员应根据申请，在报告列车调度员并得到准许，扣停邻线列车后，通知司机，由司机通知列车长（或通过车辆乘务员通知列车长）组织旅客疏散。

（6）列车因在区间发生脱轨，颠覆等事故或其他原因而被迫停车时，司机及车辆乘务员（随车机械师）应认真观察，注意是否妨碍邻线。可能妨碍邻线时：

① 配备列车防护报警装置的列车应首先使用列车防护报警装置进行防护。

② 司机应立即用列车无线调度通信设备通知邻线上运行的列车；并通知区间两端站车站值班员或列车调度员。

③ 司机与车辆乘务员（随车机械师）分别在列车头部和尾部附近邻线上点燃火炬；自动闭塞区间，还应对邻线来车方向短路轨道电路。火炬的燃烧时间一般为 8 min 左右，在这一段时间内，已进入区间的列车运行到被迫停车的列车附近时，即可看到火炬的火光，从而采取停车措施，也给司机等人下车察看是否妨碍邻线的工作留出时间。

④ 司机亲自或指派人员沿邻线一侧对列车进行检查，发现妨碍邻线时，立即派人按规定防护，如发现邻线有车开来时，司机应鸣示紧急停车信号，其他人应向列车显示停车信号。

⑤ 车站值班员（列车调度员）接到列车被迫停车可能妨碍邻线的通知后，应立即通知邻线有关列车停车，在原因消除、确认不再妨碍邻线前不得向邻线放行列车。

⑥ 单班单司机值乘方式不具有全路普遍性，列车防护作业办法由铁路局集团公司结合本局实际情况进行规定。

三、列车在区间被迫停车的防护

为确保列车在区间内被迫停车后本线及邻线上列车的安全，防止追踪运行列车追尾及开来救援的列车与停留的列车发生冲突，除按规定进行充分联系、处理外，还必须按规定进行防护。

当列车在区间被迫停车需要防护时，列车前方由司机负责，列车后方由车辆乘务员（随车机械师）负责，无车辆乘务员（随车机械师）为列车乘务员负责。配备列车防护报警装置的列车应首先使用列车防护报警装置进行防护。单班单司机值乘的列车防护作业办法由铁路局集团公司规定。

为保证列车运行安全，列车被迫停车后，应使用响墩对列车进行防护。

响墩设置方法：每组为 3 枚，其中两枚扣在来车方向的左侧钢轨上，一枚扣在右侧钢轨上，彼此间隔 20 m。当机车压上响墩后，司机一侧可先听到响墩爆炸声，便于司机采取停车措施。每个响墩放置间隔 20 m，是为了使其爆炸声分清 3 响，不致与其他爆炸声相混。

列车在区间被迫停车后，分别根据下列规定放置响墩防护：

（1）已请求救援时，从救援列车开来方面（不明时，从列车前后两方面），距离列车不小于 300 m 处防护（见图 5-4）。规定 300 m，是因为已请求救援，列车调度员已在命令中指明了被迫停车列车的所在位置，所以救援列车司机心中有数，可以提前减速，能在 300 m 内停车。

（2）一切电话中断后发出的列车（持有红色许可证通知书 1 的列车除外），应于停车后，立即从列车后方按线路最大速度等级规定的列车紧急制动距离位置处防护。

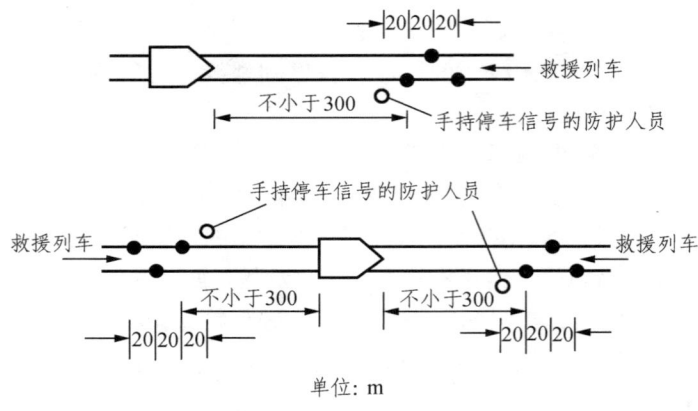

图 5-4 已请求救援列车的防护

一切电话中断后发出的列车有两种,一种是持有红色许可证通知书之 1 的列车(后面无续行列车);一种是持有红色许可证通知书之 2 的列车(后面有续行列车)。在后面有续行列车的情况下,因续行列车对前行列车在区间停车没有准备,因此列车后部防护距离应不少于列车制动距离,此制动距离为该线路最大速度等级规定的列车紧急制动距离。如该线路最大速度为 160 km/h,则制动距离为 1 400 m,防护距离应不少于 1 400 m(见图 5-5)。

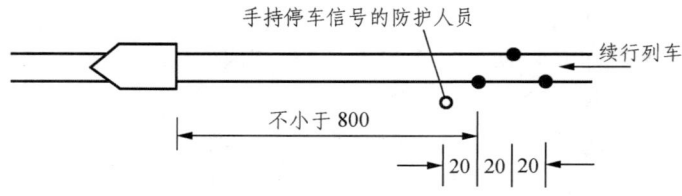

图 5-5 有续行列车运行的防护

(3)列车被迫停车后,如妨碍邻线行车时,为防止邻线列车开来发生冲突,应在邻线上放置响墩防护。在不能确认来车方向时,考虑邻线可能反方向行车,应从两端进行防护。如确知来车方向,可仅对来车方向进行防护。由于邻线运行的列车没有停车准备,故放置响墩的距离不应少于线路最大速度等级规定的列车紧急制动距离(见图 5-6)。

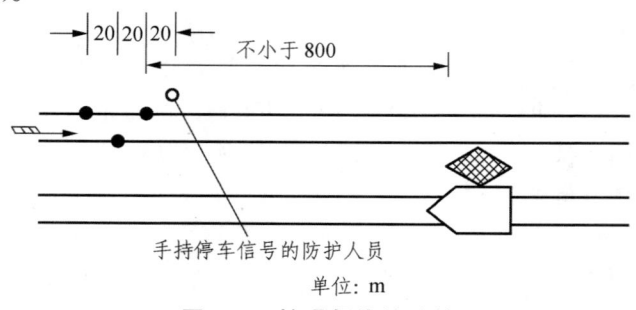

图 5-6 妨碍邻线的防护

（4）列车分部运行，机车进入区间挂取遗留车辆时，因其已知停留车地点，能提前减速及停车，故在车列前方不少于 300 m 处放置响墩防护（见图 5-7）。

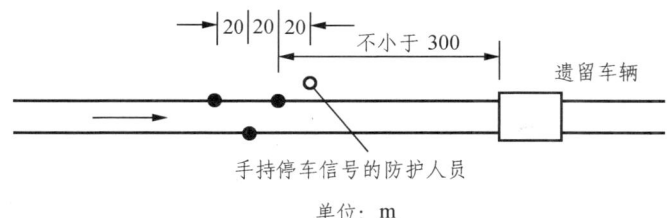

图 5-7　分部运行时机车挂取遗留车辆的防护

（5）被迫停车的列车消除故障可以运行后，应用列车无线调度通信设备通知防护人员返回。此时防护人员可不撤除响墩返回列车，以便尽快恢复列车运行。但在列车运行图规定开行动车组列车的区段，考虑到动车组运行速度高，列车轴重轻，不撤除响墩不利于动车组运行安全，所以必须撤除响墩。

任务三　列车的分部运行与退行

一、列车的分部运行

1. 造成分部运行的原因

造成分部运行的原因主要有：机车牵引力不足、断钩（无法修复）、制动主管破裂、货物倒塌、倾斜、列车脱轨。

而由上述原因造成被迫停车后，司机将部分车辆遗留原地，而将列车的前部车辆牵引运行至前方车站的行车处理办法称为列车分部运行。它是列车在区间被迫停车后最常用的一种方法。

2. 禁止列车分部运行的情况

只有当列车在区间发生断钩、制动主管破裂、脱轨及坡停等情况时，方可采用分部运行办法。以下情况均不准分部运行：

（1）经采取措施可整列运行时：如发生坡停事故后，派救援机车以双机牵引或后部补推的方式运行至车站，或在区间因车辆故障停车后，可由车辆乘务人员对车辆进行临修后继续运行等。

（2）遗留车辆未采取防护、防溜措施时，可能造成停留车辆溜逸等，酿成事故。

（3）遗留车辆无人看守时，由于路外闲杂人员的破坏，可能撤除遗留车辆的防护、防溜措施，或损坏车辆、货物。

（4）司机与两端站及列车调度员均无法取得联系时，不能分部运行。此时，联系方式不仅限于列车无线调度通信设备。

（5）遗留车辆停留在超过 6‰坡度的线路上时，即使采取防溜措施，但也存在车辆溜逸的风险，因此也不能分部运行。该处超过 6‰坡度是指遗留车辆所在线路的实际坡度。

3. 列车分部运行的具体办法

（1）司机应立即将被迫停车的原因及需要分部运行的要求报告前方站或列车调度员。

（2）组织和指挥有关人员做好遗留车辆的防溜工作，并按规定做好防护。这是防止事故扩大，保证遗留车辆及追踪列车运行安全的关键性环节。车辆溜逸事故对行车安全危害极大，造成影响、损失巨大。为了防止遗留车辆溜逸，应做到能连挂的连挂在一起、不能连挂的分组分别拧紧两端车辆的手制动机，并以铁鞋（止轮器、防溜枕木等）牢靠固定。

（3）遗留车辆派人看守。

（4）记明遗留车辆辆数和停留位置。

（5）牵引前部车辆开往前方站。在自动闭塞区间，在运行中仍应按信号机的显示运行。在半自动闭塞区间或按电话闭塞法行车时，分部运行的前部车列运行至接车站进站信号机前，即使该信号机已开放，也必须在机外停车（司机已报告前方站或列车调度员列车为分部运行时可直接进站）。这是因为半自动闭塞区间机车车辆只要驶过接车轨道电路，闭塞机即可解锁，区间即具有开通条件，电话闭塞法行车是通过人工检查确认和联系制度来保证实现列车运行空间间隔，列车到达发出电话记录号码即可办理区间开通；如车站值班员未得到列车采用分部运行的通知，又未认真确认列车是否整列到达时，即开通区间并与邻站办理闭塞手续，就可能构成向占用区间开行列车，存在与区间遗留车列发生冲突的安全风险。

（6）机车牵引的前部车辆整列进入车站后，车站值班员将情况报告列车调度员，列车调度员发布调度命令封锁区间。

（7）救援列车到达或返回车站，车站值班员确认遗留车辆全部取回、区间空闲后，向列车调度员报告。列车调度员发布调度命令开通区间。

二、列车的退行

1. 列车退行的概念

列车在区间运行时，由于坡停、遇线故障机自然灾害等各种原因使列车不能向预定运行方向继续运行，而须倒退至后方车站的行车方法称为列车退行。

2. 禁止列车退行的规定

（1）按自动闭塞法运行时（列车调度员或后方站车站值班员确认该列车至后方站间无列车，并准许时除外）。因自动闭塞区段，列车是以出站和通过色灯信号机的进行显示作为占用闭塞分区的凭证，在区间实行追踪运行，在这种情况下，列车退行有与后方开来的追踪列车发生冲突的危险,因此不准退行。列车只有在列车调度员或后方站车站值班员确认后方站间无追踪列车,并准许后方可退行。

（2）在降雾、暴风雨雪及其他不良条件下,司机难以辨认信号,直接危及行车安全,所以不准退行。

（3）一切电话中断后发出的列车（持有红色许可证通知书之1的列车除外）,由于车站将发出续行列车,后行列车是按时间间隔发出的,如果列车退行,就有可能与后行列车发生冲突,所以不准退行。

（4）挂有后部补机的列车,补机在区间内返回时,由于补机途中可能停车,如列车退行时,有与补机发生冲突的危险,所以,对挂有后部补机的列车,除以上3种情况外是否准许退行,由铁路局集团公司规定。

3. 列车退行的具体办法

除上述禁止列车退行的情况外,如列车在区间在不得已情况下必须退行时,应执行下列要求:

（1）退行时,车辆乘务员或随车机械师（无车辆乘务员或随车机械师时为指派的胜任人员）应在列车尾部,注视运行前方（不显示信号）,发现危及行车或人身安全情况时,应立即使用紧急制动阀（紧急制动装置）,或使用列车无线调度通信设备通知司机,使列车停车。

（2）列车退行速度不得超过 15 km/h,以便发现危及行车或人身安全的情况能随时停车。

（3）退行列车未得到后方站（线路所）车站值班员的准许,不得越过后方车站（线路所）最外方预告标或预告信号机（双线区间为邻线预告标或特设的预告标）,以防止与越出站界或跟踪出站调车的机车车辆发生冲突。列车退行到该处停车后,应立即向车站值班员报告,得到后方站（线路所）车站值班员准许后方可凭进站信号机的显示的允许运行的信号进站。如事先已取得列车调度员或后方站车站值班员准许,可不在预告信号机外停车,凭进站信号机的进行显示或引导信号直接进站。

（4）车站值班员接到退行报告后,除立即向列车调度员报告外,还应根据车站线路占用情况,准备进路,开放进站信号机或用引导办法,将列车接入站内。

动车组列车在区间被迫停车后须返回后方站时,车站值班员确认动车组列车至后方站间已空闲后,经列车调度员同意,通知司机返回。司机根据车站值班员的通知,在动车组列车运行方向（折返）前端操作,运行速度不得超过 40 km/h,按进站信号机显示进站。

三、突发情况的应急处理

1. 列车发生火灾、爆炸应急处理

（1）列车发生火灾、爆炸时,应立即停车（使列车停车的方法:当车厢内设有紧急制动阀或紧急制动装置时，列车乘务员等有关人员应立即使用就近的紧急制动阀或紧急制动装置，使列车停车。当车厢内无紧急制动阀或紧急制动装置时，应报告司机停车）。机车乘务员发现火灾、爆炸情况或接到列车发生火灾、爆炸的通知时应立即停车。停车地点应尽量不在特大桥梁或长大隧道内，选择便于旅客疏散的地点，以避免因地形限制，导致救援工作不易开展。此时，列车发生火灾、爆炸后已经影响邻线列车运行的安全，因此车站接到报告后除了不再向区间放行列车，还要通知邻线及后续相关列车停车。

电气化区段立即停电不利于电力机车及动车组应急处置，因此规定根据现场需要停电时，应立即通知供电部门停电。

（2）列车停车后应利用当地条件就地灭火，需要分隔甩车时，应根据风向及装载货物性质确定分隔甩车位置。根据经验，一般为先甩下列车后部的未着火车辆，再甩下着火车辆，然后将机后未着火车辆拉至安全地段。

（3）对甩下的车辆，在车站由车站人员负责采取防溜措施；在区间由司机、车辆乘务员负责采取防溜措施。

2. 列车（动车组列车除外）运行途中发生车辆故障应急处理

（1）发现客车车辆轮轴故障、车体下沉（倾斜）、车辆剧烈振动等危及行车安全的情况时，须立即采取停车措施。由车辆乘务员检查，对抱闸车辆应关闭截断塞门，排除工作风缸和副风缸中的余风，确认安全无误后，方可继续运行；如车轮踏面损坏超过限度或车辆故障不能继续运行时，应甩车处理。

（2）列车调度员接到热轴报告后，应按热轴预报等级要求果断处理。必要时，立即安排停车检查（司机应采用常用制动，列车停车后由车辆乘务员负责检查，无车辆乘务员的由司机确认能否继续安全运行）或就近站甩车处理。

（3）遇客车安全监控系统报警或其他故障需要列车限速运行时，车辆乘务员应使用列车无线调度通信设备通知司机，司机根据要求限速运行并报告车站值班员（列车调度员）。

3. 线路发生故障时的防护

（1）应立即使用列车无线调度通信设备通知车站值班员或列车司机紧急停车，区间设有固定信号机时，应先使其显示停车信号防护故障地点。如在自动闭塞区间，可用导电物体短路轨道电路，使防护闭塞分区的通过信号机显示停车信号。同时在故障地点设置停车手信号。

（2）如时间允许，应按规定放置响墩防护（见图5-8）。放置响墩应有先后顺序，当确知一端先来车时，为争取时间，应急速奔向列车，用手信号旗（灯）或徒手显示停车信号。

（3）不能判明哪个方向先来列车时，应通过倾听（如伏在钢轨面上细听来车声）或站在高处瞭望迅速予以判明。当判明来车方向时，应急速奔向来车方向，用手信号旗（灯）或徒手向列车显示停车信号。

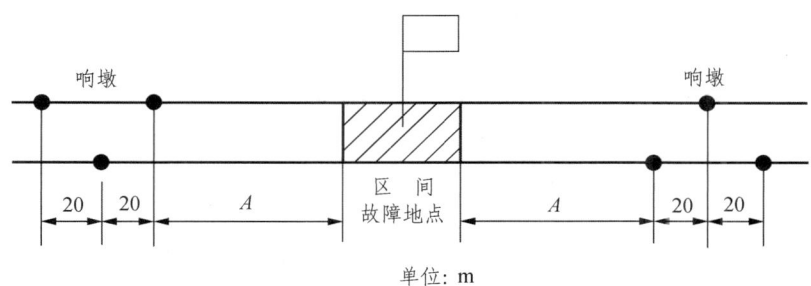

图 5-8 线路发生故障时的防护

如在自动闭塞区间,可用导电物体短路轨道电路,使防护闭塞分区的通过信号机显示停车信号,防护办法快捷、可靠和安全。

站内线路、道岔发生故障时,应按规定设置停车信号防护。

(4)为了保证人民生命财产的安全,无论铁路职工和路外人员,发现线路塌方、钢轨折断、钢轨变形、线路桥梁遭受自然灾害、信号机柱或电杆倒斜侵入限界、线路有障碍物、接触网异常等危及行车和人身安全的故障时,均有义务通知铁路有关部门,并积极采取保证行车安全的措施和协助做好故障地点的防护工作。通知时应利用一切可利用的通信工具,如无线调度通信设备、移动或固定电话、无线对讲设备等,或前往就近的车站、工区等处所通知。遇有紧急情况,发现已有列车开来,来不及通知时,应迎上前去,向开来的列车发出紧急停车信号,并注意自身的人身安全。有条件的,昼间用红旗、夜间用红灯防护。没有防护用具的,昼间可向列车开来方向两臂高举头上向两侧急剧摇动;夜间用白色灯光上、下急剧摇动,或在线路旁点燃篝火,迫使列车在故障地点前方停车,而后设法通知就近车站、工务、供电或电务人员。

任务四　救援列车与路用列车的开行

一、救援列车的开行

1. 救援列车

救援列车是指为事故救援、抢修抢救而开行的列车,包括专用救援列车、单机、重型轨道车等。

2. 救援列车的请求与派遣

当区间发生冲突、脱轨、颠覆等行车事故,机车车辆等发生故障不能继续运行,以及遇自然灾害危及行车安全时,为了尽快恢复正常行车,必须迅速救援。

车站值班员接到司机或工务、电务、供电等人员的救援请求后,应立即报告列车调度员。需封锁区间派出救援列车时,列车调度员应向有关车站发布命令封锁区间,并派出救援列车。

3. 救援列车的开行

向封锁区间发出救援列车时，因为区间已发生事故或危及行车安全的灾害，不能按正常闭塞手续办理行车，必须以列车调度员的命令，作为进入封锁区间的行车凭证。调度命令应指明救援列车进入封锁区间往返的运行车次、停车地点、任务及注意事项等。

当列车调度电话不通时，准许由接到救援请求的车站值班员，通知邻站封锁区间，向救援列车发布书面命令（命令内容与上述调度命令内容相同）。救援列车以车站值班员的命令，作为进入封锁区间的许可。

4. 对开行救援列车乘务员的要求

（1）司机接到救援命令后，机车乘务员必须认真确认调度命令内容，明确救援任务，不能因救援时间紧迫而匆忙动车。命令不清、停车位置不明确时，不准动车。

（2）司机对命令中表明的停车地点要做到心中有数，救援列车进入封锁区间后，要随时注意运行公里数，在接近被救援列车或车列 2 km 时，要严格控制速度，同时，使用列车无线调度通信设备与请求救援的机车司机进行联系，或以在瞭望距离内能够随时停车的速度运行（最高不得超过 20 km/h），在防护人员处或压上响墩后停车，联系确认，并按要求进行作业。

5. 救援列车进出封锁区间的联系

为使列车调度员正确掌握救援进度，安排救援人力和材料，及时做好区间开通后的列车运行计划，封锁区间的两端站，每当救援列车开往事故现场或由事故现场返回车站时，均应由车站值班员将到发时刻和由区间拉回的车数以及现场的救援工作进度，及时向列车调度员报告。为使封锁区间对方站掌握救援进度和区间占用情况，亦应将上述内容通知对方站。

如果区间内事故现场设有临时线路所，该线路所值班员即为与该区间两端站办理行车的指挥人，列车进入区间或由线路所开往两端站的行车凭证均为调度命令。车站向线路所开行救援列车时，必须取得线路所值班员同意，以便线路所及时做好接车前的准备和防护工作。线路所向区间两端车站发车时，亦必须取得接车站的同意。救援列车向线路所运行时，应在防护地点外停车，防护人员将事故地点情况告知司机及有关人员，撤除防护后，列车按调车办理进入指定地点；发车时，先撤除防护后发车。

6. 机车救援动车组的要求

采用机车救援动车组时，应进行制动试验。具备升弓取电条件时，允许动车组升弓取电。

7. 现场指挥

在事故调查处理组人员到达前，发车站的站长或胜任人员，应携带行车紧急备品，随乘发往事故地点的第一列救援列车到事故现场。必要时，在第一列救援列车发出前，由列车调度员指定该区间一端车站的站长或胜任人员尽快赶赴现场。上述人员到达事故现场后,应立即了解事故实际情况,随时与列车调度员联系,汇报事故情况,并就地指挥列车有关工作。

列车分部运行时,机车开往区间挂取遗留的车辆,由于处理比较简单,车站站长或胜任人员不必前往,由司机进行处理。

二、路用列车的开行

路用列车是以运送铁路器材、路料(石砟、枕木、钢轨等)开行的列车,一般在不影响路外运输的前提下开行。

1. 行车凭证

当路用列车运行在非封锁区间时,仍按该区间的行车闭塞法行车,行车凭证为该行车闭塞法的行车凭证。路用列车进入施工封锁区间时,不办理行车闭塞手续,不开放出站信号机,以调度命令作为进入施工封锁区间的许可。这样,一方面区别于正常列车,另一方面则可引起路用列车的注意,必须按调度命令的要求运行,命令中应包括列车车次、运行速度、停车地点、到达车站的时刻等有关事项,需限速运行时在命令中一并注明。

2. 注意事项

(1)为保证行车安全,原则上封锁区间的两端站,每端只准进入一列路用列车(包括线路施工机械)。列车必须在停车手信号前停车,使两端站同时进入的路用列车间有一隔开地段,不致发生正面冲突。因工作需要,如一端进入两列及其以上路用列车时,同向列车的间隔、前后列车的运行速度等安全措施及运行办法由铁路局集团公司制定,以防区间有数台机车、重型轨道车或线路施工机械作业,发生相互冲突。

(2)路用列车应由施工单位指派胜任人员携带列车无线调度通信设备值乘,并在区间协助司机作业。路用列车或施工机械进入施工地段时,应在施工防护人员显示的停车手信号前停车,根据施工负责人的要求,按调车办法,进入指定地点。

3. 路用列车在区间卸车的要求

由于铁路施工或其他需要,列车必须在区间装卸车时,装卸车负责人应根据调度命令的要求,指挥列车停于区间指定地点。列车未停稳时,不得打开车门;禁止在桥梁道岔、道口、信号设备、车辆红外线设备等处装卸车,以免损坏设备或危及行车安全;片石、钢轨等笨重材料,禁止边走边卸。在装卸车作业过程中,装卸车负责人根据现场实际情况,变更装卸车地点时,可指挥列车适当移动位置,但必须在确认货物堆放距离不妨碍车辆移动后,才可显示移动信号。

装卸车负责人必须严格掌握装卸车时间。装卸车完毕后,由装卸车负责人认真检查装卸货物的装载、堆码状态,确认限界,清好道沿,关好车门,经确认已无妨碍行车安全的情况后,方可通知司机开车。

任务五　列车运行中发生路外伤亡事故的处理

一、发生路外伤亡事故的处理

凡在铁路列车运行和调车作业中，发生火车撞轧行人、与其他车辆碰撞等情况，招致人员伤亡或其他车辆破损，均列为路外伤亡事故。

（1）列车运行中发生路外伤亡事故，机车乘务员应及时停车（特快旅客列车及部、局规章规定不宜停车的列车除外），向车站报告，救治伤员，处置现场。

（2）发生伤亡事故后，机车乘务员应在手账上简要记录：车次、机车号码、发生时间、发生地点、当时速度发现行人情况、采取的措施等情况，回段后填写路外伤亡报告，并接受安全部门的分析。

（3）旅客列车由列车长负责组织机车乘务员、车辆乘务员、乘警将尸体移出线路（单司机值乘的旅客列车机车乘务员除外）；货物列车由机车乘务员负责将尸体移出线路。

（4）伤者交邻近车站妥善处理或由旅客列车运送前方有救治条件的车站。

（5）车站应立即通知公安部门，共同前往事故地点组织救援工作。

二、防止路外伤亡的措施

（1）运行中要集中精力，不间断瞭望，注意掌握区段内各种车辆、行人、牲畜经常行走的地点、时间等规律。

（2）当列车通过车站、道口、曲线、隧道、施工地点及车畜、行人繁忙的地段时，更要加强瞭望，及时鸣笛。

（3）遇到紧急情况时，要立即采取安全措施，防止伤亡及其他事故的发生。

项目总结

本项目具体对列车运行的基本要求，列车在区间被迫停车，列车分部运行及退行，救援列车与路用列车的开行及列车在区间发生伤亡事故等的处理、有关规定及要求做了阐述。而且对行车有关人员，机车乘务员的分工做了说明。本项目的重点内容是列车在区间被迫停车和列车分部运行及退行。

事故案例

京包线"3·21"白塔站行车险性事故

（一）事故概况

1992年3月21日6时49分，呼和浩特局集团公司京包线白塔站郭家营站K632+300处，无1220次列车因本务机DF_4型6106号机车增压器故障，不能继续运行，6时10分停车请求救援。调度命令郭家营站长组织指挥无1207次本务机DF$_4$型6105号单机救援，6时35分开6001次，运行中机车乘务员与站长聊天，间断瞭望，延误制动时机。6时49分与停留的无1220次本务机相撞。内燃机车小破2台；中断上行线1小时21分。构成行车险性事故。

（二）事故原因

6105号机车乘务员违反《技规》中有关列车司机在列车运行中，应做到："彻底瞭望，确认信号，认真执行呼唤应答制度"的规定，在行车中与站长聊天，副司机未起到应有的提醒职责，延误制动时机，是造成此次行车险性事故的主要原因；6106号机车乘务员违反《技规》中关于列车在区间被迫停车后，应放置响墩防护的规定，对此次事故负有重要责任。

（三）事故教训

此次事故，虽然是险性事故，但事故的发生暴露了机车乘务员安全意识淡薄、职工素质不高等一系列问题，教训非常深刻。

1. 担当救援任务的6105号机车乘务员，中断瞭望，与他人聊天，运行到救援地点处，在没有听到响墩的情况下，未及时发现前方的无1220次本务机，已错过制动时机。

2. 郭家营站长作为此次救援的指挥者，责任性不强，直接违反规定在行车中与机车乘务员聊天，导致乘务员间断瞭望，未及时发现前方无1220次本务机，直接原因为机车乘务员安全意识淡薄，违反《技规》中的有关规定。

3. 无1220次本务机6106号机车乘务员，在等待救援过程中，未按规定在区间被迫停车后，放置响墩防护，间接造成了此次事故的发生，说明机车乘务员业务水平低，安全意识淡薄。

复习思考题

1. 在哪些情况下须向司机发布调度命令？
2. 列车运行中司机应做到哪些工作？
3. 列车运行限制速度有何规定？
4. 列车在区间被迫停车后，不能继续运行时，司机应如何处理？
5. 列车在区间被迫停车可能妨碍邻线时，司机应如何处理？
6. 什么情况下列车不准分部运行？
7. 列车退行有何规定？
8. 救援列车进入封锁区间的行车凭证是什么？司机接到凭证后有何要求？
9. 路用列车进入封锁区间的行车凭证是什么？该凭证包含哪些内容？

项目六 机车管理与运用

项目要点

机车是铁路运输的牵引动力，机车运用工作是铁路运输的重要组成部分，其目标是经济、合理的利用机车，提高机车各项运用指标。

扫码获取
项目六课件

机车运用工作主要依据《铁路机车运用管理规则》（以下简称《运规》）的相关规定，针对各级机车运用管理部门如何开展工作而制定的依据，其主要原则是实现"统一指挥、分级管理"。

通过对本项目机车运用管理的体制及职责，机车的配属与使用，机车交路，机车运转制度及出乘方式等知识的系统学习，希望能进一步加强对相关规定的理解、认识，并重点掌握：

1. 机车交路；
2. 机车运转制度和乘务制度列车在区间被迫停车后对司机的要求及防护规定；
3. 识读列车运行图；
4. 识读机车周转图。

任务一 机车运用管理部门的体制及职责

一、运用管理部门的体制及职责

我国铁路机车运用管理工作贯彻"统一指挥、分级管理"的原则，以利于充分发挥各级机车运用管理组织的职能作用。由于铁道部进行政企改革，拆分为中国铁路总公司（后改称"中国国家铁路集团有限公司"，简称"国铁集团"）及国家铁路局，因此相关部门职责作了重大调整，由国铁集团承担原铁道部企业职责，国家铁路局承担原铁道部其他行政职责。

根据这个原则，机车运用管理部门的组织机构见图6-1。

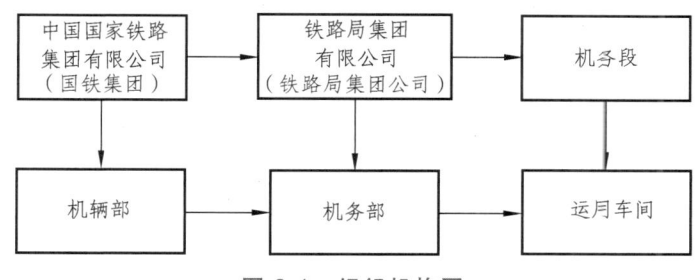

图6-1 组织机构图

国铁集团：

（1）负责国家铁路机车运用管理，制定机车运用安全管理、机车乘务员管理等有关规章制度和技术标准。

（2）负责规划、调整国铁集团机车配属，实行集中配置，统一机型，衔接干、支线。追求资产配置效率和效益最大化，淘汰落后产能，加快升级换代，满足总公司运输计划需要，适应生产力布局调整。

（3）按照"机车长交路、乘务区段化"原则，规划和审核跨铁路局集团公司机车和乘务交路及有关技术标准。参加列车运行图编制，负责组织机车周转图编制。

（4）制定机车运用、安全管理等人员培训规划，并组织实施。组织开展职业技能竞赛。

（5）负责跨铁路局集团公司机车调度指挥，确保机车供应，提高机车运用效率。综合评价和考核铁路局集团公司机车运用工作。

（6）参与或组织有关事故调查分析及措施制定。

（7）规划国家铁路救援列车布局，指导救援列车专业管理工作。

（8）组织安全生产管理督导检查，开展安全生产规范化、标准化创建工作。

铁路局集团公司：

（1）全面负责本局机车运用、安全管理等工作。贯彻执行国铁集团有关机车运用、安全管理等方面的规章制度，制定相关办法、作业标准及实施细则，并组织实施。

（2）负责根据承担的跨铁路局集团公司机车长交路和管内运输任务变化，结合机车检备率提出机车购置和调整建议，确定管内机务段的机车配置及调拨。综合分析机车运用情况，考核管内机车运用工作，提高机车运用效率。

（3）负责确定管内机车交路、乘务交路、乘务制度，组织查定牵引定数、运行时分、自外段技术作业时分、折返时分等技术标准；参加编制列车运行图、机车周转图并组织实施；指导编制列车操纵示意图。负责对铁路局集团公司机车调度进行专业指导。

（4）负责机车乘务员管理。根据图定担当任务及运输发展需求，在满足机车乘务员培训率和预备率，严格执行国家工作时间和休假有关规定的基础上，制定机车乘务员配备计划；组织机车乘务员培训、考核和鉴定。开展职业技能竞赛。

（5）参与或组织有关事故、设备故障分析及措施制定。

（6）负责全局救援列车管理。

（7）定期组织开展安全生产监督检查及评比活动，开展安全生产规范化、标准化创建工作。

机务段：

（1）贯彻执行国铁集团、铁路局集团公司有关机车运用、安全管理等方面的规章制度、管理办法、作业标准及实施细则，制定实施措施并组织落实，提供满足需求的机车和机车乘务员，安全、优质、高效地完成运输生产任务。

（2）按照逐级负责、岗位负责、分工负责、专业负责的要求，实行机务段、运用车间、运用车队、乘务指导组（班组）四级管理模式。

（3）坚持机车运用集中配置、统一管理，推行地乘分离，减少机车乘务员辅助作业时间，实行专业整备管理模式，完善机车整备设备设施，提高机车运用效率、机车乘务员劳动生产率及机车保养质量。定期分析机车运用工作，提出改进建议。

（4）负责机车乘务员管理和日常培训，加大科技投入，完善教育设施，应用机车驾驶模拟装置、实物教学、网络教学等培训手段，努力提高机车乘务员技术业务水平和操纵技能。组织编制作业指导书及列车操纵示意图、操纵提示卡。

（5）负责事故、设备故障分析及制定防范措施；负责本段救援列车日常管理及现场救援指挥。

（6）改善职工生产、生活条件，开展职工健身活动，提高机车乘务员身体素质。定期组织机车乘务员进行体检。

（7）积极推行管理和技术创新，开展企业文化建设，并在实践中不断总结，巩固和提高机车运用、安全管理基础。

机务段按照其担当的运输生产任务，机车检修任务及设备规模，可分为机务本段、机务折返段及机务折返点3种。

1. 机务本段（又称机务段）

机务段具有以下特点：

（1）配属有一定数量的干线机车和调车机车；

（2）有一整套的机车运转整备设备和一定能力的机车检修设备；

（3）担当指定区段内的列车牵引作业和编组站、区段站及沿线较大中间站的调车作业；

（4）负责机车的运转整备作业和日常保养工作，担当一定的机车检修任务。

机务段按其工作性质不同，可分为货运段、客运段及客货混合段。根据其设备及检修工作量不同，可分为大修机务段、中修机务段及小修机务段，中修机务段也承担少量的扩大中修和大修。

机务段实行段长负责制和段内各级领导负责制，专职人员负责制及工人岗位责任制。

机务段的机车管理工作，主要分属于机车运用和机车检修两大车间。运用车间也称运转车间。运用车间负责组织乘务员工作和机车的运用及机车整备作业，并根据计划安排检修机车的扣车和组织机车中间技术检查作业或进行状态修各级检查作业等。运用车间的地勤行修组也有少量的检修工人，以处理机车临修故障及对机车进行日常维护工作。

为了及时处理行车事故，起复机车车辆，及时开通线路，恢复行车，在机务段一般设有救援列车。沿线如发生行车事故，救援列车可随时开出进行处理，以迅速恢复正常行车。机务段内设置救援列车办公室，专门负责救援列车的维护、使用及救援列车人员的组织管理工作。

2. 机务折返段

其组织成员和业务工作均属机务段领导，一般不配属机车，不担当机车交路，仅担当本段或其他段折返机车的整备作业并组织乘务员出退勤和待乘休息。根据整备工作量的不同，折返段设置全部或部分机车运转整备设备，不设机车检修设备。在特殊情况下，机务折返段也支配少量的机车，担任较小工作量的机车交路、小运转和调车业务，为了适应所支配机车的需要，段内设置机车部分临修设备，而机车的小修作业由所属的机务段承担。机务折返段按照有无支配机车，可称为有支配机车折返段和无支配机车折返段。

3. 机务折返点（又称机务整备所）

它是为担当补机、调机、小运转机车等的部分整备作业而设置的，机车在折返点为等待工作仅作较短时间的停留。在折返点不设公寓，仅有相应的管理机构及少量的管理人员。

二、各级机车调度的职责

为了组织实现列车运行图和机车周转图，指挥日常机车运用工作，国铁集团、铁路局集团公司和机务段，应分别设置机车调度部门。

1. 机车调度工作的基本任务

（1）执行运输组织和安全管理的有关规定，严格遵循列车运行图、基本机车周转图确定的各项技术标准，正确编制和执行日（班）计划机车周转图，提高机车运用效率。

（2）坚持集中统一指挥，加强与行车有关调度的密切配合，按图组织均衡开车；

合理安排和掌握机车乘务员的工作时间，防止机车乘务员超劳。

（3）对直达特快、直供电、双管供风旅客列车重点掌握；及时协调、处理日常运输生产中的有关问题，准确掌握机务行车安全信息。

（4）协调跨铁路局集团公司、机务段机车运用,确保运输畅通。

（5）掌握救援列车动态,发布救援列车跨铁路局集团公司出动的调度命令。掌握回送机车动态，办理备用机车的加入和解除。

（6）分析机车运用效率指标、运输生产任务完成和机车乘务员超劳情况，提出整改建议和措施。

（7）深入现场、添乘机车、熟悉情况，不断提高工作能力和指挥水平。

机车调度工作实行国铁集团、铁路局集团公司、机务段分级管理，逐级负责。业务管理分别由国铁集团机辆部、铁路局集团公司机务部、机务段运用车间负责。

各级机车调度实行逐级负责制，下级调度必须服从上级调度的指挥；国铁集团机辆部、铁路局集团公司机务部是机车运用工作的主管部门，负责机车调度工作的领导。机车调度员是机车日常运用的组织者和指挥者。各级机车调度人员，必须树立铁路运输全局观念和市场营销意识，严肃调度纪律，严格执行各项规章、命令。机车乘务员及机务行车工作人员必须服从机车调度的指挥。

各级机车调度员应从思想作风好、业务能力强的优秀司机中选拔，或由现职调度员中逐级选拔。新任用的机车调度员必须经过机车调度专业知识的培训。

各级机车调度人员应经常深入现场，添乘机车，调查研究，熟悉乘务员、机车、线路、设备等情况，取得指挥工作的主动权。

2. 国铁集团机车调度

（1）指导铁路局集团公司机车调度工作，积极采用网络信息技术，提高机车调度工作质量和水平，加快机车周转。

（2）掌握国铁集团机车动态，重点掌握跨局机车交路的机车使用情况，协调、处理铁路局集团公司分界口机车运用及回送等相关事宜，督促分界口机车供应和运输畅通。

（3）掌握铁路交通事故、设备故障概况并及时报告；发布跨铁路局集团公司使用救援列车的调度命令；掌握各铁路局集团公司实际运用机车超、欠供应台数，提出考核建议。

（4）认真分析国铁集团机车运用指标和运输生产任务完成情况，按月进行通报；负责长期备用、封存机车的加入和解除。

3. 铁路局集团公司机车调度

（1）正确编制、组织实施日（班）计划机车周转图，与行车有关调度密切配合，安排好机车与列车的衔接，组织均衡开车，分阶段绘制实际机车周转图，提高机车周转图兑现率。

（2）随时了解掌握列车运行情况，遇有问题及时协调、处理、汇报。机车发生故障、事故等情况时，应及时按规定报告并通知相关铁路局集团公司。

（3）掌握和交换机车乘务员工作时间和驻外公寓休息时间，防止机车乘务员超劳。每月统计、分析、上报机车乘务员超劳情况并提出改进建议。

（4）根据机车检修计划，组织检修机车按时入厂、段检修，掌握机车检修进度，及时投入运用；掌握铁路局集团公司管内机车、救援列车动态，处理机车工作种别的变更、短期备用机车的加入和解除；及时安排机车回送，掌握回送机车进度并及时上报。

（5）认真分析全局机车运用指标完成情况，提供机车运用分析材料；建立机车配属、供应、使用考核等相关报表。参加机务处日常交班会，汇报机车运用情况。完成机车运用效率分析。

4．机务段机车调度

（1）负责全段机车运用集中统一指挥；负责接收铁路局集团公司的日、班、阶段计划，及时下达到相关派班室，合理安排机车供应，并组织兑现，编制实际机车周转图。掌握机车乘务员工作和休息时间，防止机车乘务员超劳。

（2）负责运行揭示调度命令的接收和复核，LKJ临时数据文件编辑、核对、模拟和审核等工作，并按规定下达到各派班室。

（3）保持与铁路局集团公司调度及有关站、段的密切联系，随时了解列车运行和机车使用情况，指导机车乘务员正确处理行车中发生的问题，确保列车安全正点；及时处置运输生产中突发性问题，遇发生铁路交通事故、设备故障和重点列车运行晚点等情况，要及时查明原因，并迅速上报。

（4）掌握机车运用、整备、检修动态，及时变更机车工作种别，按检修计划及时扣车；掌握行车安全装备软件升级、数据换装动态；掌握出入厂（段）回送机车动态；掌握救援列车动态，按救援命令及时组织救援列车出动。

（5）准确填记各种表报、台账。

5．机务派班室调度

（1）根据日、班、阶段计划，制订机车乘务员出乘计划，负责机车乘务员派班；接收有关文电、通报，办理机车乘务员请、销假手续。

（2）审核机车乘务员出乘条件，传达注意事项，指导出勤机班制定安全措施，提出指导意见。发放、核对运行揭示调度命令，办理交付机车乘务员携带IC卡LKJ临时数据的录入，收、发司机手册、添乘指导簿、司机报单、司机携带列车时刻表、运行揭示、施工行车安全明示图等行车资料。

（3）了解退勤机班途中运行情况，分析退勤机车乘务员LKJ运行记录数据，对查出的问题做好记录并及时报告；指导退勤机车乘务员认真填写有关报告。收集、记录有关行车信息，及时按规定程序汇报。对机车迟拨、列车晚点、超劳及机车故障等情况分类做好记录。

（4）准确填记各种表报、台账。

任务二　机车配属与检修制度

我国铁路机车仍在实行配属制度。所谓配属制度，就是国铁集团根据运输任务的需要和运输设备条件等因素将机车配属给各铁路局集团公司使用和保管的制度。各铁路局集团公司又将机车配属给所属的机务段，以完成运输生产任务。

一、机车的配属与使用

在机车的运用管理过程中，为了有效地管理与合理地运用机车，国铁集团及铁路局集团公司每年在制定年度计划时，要确定各局、段配属机车的台数和类型，并作出路网现有机车的调整方案。这样，就产生了一个机车的配属关系问题。

1. 机车的配属原则

确定机车的配属时，应根据下列原则进行：

（1）近期与远期相结合，满足运输需要，符合机车牵引动力发展和检修布局的规划，提高机车使用效率和资产回报及效益。

（2）力求机型统一、点线结合集中配属。

（3）合理使用机车，平衡相邻区段的牵引定数。

（4）适应列车编组计划和运输设备的基本要求。

（5）配置机车根据机车周转图查定，并依据担当任务性质等情况，确定机车检修、备用率。

2. 机车运用的分类

机务段的电力机车依据使用情况和状态，应按下列类型加以区分和统计台数：

（1）配属机车：根据总公司配属命令，拨交铁路局集团公司及机务段保管、使用，涂有局、段标志，并在资产台账内登记的机车，包括企业自购机车。

（2）非配属机车：是指原配属关系不变，根据国铁集团、电报命令，由他局、段派至本局、段入助及临时加入支配（含长交路轮乘）的机车。

机务段的现有机车按指挥使用权限可划分为两大类，即一类是本段可以支配的，称为支配机车；另一类是本段无权支配的，称为非支配机车。

（3）支配机车：根据国铁集团、铁路局集团公司命令拨交各局、段支配使用的机车，包括入助和临时加入支配（含长交路轮乘）的机车。

（4）非支配机车：根据国铁集团命令批准的封存（封存机车为机务段、铁路局集团公司的非支配机车）、长期备用（长期备用机车为铁路局集团公司的支配机车，为机务段的非支配机车）、出助的机车以及按租用合同办理的出租机车。

机务段的支配机车，按照机车的工作状态，又可分为运用机车与非运用机车两种。

（5）运用机车：为参加各种运用工作的机车。包括担当工作前必须进行必要的准备工作、等待工作的机车和经国铁集团、铁路局集团公司命令批准的其他工作的机车。

（6）非运用机车：是指未参加运用工作的机车。包括备用、检修及经国铁集团、铁路局集团公司命令批准的其他机车。

机务段因受运输任务的变动或由于机车运用效率的提高，运行机车有多余时，应将多余的机车转入非运行机车内，作为备用机车，以提高机车运用指标。

3. 机车使用的注意事项

为了充分地利用机车的牵引力，提高机车的运用指标和效率，在使用机车时应注意以下几点：

（1）担当旅游、行包、货物、小运转、补机的机车，必须按列车运行图和机车周转图的规定使用。客运机车应尽量固定使用。

（2）担当货物列车的机车，除列车运行图规定的列车外，不应在中间站、岔线及有专用调车机车的车站进行调车作业。

（3）机车使用年限应按《铁路运输企业资产管理办法》的规定执行（目前为16年），原则上不能逾期使用；确需逾龄使用的最长不得超过4年。

机务段配属机车分类情况见图6-2。

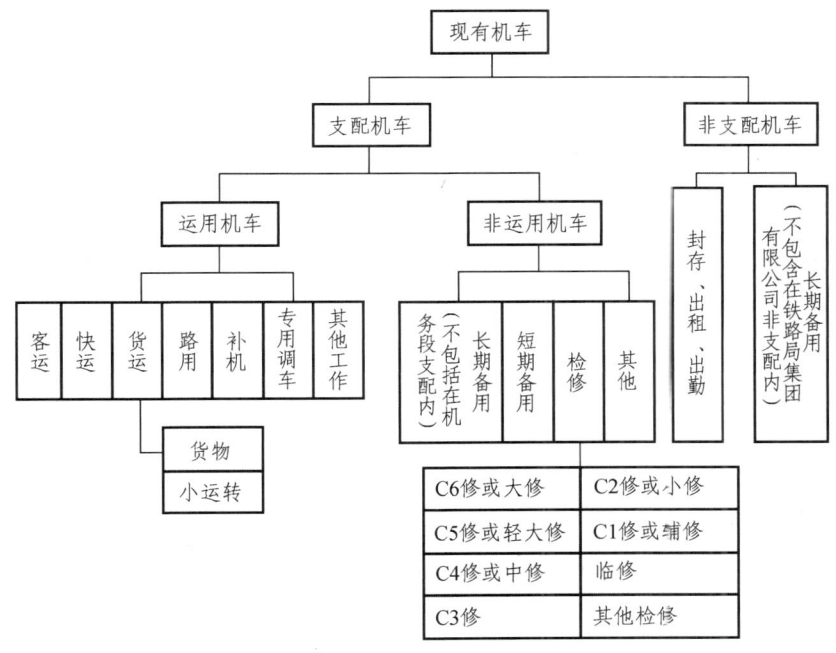

图6-2 机务段配属机车分类

二、机车段修计划的编制

电力机车作为铁路运输的牵引动力设备，自其制造落成，交付使用以后就有一个保养、检查、修理工作相伴而生。机车运用与修理是周期性进行的。机车通过定期检修来消除各零件、部件及机组在运用中的损伤，经常保持和不断恢复机车的基本技术性能，保证机车正常运用，从而能安全、正点、优质、高产、低成本地完成运输生产任务。

机车的检修计划由机务段技术科负责，会同运用科、检修车间、运用车间共同编制。编制机车检修计划时，应依据修程范围、两次修理间机车走行公里或运用时间，并根据机车的实际技术状态、运输任务、检修业务等情况通过机车走行公里的推算，经过综合平衡，安排确定机车的中修、小修和辅修计划日期。中修计划应尽量做到均衡进车，以保证检修车间有节奏的生产，并不致造成运用机车台数有太大的波动。

目前，我国机车实行定检修程分为 C6 修或大修、C5 修或轻大修、C4 修或中修、C3 修、C2 修或小修、C1 修或辅修，其中 C1~C4 修（中修、小修和辅修）为段修修程。根据《中国铁路总公司关于规推进动车组及和谐型机车修程修制改革的指导意见》（铁总机辆[2019]54 号）等最新文件要求，为适应铁路和谐型机车修程修制改革需要，保证机车检修质量、又好又安全，国铁集团组织修订了和谐型机车检修技术规程（C1~C4 修、C5 修）。

（1）大修（轻大修）：机车全面检查修理，恢复机车的基本性能，可同时进行机车或主要部件的技术提升。

（2）中修：机车主要部件检查修理，恢复其可靠使用的质量状态。

（3）小修：机车关键部件和易损易耗零部件检查维修和保养，有针对性地恢复机车运行可靠性。

（4）辅修：机车例行检查和保养，做故障诊断，按状态修理。

（5）C6 修：机车全面分解检修，进行全面性能参数测试，恢复基本性能，可同时进行机车或主要部件的技术提升。

（6）C5 修：机车主要部件分解检修，性能参数测试，恢复机车可靠质量状态。

（7）C4 修：机车主要部件性能参数测试、检查修理，恢复机车可靠质量状态。

（8）C2~C3 修：机车关键部件重点检查维修，有针对性地恢复机车运行可靠性。

（9）C1 修：机车例行检查和保养，利用机车自检系统进行故障诊断，按状态修理。

各修程安排见图 6-3。

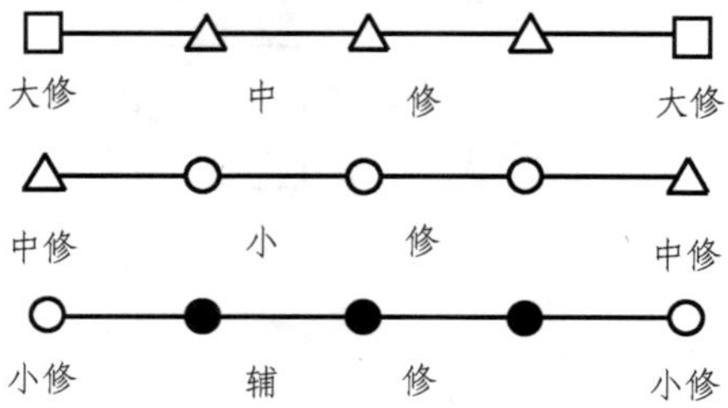

图 6-3 各修程安排

（一）各级修程的检修周期

各级修程的检修周期（里程或期限），应按非经该修程不足以恢复其基本技术状态的机车零部件，在两次修程之间保证安全运用的最短期限确定。根据当前机车技术状态，电力机车检修周期规定如下：

1. 交直传动电力机车

韶山$_{7C}$、韶山$_{7D}$、韶山$_{7E}$、韶山$_8$、韶山$_9$型机车：

（1）大修：200万~240万km。
（2）轻大修：100万~120万km。
（3）中修：50万~60万km。
（4）小修：10万~12万km。
（5）辅修：3万~4万km。

其他客、货运本务机车：

（1）大修：160万~200万km。
（2）中修：40万~50万km。
（3）小修：8万~12万km。
（4）辅修：2.5万~4万km。

补机和小运转机车：

（1）大修：12~16年。
（2）中修：3~4年。
（3）小修：6~9个月。
（4）辅修：2~3个月。

2. 交流传动电力机车

（1）C6修：200^{+40}_{-20}万km，不超过12年。
（2）C5修：100^{+20}_{-10}万km，不超过6年。
（3）C4修：50^{+10}_{-5}万km，不超过3年。
（4）C3修：$25×(1±10\%)$万km，不超过1年。
（5）C2修：$13×(1±10\%)$万km，不超过6个月。
（6）C1修：$7×(1±10\%)$万km，不超过3个月。

（二）检修计划及检修范围

机车检修应按计划进行。检修计划由机务段技术科会同运用科、检修车间、整备车间、运用车间，根据机车走行公里或运用时间、实际技术状态、相关车间的生产情况等进行编制。

1. 小修及辅修计划

机车小修及辅修月度或旬（周）计划应在月或旬（周）开始前3~5天提出，经机务段主管段长批准后执行。运用车间要于机车修程开工48 h前填好"机统-28"，并于24 h前交检修车间。

2. 中修计划

机务段每年9月20日前，编制出次年分季的年度机车中修计划报铁路局集团公司。每季度开始前45天编制出分月的季度中修计划报铁路局集团公司审查批准后，于季度开始前30天下达到承修单位，并通知委修段；需招、投标的，完成招、投标后，与承修单位签定合同。委修段每月开始前25天将中修机车检修技术状态书寄至承修单位。承修单位每月开始前10天，编制出中修施工月计划，报铁路局集团公司备案并通知委修段按计划组织送车。

委修段须严格按计划日期组织机车回送，所有零部件不得拆换。机车履历簿、机车检修技术状态书等资料须在机车入段时一并交给承修单位。委修段的接送车司机按规定与承修单位做好交接。

3. 检修范围

机车各级段修修程应有科学合理的检修范围（含探伤、配件互换等范围），并认真贯彻执行。

（1）中修范围由铁路局集团公司组织编制，报国铁集团运输局备案。

（2）小、辅修范围由机务段负责编制，报铁路局集团公司审批。

（3）段修范围应由编制单位根据执行中出现的机破、临修、碎修、超范围修等情况定期组织修订。

（4）机车段修范围编制的依据是：段修周期；各机组、部件的技术要求；机车状态的变化规律和原范围执行情况。

（三）机车小修注意事项

（1）根据段检修能力，坚持包修负责制，考虑运用机车保有台数，合理安排客、货、调、小各机型的定期检修。

（2）节假日期间应调整，可适当安排提前进行。

（3）机车质量需要提前整修时。

（4）由于检修能力所限，机车走行公里已接近定检，无法安排时，可转入备用。

（5）由于运行秩序不正常，机车走行公里发展不平衡，日常应加强掌握，在日班计划进行调整，防止发生超、欠公里现象。

（6）机车调度及机务段机车调度员应加强3日计划的掌握，确保兑现。并调整回库交路，组织按线回库。

三、机车状态修简介

状态修就是"计划检查、状态修理"的简称。其作业类型分为：段修、Ⅰ级检查、Ⅱ级检查。

状态修是根据可靠性理论和全员生产维修（TPM）方法，结合电力机车特点而做出的机车检修制度的改革。

状态修时，机车的检查周期安排按机车Ⅰ、Ⅱ级检查的走行公里及修程停时标准进行：

Ⅰ级检查：0.5万～1.5万 km，停时：2 h；Ⅱ级检查：3万～7万 km，停时：10 h。

状态修的检查周期安排见图6-4。

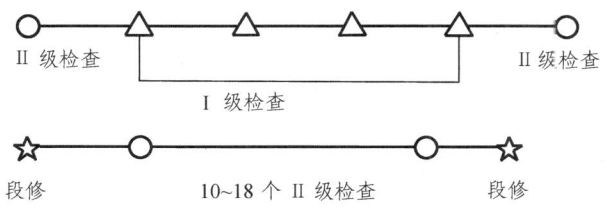

图 6-4　状态修的检查周期

其中段修间隔走行公里：50万～90万 km，修程停时：5天（不包括喷漆时间）。

状态修的优点：修程走行公里标准伸缩性大，机动灵活，对提高综合经济效益和社会效益，改善机车质量，减少机车库停时间，缓和运输能力和设备通过能力紧张的矛盾，同步实现机车质量和职工素质良性循环等方面有着显著的效力。

任务三　机车交路及机车运转制

一、机车交路

铁路机车牵引列车基本上是按区段接续进行的。机车固定担当运输任务的周转（往返）区段称机车交路，又称机车牵引区段。

图6-5为机车交路示意图。从机务段到折返段间的距离 L_1、L_2、L_3 即为交路长度。图中A、D为机务段所在站，B、C为折返段所在站。

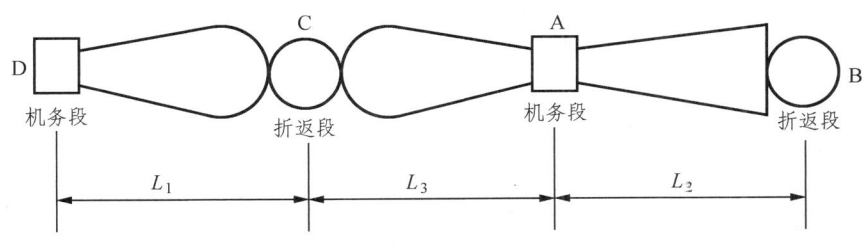

图 6-5　机车交路示意图

一个机务段担当机车交路的数量，根据机务段在路网中的位置及运输任务可为一个或几个。在图6-5中，B、C为机务段，A为折返段，所以说A机务段担当两个机车交路。显而易见，机务段担当的交路数多、交路长则对减少铁路建设投资和铁路运输费用以及提高机车运用效率是非常有益的。但是确定机车交路是一个比较复杂的工作，必须同时考虑到现有线路情况、牵引动力的种类、机型，编组站的分布及分工，行车组织的特点及货流方向，沿线的自然条件和生活条件等因素。

1．确定机车交路的基本原则

确定机车交路的基本原则，在《运规》中规定：

（1）适应铁路发展的需要，本着节约投资的方针，有利于提高线路通过能力。

（2）考虑运输组织和编组站的分工，合理发挥电力机车长距离运行的优势。

（3）统筹安排乘务员劳动和休息时间，合理利用各类机车的性能，提高机车运用效率。

（4）近期与远期相结合，适应铁路发展的远期规划。

机车交路按用途分为客运机车交路和货运机车交路；按区段长度不同分为一般机车交路和长交路；按机车运转制分为循环运转制、半循环运转制、肩回式和环形小运转制交路等。

根据铁路技术政策，电力机车尽量采用长交路。

目前，我国铁路的机车交路长度一般在 200 km 左右，随着铁路牵引动力向电力机车牵引过渡，机车交路的发展方向将是长交路，一般电力机车牵引区段的交路长度可达 1 000 km 以上。

2．机车交路的图例说明（见图 6-6）

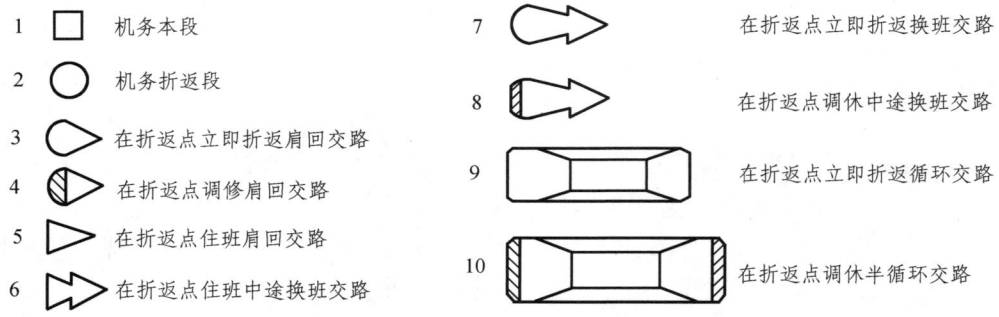

图 6-6　机车交路的图例

二、机车运转制

机车在交路上从事列车牵引作业的方式称为机车运转制。它是组织机车运用、确定机车整备设备布置，决定机车全周转时间并影响铁路运输工作效率的重要因素。机车运转制可分为：循环、半循环、肩回、环形、循回运转制度。为了提高机车运用效率，应广泛采用循环或半循环运转制。

1．肩回运转制

机车由本段出发，从本段所在站牵引列车到折返段所在站，进入折返段进行整备及检查作业，然后牵引列车回本段所在站，再进入本段进行整备及检查作业。机务本段担当两个方向相反的机车交路的,称为双肩回运转制。

在这种情况下,机车一般只在一个牵引区段内往返一次,就要进入本段一次(见图6-7)。

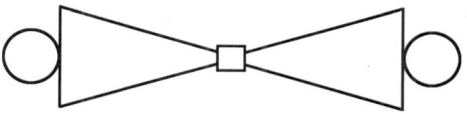

图6-7 双肩回运转制示意图

2. 循环运转制

机车从本段所在站出发,在一个牵引区段(如甲—乙)上往返牵引列车后回到本段所在站(甲站),机车不入段,仍继续牵引同一列车或换挂另一列已准备好的车列,运行到另一牵引区段(如甲—丙)的折返段所在站(丙站),再从丙站牵引列车返回乙站。这样,机车在两个牵引区段上牵引列车循环运行,平时不进本段,直到机车需要进行检修时才入本段,这种方式叫全循环运转制[见图6-8(a)]。图6-8(b)是另一种循环运转制示意图,是机车乘务员在折返段进行调休的循环运转制。

图6-8 循环运转制示意图

循环运转制的优点是:机车运用效率较高,能够加速机车的周转,并减轻车站咽喉的负担。它的缺点是:占用到发线时间较长,站内要设整备设备,对机车质量要求较高。

3. 半循环运转制

如果机车牵引列车在两个牵引区段上周转循环一次就入本段一次进行整备、检查,就叫半循环运转制(见图6-9)。

4. 环形运转制

机车出段后,在一个或几个方向担当若干次往返作业后,机车辅修或小、中修时,或者机车需要整备作业时,机车才入本段进行整备作业(见图6-10)。这种交路适用于近郊列车、通勤列车、环形列车或小运转列车。

图6-9 半循环运转制示意图　　　　图6-10 环形运转制示意图

5. 循回运转制

机车牵引列车运行于一个方向相当于两个交路区段后,返回机务本段入库整备

169

作业一次,这种交路叫做循回运转制(见图6-11)。机车从本段出库,在甲站牵引列车向乙站运行,列车运行到乙站时,机车不摘钩乘务员换班继续牵引列车向丙站运行,列车到达丙站后,机车摘钩进入折返段进行整备作业。然后机车再牵引反方向列车经乙站回到本段所在站甲站。机车到达甲站后摘钩进入本段整备。

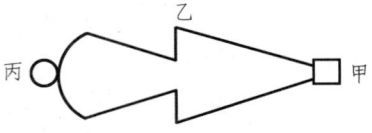

图6-11 循回运转制示意图

目前,肩回运转制仍然是我国铁路上采用最多的一种运转制。在采用肩回运转制时,可以尽量延长机车交路(也即采用循回运转制),以提高机车运用效率。

任务四 机车乘务组与乘务制度

一、机车乘务组

每台运用机车由乘务员小组担当机车的操纵和保养工作,乘务员小组通称为机车乘务组。

机车乘务组的组成因机车类型及乘务制的不同,有的机车乘务组人数较多,有的人数少。我国《运规》规定:铁路配属机车(代固机车除外)必须有车有人,并有一定的预备率、在职培训率和后续培养率。

机车乘务员每班的配备,电力机车每班设司机、副司机各一人;实行双司机值乘的,每班设司机二人。双节重联时,设司机一人,副司机二人(无重联线的除外)。实行轮乘制的乘务机班要固定,不得任意拆散。实行包乘制的机车,每台机车设司机长一人;实行轮乘制的每3~5班可设轮乘司机长一人。司机长在每台机车乘务组中选拔较优秀的司机担当。

机车乘务员是铁路运输的主要工种。不分昼夜,不误分秒,按乘务作业标准要求安全驾驶机车战斗在运输第一线,任务艰巨而光荣。因此,机车乘务员必须具备下列条件:

(1)符合岗位标准要求,司机须取得中华人民共和国铁路机车车辆驾驶证。

(2)敬业爱岗,胜任本职工作。

(3)身体条件符合国家对铁路机车车辆驾驶人员职业健康标准的要求。

(4)具备中专及以上学历,具有良好汉字读写能力并能够熟练运用普通话交流。

符合(2)~(4)项要求的人员,在机务段乘务学习满半年(或乘务公里满3万km),经铁路局集团公司组织考核合格,颁发铁路岗位培训合格证后,方可担当副司机工作。年龄35岁及以下的在职或入职副司机,应在3年内达到机车乘务员学历标准。

机车司机的主要职责是:机车司机要做到遵章守纪、爱护机车、平稳操纵、安全正点;认真执行一次乘务作业标准,做到"彻底瞭望、确认信号、准确呼唤、手比眼看";努力学习技术业务知识,不断提高操纵技术和应急处置能力,质量良好地完成运输任务。

机车副司机的主要职责是:在司机的领导下,认真执行一次乘务作业程序,做好机车检查、给油、保养和自检自修,负责机车及工具清洁完整。

二、乘务员的劳动时间和休息时间标准

为了保证机车乘务员在工作时精力充沛,注意力集中,从而更有效地完成运输生产任务,各级领导应关心机车乘务员的实际工作条件,保证乘务员能充分地休息。为此,《运规》中规定了乘务员的劳动和休息时间标准。

1. 机车乘务员劳动时间

一次乘务作业工作时间标准(包括出到退勤全部工作时间,以下同):

(1)机车司机、副司机配班值乘:客运列车不超过 8 h,货运列车不超过 10 h。

(2)机车单班单司机值乘时间标准由铁路局集团公司制订。

(3)机车双班单司机值乘:客运列车按旅行时间不超过 15 h 加出退勤工作时间,货运列车旅行时间不超过 16 h 加出退勤工作时间。

2. 机车乘务员休息时间

机车乘务员的经常居住地点应在机务段所在地。

在本段休息时间不应少于 16 h。

外段调休时间不得少于 5 h(其时间的计算为到达公寓签到休息至叫班时止,以下同);在外公寓驻班休息时间不得少于 10 h;轮乘制外公寓换班继乘休息时间不得少于 6 h。

严格防止机车乘务员超劳。在编制列车运行图时不准出现超劳。各级行车调度、机车调度要根据列车实际运行情况,准确掌握叫班时间。密切注意列车运行情况,遇特殊情况超劳时,要尽快采取措施。

实行轮乘制的机车乘务员每月应有 1~2 次不少于 48~72 h 的休息时间。

三、机车乘务制度

机车乘务制度是机车乘务员使用机车的制度。分为包乘制、轮乘制和轮包结合制。

机车乘务制度的选择应符合机车乘务员劳动时间标准和运输的需要。为了发挥电力机车的优势,提高运输能力和运输效率,电力机车应有计划地逐步实行包乘制、轮乘制和轮包结合制。

1. 包乘制

实行包乘制时,将一台机车分配给固定的几个机车乘务组,这几个机车乘务组

称为机车的包乘组。实行包乘制的机车，每台机车设司机长一人。机车包乘组在司机长领导下，负责所包机车的运用、安全、保养、节约、整备、验收、保管、交接等工作，以保证质量良好地完成运输生产任务。也就是说机车包乘组负有对所包机车的包用、包养、包管全部责任。包乘制中还有跨段对包的形式，机车采用长交路，两个段的乘务组对包机车。

包乘制的特点是：

（1）加强了乘务员对机车保养的责任心，有利于机车的保养工作，保证机车经常处于良好的技术状态，能质量良好地投入运用。

（2）乘务员熟悉所包机车的性能特点，有利于钻研和发挥操纵技术。

（3）为机车的运用管理工作提供了方便的条件。

中华人民共和国成立以来，包乘制取得了显著的成果。但是，因为机车的利用程度受到包乘组工作时间的限制，机车有时需在段内长时间停留，以保证机车乘务员足够的休息时间，这样就造成机车的生产时间不能充分利用，因而降低了机车的运用效率。

2．轮乘制

实行轮乘制度，机车不分配给固定的机车乘务组，而是将机务段全体机车乘务员和全部机车统一组织，集中使用，按照歇人不歇车的循环轮乘管理体制，由许多机车乘务组轮流使用全部机车。由于机车和乘务组之间没有固定关系，机车工作时间不受机车乘务组的牵制，所以能更为合理和高效地使用人力和机车。

3．轮包结合制

实行轮包结合乘务制度是轮乘制的另一种形式，它综合了包乘制和轮乘制的优点，更有利于发挥长交路的优势，弥补轮乘制保养工作不易落实、机车技术状态较差的缺陷。采用轮包结合乘务制度的方法一般是本段出发为包乘机班，外段折返为轮乘机班。

我国电力机车的机车乘务制度大多采用轮乘制。在轮乘制中由于实行中途轮班，循环轮乘，歇人不歇车的接力运转方式和机车乘务组采取顺序出乘，便于适当安排其休息时间。所以，机车运用效率大大提高。调查资料表明，实行轮乘制相较包乘制能节约机车，并使乘务员的劳动生产率提高。因此，如果和电力机车适于长交路运行的特点结合起来看，轮乘制便是一种优越的、技术指标高、经济效果明显的、有发展前途的机车乘务制度。

四、乘务方式

机车乘务组如何换班出乘，担当机车作业的方法称为乘务组的出乘方式，又称机车乘务组的乘务方式。

乘务方式根据交路长度和乘务组连续工作时间标准，一般分为6种。

1. 驻班制

采用驻班制乘务方式时，在折返段预先派驻若干个机车乘务组，当本段机车乘务组执乘牵引列车到达折返段休息时，由折返段驻班机车乘务组接车，牵引列车返回本段。如此轮流执乘，轮流在折返段休息。

驻班制乘务方式适用于行车密度大的长交路上，可以提高机车运用效率。但是乘务员经常在外段驻班，生活和学习条件不够正常。驻班制示意图见图6-12。

2. 调休制

一个机车乘务组由机务段出乘，担当机车作业到达折返段后不换班，由于乘务组往返执乘连续工作时间超过规定时间，乘务员需要在折返段公寓调休（不包括退勤时间），机车也随之在折返段停留等待，然后原班原车返回机务段（见图6-13）。

该乘务方式适用于行车密度小的长交路上。其主要缺点是机车运用效率低，乘务员有一部分时间在外段休息。

图6-12 驻班制示意图　　　　图6-13 调休制示意图

3. 立即折返制

一个机车乘务组由机务段出乘担当机车作业，到达折返段不需要换班，而接运最早的列车返回机务段，再退勤休息。这种乘务方式称为立即折返制（见图6-14）。

这种乘务方式适用于行车密度大的短交路上，其优点是乘务员在家中休息的时间较长，有利于参加段内的组织活动和业务学习，便于机务段对乘务员的组织管理工作，机车运用效率也比较高。

4. 中途驻班制

一个机车乘务组由机务段出乘，担当机车作业到达中途整备点后退勤休息，由预先派驻在中途整备点的机车乘务组接乘到达折返段后，原班原车牵引其他列车立即折返回中途整备点退勤休息，而后再由中途整备点已经休息的机车乘务组执乘返回机务段（见图6-15）。

图6-14 立即折返制示意图　　　　图6-15 中途驻班制示意图

中途驻班制的优点是机车交路长，一般相当于一个长交路与一个短交路距离之和，机车运用效率高。但驻班在中途整备点的乘务员长期离开机务段，因此须在中途换班地设置乘务员公寓或家属宿舍。

5. 两处驻班制

采用两处驻班制时，机务段预先在中途整备点和折返段均派驻若干个机车乘务组。一个机车乘务组由机务段出乘，担当机车作业到达中途整备点后退勤休息，由驻班机车乘务组接乘担当机车作业继续运行到折返段，也退勤休息。然后折返段驻班机车乘务组担当机车作业，牵引列车返回中途整备点退勤休息，再由中途整备点驻班机车乘务组接乘返回机务段。该乘务方式一般适用于超长交路，相当于两个长交路距离之和，机车运用效率高（见图6-16）。

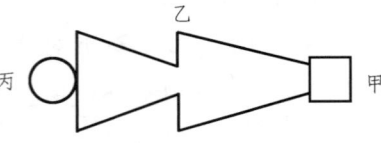

图6-16 两处驻班制示意图

6. 随乘制

采用随乘制时，机车后面挂一辆宿营车，机车乘务组均随机车出乘。先由一班机车乘务组担当机车作业，其余机车乘务组在宿营车上休息。经过一定时间后，在适当的停车站换班执乘。

随乘制机车运用效率很高，工作比较灵活，机车交路可以延伸很长，但是乘务员休息条件最差。该乘务方式一般适用于流动性和临时性运转制。

前述的机车交路类型，机车运转制和机车乘务组乘务方式，三者是互相配合并有固定关系的。概括地说，机车交路类型为机车牵引区段距离，机车运转制为机车从事列车牵引作业的方式，机车乘务组乘务方式即机车乘务组换班作业的方式，具体选择时应考虑各区段机车交路、乘务制度、乘务员劳动时间标准和工作条件，合理选用机车运转制和乘务方式。

任务五　列车运行图和机车周转图

一、列车运行图

1. 列车运行图的作用

列车运行图规定了各种列车占用区间的秩序，列车由每一个车站出发、通过、到达和交会的时刻；列车在各区间的运行时分；以及列车在车站的停留时间标准等。这样的列车运行图不仅规定了列车的运行，而且也规定了铁路技术设备（线路、站场、机车、车辆等）的运用。同时，还规定了与列车运行有关的保证部门（如车站、车务段、客运段、机务段、工务段、电务段、供电段、列车检修所、车辆段等）的工作。因此，列车运行图是行车组织工作的基础，也是铁路运输工作的综合计划。

列车运行图的主要作用是：将所有与列车运行有关的铁路部门（如机务、车务、列车车辆、工务、电务、水电等单位）的工作人员同铁路的运输生产活动统一组织起来，并按照规定的程序协调一致地工作，保证列车按运行图运行。列车运行图应标明如下内容：

（1）根据客、货运量确定列车对数和列车车次。

（2）规定各次列车占用区间的程序。

（3）列车出发、到达和通过各分界点的时刻。

（4）列车在区间内的运行时分和站停时间标准。

（5）列车运行速度、牵引重量和长度标准。

2. 列车运行图的分类

在我国列车运行图是根据国家运输计划编制的，这种根据基本运量进行编制的列车运行图是基本运行图。基本运行图规定的行车量能满足一定时期内的最大客、货运输任务。然而，由于客货运输量在一年之中难以保持稳定。为了适应这种变化，必须在基本运行图的基础上，根据各种行车方案再编制几个运输方案的运行图，这种列车运行图称为分号运行图。例如：某列车运行图用 30 对列车编制，而行车密度最高达 34 对列车，最低只有 26 对列车，则可在 26~34 对列车之间，按每相差一对列车再编制 8 个方案，或按每相差 2 对列车再编制 4 个方案，在这里称以 30 对列车编制的运行图为基本运行图，其他 8 个（或 4 个）运行图为分号运行图。

分号运行图又可分为独立和综合分号运行图。独立分号运行图是根据实际的车流情况确定行车量并结合编制分号运行图的特殊要求，像编制基本列车运行图那样，重新定点、定车次的列车运行图，它主要用在单线区段。综合分号运行图是包括几个方案的运行图，是利用基本运行图抽减运行线，不单独定点、定车次而制定的列车运行图，综合分号运行图原则上在复线区段上使用。

有了基本运行图和分号运行图，运输部门就可随着运量的变化，特殊运输的需要及工程施工等情况，选用相应的分号运行图。最后应当指出，列车运行图不是固定不变的，必须根据铁路客货运量的不断增长，铁路技术设备的更新、运输组织工作的改善，牵引定数和旅行速度的提高，经过一定时期重新编定。原则上列车运行图每两年定期编制一次。

3. 列车运行图的识别

列车运行图是运用坐标原理来表示列车在区间运行，在车站到、发、通过时刻和停车时分的一种图解形式（见图 6-17）。

在列车运行图中，采用站名线、时分线和运行线三线表示法。在列车运行坐标图上，横坐标表示时间（t），纵坐标表示距离（L），斜线表示列车运行线。斜线的斜度表示列车的运行速度，斜度越大，则列车运行速度越高。

列车运行图时间坐标等分成 24 格，代表一昼夜 24 h。铁路系统以每日 18 点正至次日 18 点正为"一昼夜"时间范围。垂直线为时间线，较粗的线表示小时，细线表示若干分钟，虚线表示 0.5 h。纵坐标按照一个区段内各个站间距离的比例划分成若干水平线即为各站分界点的中心线，大站用粗线表示，小站用细线表示。水平线与水平线之间的间隔表示站间距离。斜线与水平线的交点表示列车在每个车站的出发、通过或到达的时刻。

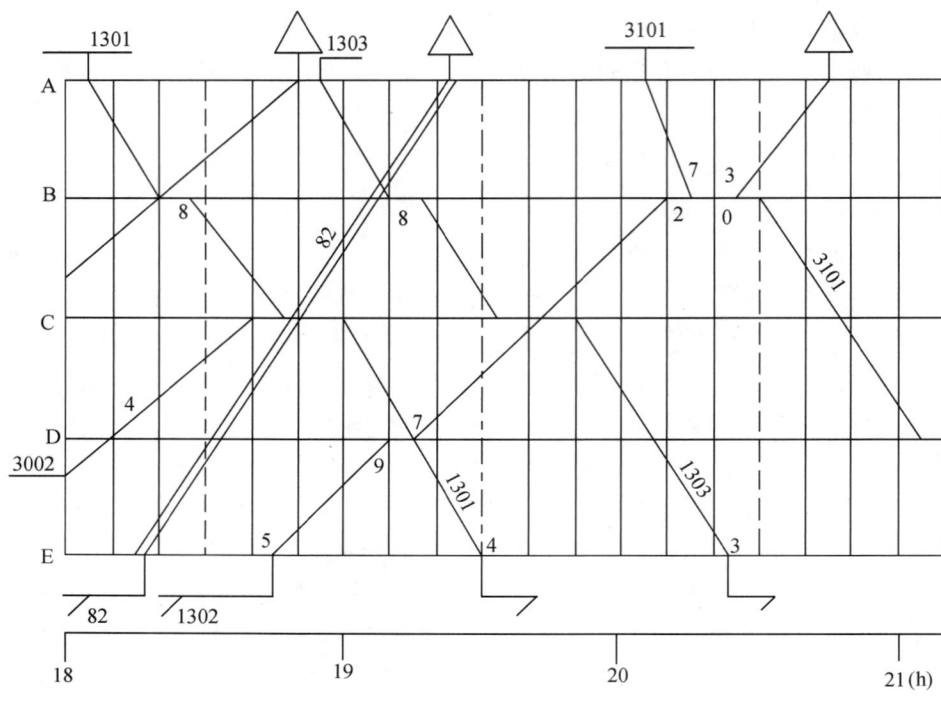

图 6-17 列车运行图实例（局部）

在列车运行图中，由于铺画了许多不同种类的列车运行线，为了便于识别对不同的列车种类要采用不同的列车运行线来表示，常见的列车运行线见表 6-1。

列车运行线向上代表上行列车，向下代表下行列车。上行列车的车次为双数，下行列车的车次为单数。我国铁路规定，向首都运行的方向为上行方向，反之为下行方向。

为便于组织列车运行和进行作业，每一列列车必须编有车次。列车的车次表示了该列车的种类、运输性质及运行方向。

表 6-1 列车运行线图例

序号	列车种类	表示方法	示例	备注
1	旅客列车（包括行邮列车）	红单线	——	以车次区分
2	临时旅客列车	红单线加红双杠	—‖—‖—	
3	回送客车底	红单线加红方框	—□—□—	
4	行包列车	蓝单线加红圈	—○—○—	
5	"五定"班列	蓝单线加蓝圈	—○—○—	
6	快运货物、直达、重载列车	蓝单线	——	以车次区分
7	直通、自备车、区段、小运转车	黑单线	——	以车次区分
8	冷藏列车	黑单线加红圈	—○—○—	
9	军用列车	红色断线	------	

续表

序号	列车种类	表示方法	示例	备注
10	回送军用列车	红断线加红方框	--□—□--	
11	超限超重货物列车	黑单线加黑方框	—□—□—	
12	摘挂列车	黑单线加"+"、"∣"	—+—∣—	
13	路用列车	黑单线加蓝圈	—○—○—	
14	单机	黑单线加黑三角	—△—△—	
15	高级专列及先驱列车	红单线加红箭头	—→—→—	
16	救援列车和除雪列车	红单线加"×"	—×—×—	
17	重型轨道、清油动车	黑单线加黑双杠	—‖—‖—	

4．列车分类和列车车次规定

（1）旅客列车（见表6-2）。

表6-2　旅客列车车次规定

序号	列车种类	车次范围	备注
1	高速动车组旅客列车	G1～G9998	G读音"高"
	跨局	G1～G5998	
	管内	G6001～G9998	
2	高速动车组旅客列车	C1～C9998	C读音"城"
	跨局	C1～C1998	
	管内	C2001～C9998	
3	动车组	D1～D9998	D读音"动"
	跨局	D1～D3998	
	管内	D4001～D9998	
4	直达特快旅客列车	Z1～Z9998	Z读音"直"
5	特快旅客列车	T1～T9998	T读音"特"
	跨局	T1～T4998	
	管内	T5001～T9998	
6	快速旅客列车	K1～K9998	K读音"快"
	跨局	K1～K6998	
	管内	K7001～K9998	
7	普通旅客列车	1001～7598	无标识符
	（1）普通旅客快车	1001～5998	
	跨三局及以上	1001～1998	
	跨两局	2001～3998	
	管内	4001～5998	
	（2）普通旅客慢车	6001～7598	

177

续表

序号	列车种类	车次范围	备注
7	跨局	6001~6198	无标识符
	管内	6201~7598	
8	通勤列车	7601~8998	无标识符
9	临时旅客列车	L1~L9998	L读音"临"
	跨局	L1~L6998	
	管内	L7001~L9998	
10	旅游列车	Y1~Y998	Y读音"游"
	跨局	Y1~Y498	
	管内	Y501~Y998	
11	动车组检测车	DJ5501~DJ5598	DJ读音"动检"
12	回送出入厂客车底列车	001~00298	
13	回送图定客车底	在车次前冠以0	
14	因故折返旅客列车	原车次前冠以F	F读音"返"

（2）货物列车及行包专列（见表6-3）

表6-3 货物列车及行包专列车次规定

列车种类	车次	列车种类	车次
（1）货运五定班列	80001~81748	（4）石油直达列车	85001~85998
（2）快运货物列车	81751~81998	（5）始发直达列车	86001~86998
（3）煤炭直达列车	82001~84998	（6）空车直达列车	87001~87998
（7）技术直达列车	10001~19998	（14）冷藏列车	73001~74998
（8）直通货物列车	20001~29998	（15）军用列车	90001~91998
（9）区段货物列车	30001~39998	（16）自备车列车	60001~69998
（10）摘挂列车	40001~44998	（17）行包列车	X1~X298
（11）小运转列车	45001~49998	行邮特快专列	X1~X198
（12）超限货物列车	70001~70998	行包快运专列	X201~X298
（13）万吨货物列车	71001~72998		

（3）单机和路用列车（见表6-4）

表6-4 单机和路用列车车次规定

列车种类	车次	列车种类	车次
（1）单机	50001~52998	（3）试运转列车	55001~55998
客车单机	50001~50998	（4）轻油动车、轨道车	56001~56998
货车单机	51001~51998	（5）路用列车	57001~57998
小运转单机	52001~52998	（6）救援列车	58101~58998
（2）补机	53001~54998		

二、机车周转图

1. 机车周转图的概念及识别

列车运行图和机车周转图是机务部门组织运输生产活动的基础。

具体地说，机车周转图是机车工作计划，也是机车乘务员和机车整备（地勤检查）人员的工作计划，它是根据列车运行图、机车交路及所采用的乘务制度进行编制的，它的具体要求是：

（1）保证列车运行图和运输方案的实施，及时提供全部开行列车所需的机车。

（2）经济合理地使用机车，保证完成计划效率指标。

（3）严格贯彻《中华人民共和国劳动法》，合理安排机车乘务组的劳动及休息时间。

（4）安排好自、外段机车的整备作业时间及机车在自段的辅修、中修时间。

机车周转图一般采用小时格的运行图图表进行铺画。在表示区段距离的纵坐标上，不像列车运行图那样要画出每个区间站的分界水平线，而只是画出列车始发站、中间换班站、大站及到达站的分界水平线，并在周转图的左侧写上站名，标明区段长度。同时在机车周转图最上方要写明机车的周转区段，周转图实行日期，机车使用效率等参数。另外，在机车周转图的上方和下方，用不重叠的横线（库停线）表示机车在本段和折返段库内的停留时间范围。机车周转图中的列车运行线与列车运行图中的表示方法一样，但单线机车周转图中的列车运行线在区段内可以交叉（见图6-18）。

机车周转图对应于列车运行图也有基本机车周转图和分号机车周转图，并对应于相应的列车运行图同时实施。

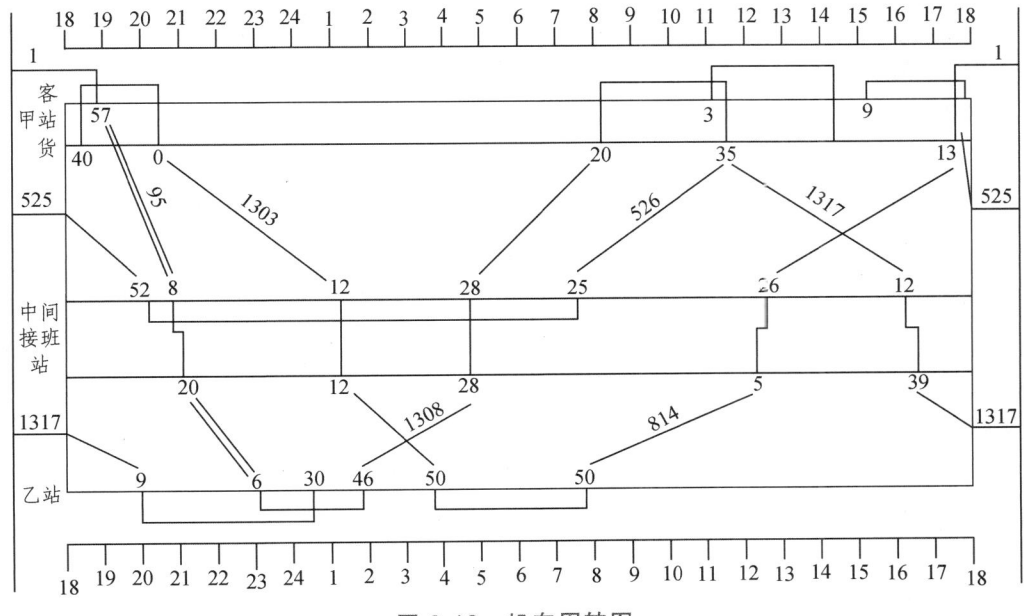

图6-18 机车周转图

2. 机车周转图的编制资料

在编制机车周转图前，要充分做好各项准备工作。也就是技术人员在编制基本机车周转图前要认真查定和准备编制机车周转图必需的各种资料和标准。一般来说，编制机车周转图时应准备下列资料和原始数据：

（1）列车运行图或行车时刻表。

（2）机车运转制。

（3）机车乘务组的出乘方式。

（4）机车在本段和折返段技术作业的时间标准。

（5）机车走行公里、使用台数、全周转时间标准和检查停留时间标准。

（6）机车日车公里、旅行速度、技术速度、机车使用系数等技术指标。

（7）机车乘务员需要人数及补充计划等。

根据收集到的资料及原始数据，参照有关规定编制机车周转图，要完成包括草画机车周转图、计算简明效率表、绘制机车周转图、编制机车及乘务组工作计划表及计算机车运用主要指标等一整套工作。

3. 机车周转图的编制原则

机车周转图应与列车运行图同时编制，编图人员要共同研究列车编组计划，列车对数和各项查定资料，制定列车运行图与机车周转图的初步方案，然后进行具体编制。

机务编图人员须与列车运行图编图人员密切配合，及时发现和解决问题，做好以下工作：

（1）认真细致地审定旅客列车方案，经济合理地使用机车。

（2）按照列车编组计划、列车对数和各项查定资料，同时安排好列车工作方案和机车周转方案，尽量压缩非生产时间，提高速度系数。

（3）正确查定核心及各分号列车车次，编制好分号机车周转图。

（4）旬间记名式机车周转图编出后，还应同时编制出旬间机车乘务员工作说明表。

4. 列车运行图与机车周转图的协调

在旅行速度、自外段技术作业时间和自外段所在站作业时间标准确定的前提下，为了提高机车运用效率，只有设法使机车在自外段的待发时间减少至最低限度。然而，机车周转图是按列车运行线编制的。因此，只有在编制列车运行图的工作计划过程中把高效率的机车周转图因素考虑进去，才能实现经济合理地使用机车的目的。为此，机务编图人员要做到：

（1）编制前向列车运行图编图人员提供各区段机车运用方式和乘务员换班方式；机车在自外段的最短折返时间标准；乘务员补充工作时间及连续作业劳动时间标准；为保证年度计划实现的区段日车公里标准；乘务员在外段调休的时间标准。

（2）铺画货物列车运行线前，要求编图人员事先编制草图，以便考虑机车运用效率是否满足预定指标。

（3）铺画的货物列车运行线初步画成雏形时，机务编图人员应草画机车周转图，如发现问题及时与列车运行图编图人员研究，合理调整运行线，务必使机车交路合适。

（4）从草图中检查乘务员一次作业时间是否超劳，如有超劳，则应及时与列车运行图编图人员研究调整。

项目总结

本项目详细介绍了机车管理与运用的有关知识，其中机车管理部门的组织机构与职责、机车的配属与使用、机车交路、机车运转制度、乘务制度及乘务组的出乘方式等基本知识需认真学习和掌握。而识别列车运行图、机车周转图是本章的重点内容，除了学习基本理论知识外，还需通过技能训练来进一步巩固和提高。

事故案例

大秦线"9·2"2258次货物列车冲突重大事故

（一）事故概况

1996年9月2日13时47分，北京局集团公司湖东机务段韶山$_4$型166号机担当牵引的2258次货物列车（编组54辆，总重4 522 t，换长59.6），行至大秦线大同南至湖东间K8+668下坡道处，司机将调速手轮退级，列车惰力运行。此时，因该机车组3人全部进入睡眠状态，列车失去控制，在K15+408处列车自然停车。因全列停于4‰的上坡道上，2 min后全列向后溜逸，溜走1 665 m，在大秦线御河大桥上与后续准备退行的新湖3856次货物列车相撞。造成新湖3856次货物列车司机、副司机死亡；机车报废1台，货车报废2辆、大破4辆、中破1辆、小破7辆，损坏线路木枕27根、钢轨100 m；中断下行线24小时20分、上行线25小时13分；直接经济损失645.854万元。构成行车重大事故。

（二）事故原因

主要原因是司机、副司机在公寓不注意休息，严重违反部"915号实施细则"的规定。值乘超劳13小时54分后又未及时提出换班，致使行至大同南至湖东间全班人员昏睡，导致机车无人操纵，列车失控；分局调度所不按基本运行图组织行车，严重违反《铁路运输调度工作规则》和路局有关规定，当班调度员不掌握乘务员工作时间，对超劳机班未采取措施是造成这起事故的重要原因。

（三）事故教训

（1）强化机务系统的安全管理，加强对机车乘务员规章制度的教育，严格执行《技规》的有关规定，严格机车乘务员一次出乘作业标准，严禁电化区段以天窗作为调休时间。

（2）加强运输组织管理，强化调度指挥，杜绝以日（班）计划作为机车乘务员叫班依据，列车发生临时等线不能按计划运行时，调度员应立即通知机务段或机务折返段调度员，及时调整机车交路和叫班计划。机车调度员必须掌握机车乘务员劳动时间，及时组织换班或调休。机车乘务员遇超劳时，要主动向调度员报告，提出换班。对发生超劳和换班要进行认真分析，严格考核，迅速改变超劳问题。

（3）狠抓劳动纪律和各项基本作业制度的落实，严格机车乘务员候班制度，特别是对担当外局、外段区段任务的乘务员值乘前的休息管理，对违反候班待乘制度及睡眠不足规定时间的乘务员严禁上岗出乘。

复习思考题

1. 机车运用管理部门的组织机构有哪些？
2. 机车运用管理各部门的职责是什么？
3. 什么是支配机车和非支配机车？
4. 什么是机车交路？有哪几种周转方式？
5. 什么是循环运转制？画出图例，有什么优点？
6. 什么叫乘务组的出乘方式？共有几种？各出乘方式是怎么执行的？
7. 什么叫列车运行图？
8. 列车运行图中各类列车的运行线时如何表示的？
9. 什么叫机车周转图？
10. 如何识别机车周转图？

项目七 机车运用指标

项目要点

机车运用指标能够直接反映铁路运输任务完成情况以及机车运用效率的高低,是考核机车运用组织工作的尺度。通过对机车运用指标的统计和分析,可以准确、及时地获得机车运用情况,发现运用组织工作中的问题,不断提出改进措施,提高机车运用管理水平。

扫码获取
项目七课件

机车运用指标根据其性质和作用的不同可分为运用数量指标、运用质量指标两大类。通过对本项目中有关机车的运用数量指标,运用质量指标以及机车运用分析等知识的系统学习,希望能进一步加强对相关规定的理解、认识,并重点掌握:

1. 机车运用指标的概念;
2. 机车运用数量指标;
3. 机车运用质量指标;
4. 机车运用分析。

任务一 机车运用指标概念

一、机车运用指标的作用

机车运用指标是考核机车运用组织工作的尺度。通过对机车运用指标的统计和分析,准确、及时地获得机车运用情况,发现运用组织工作中的问题,不断提出改进措施,提高机车运用管理水平。

机车运用统计大致可概括为以下两个方面:一是通过制定一套科学的统计指标,

来正确、全面地反映机车运用效率和完成的工作量；二是采用定期统计报表等方法，搜集、整理机车运用统计指标的数值，分析统计指标的变化对完成运输任务的作用以及影响指标本身变化的各项因素。

二、机车运用指标的分类

由于机车运用状况较为复杂，影响机车运用质量的因素又较多，根据统计指标所反映的数量特点，机车运用指标可分为以下两类：

1. 机车运用数量指标（又称总量指标）

机车运用数量指标是反映现象的总规模水平或工作总量的统计指标。数量指标都是使用统计绝对数来表示的，是计算其他一切指标的基础。机车运用数量指标包括：

机车走行公里、牵引总重吨公里、机车自重吨公里、通过总重吨公里、机车专调时间、车辆公里、载重吨公里等。

2. 机车运用效率指标（又称质量指标）

机车运用效率指标是反映现象的相对规模水平或运输工作质量的统计指标。效率指标是用相对数或平均数来表示的。效率指标是数量指标的派生指标，一般用百分数、倍数或用复合单位表示。机车运用效率指标包括：

运输密度、空车走行率、重车每辆平均动载重、列车平均总重、机车平均牵引总重、机车台日产量、机车千瓦功率日产量、支配机车台日产量、支配机车千瓦功率日产量、机车日车公里、列车平均组成辆数、旅行速度、技术速度、平均全周转时间、机车全周转距离、机车信号机外停车、机车周转次数和超重列车与欠重列车等。

任务二　机车运用数量指标

机车运用数量指标是表示计划指标在规定时间内（如日、旬、月、季、年）机车运用的经济活动在效率上应达到的目标，反映总的机车运用工作量，包括各种机车的走行公里、工作时间及其完成的各种总重吨公里。

一、机车走行公里

机车走行公里指标为运用机车实际走行或换算走行的公里。每台机车运行一公里就计为 1 km。

1. 本务机车走行公里

本务机车为牵引列车担任本务作业的机车。本务机车走行公里为牵引列车的本务机车走行的公里。

两台机车牵引列车（包括规定的双机牵引区段）及组合列车，第一台主导机车为本务机车，第二台为重联机车。但两个列车临时合并运营时，两台机车分别按本务机车统计走行公里。

2. 沿线走行公里

沿线走行公里是指本务机车、单机（含有动力附挂）、重联机车和补机机车走行公里之和。或者说是指机车在区段内或区间内与牵引或推送列车直接有关的机车走行公里之和。

3. 辅助走行公里

辅助走行公里是指本务机车走行公里以外的单机（含有动力附挂）、重联、补机及各种换算走行公里之和。

4. 换算走行公里

机车换算走行公里是指机车每工作 1 h 换算的走行公里。或者说是指在区段内或区间内与牵引或推送列车无关的运用机车换算走行公里之和。

调车工作每小时作业时间换算 20 km，其他工作每小时换算 5 km，有动力停留每小时换算 4 km（内燃、电力运用机车的段内停留均按有动力停留统计）。

5. 机车总走行公里

机车总走行公里是报告期内全部走行公里的总和，或者说是沿线走行公里及换算走行公里之和。它在一定程度上反映着运行机车的工作量。

$$机车总走行公里 = 沿线走行公里 + 换算走行公里$$
$$= 本务机车走行公里 + 辅助走行公里$$

机车走行公里是机务段运用工作的一项重要指标。它表示机务段的工作量，因此是机务段配属机车台数的依据。同时，铁路工作为了完成一定的运输任务，机车必须完成一定的走行公里。所以在完成一定运量的前提下，努力压缩机车全部走行公里数，是降低运输成本的一个重要因素。

为了压缩全部运行机车的总走行公里，就必须压缩它所包含的各项走行公里和换算走行公里。

本务机车走行公里的多少，主要由运量大小和列车牵引定数决定，一般可视为客观因素。但是，在运输组织工作中尽量减少欠重列车，实现超重运输，组织单机挂车等，都可以压缩本务机车走行公里。同时，在条件允许时，努力提高列车牵引定数也是压缩本务机车走行公里的一项措施。

除本务机车外，担任其他各项工作的机车，如补机、重联、单机、调车机车等的走行公里，更应该大力压缩。

二、总重吨公里

1. 机车牵引总重吨公里

机车牵引总重吨公里指标是根据机车（包括单机附挂车辆）牵引列车的全部重量（包括车辆的自重但不包括机车本身的重量）乘以车列实际走行公里而求得的。其计算公式为：

$$机车牵引总重吨公里 = 机车牵引总重 \times 相应的机车实际走行公里$$

注意：双机合并牵引及挂有补机、重联机车时，牵引总重吨公里的计算按《铁路机车统计规则》附件二"重联、补机机车牵引能力比例表"分劈。3台机车牵引列车时不考虑机型，其总重吨公里本务机车按40%，其余两台各按30%分劈。4台及以上机车牵引列车时，不分机型，平均分劈。

2. 机车自重吨公里

机车自重吨公里是机车沿线走行所产生的自重吨公里。机车自重根据《铁路机车统计规则》附件三"机车重量、长度及功率表"确定。其计算方法为：

$$机车自重吨公里 = 机车重量 \times 沿线走行公里$$

3. 通过总重吨公里

通过总重吨公里是指沿线上通过的总重吨公里。其计算方法为：

$$通过总重吨公里 = 机车自重吨公里 + 牵引总重吨公里$$

通过总重吨公里是根据司机报单上所记载货物实际重量和走行距离为依据进行计算的。每天都应计算，用以考核、分析机车运用情况。同时，在其他指标不变的情况下，通过总重吨公里的大小还可影响到车辆走行公里的大小，因而是影响铁路运输运营费用的重要因素。

任务三　机车运用质量指标

机车运用质量指标主要从机车牵引能力的利用程度和机车在时间上的利用情况来反映机车的运用效率（即运用质量）。主要指标有：机车全周转时间、机车日车公里、列车平均牵引总重量、机车日产量、技术速度，以及其他有关指标。

一、机车全周转时间

1. 机车全周转时间（$T_全$）

机车全周转时间是指机车每周转一次所消耗的全部时间（非运用时间除外）。或者说机车在担当牵引作业过程中,自离开机务段闸楼起,到完成一个交路的往返作业回段,下一次出段再经过闸楼时止,所用的全部时间称为机车全周转时间。包括:纯运转、中间站停留、本段和折返段停留、本段和折返段所在站停留时间(见图 7-1)。

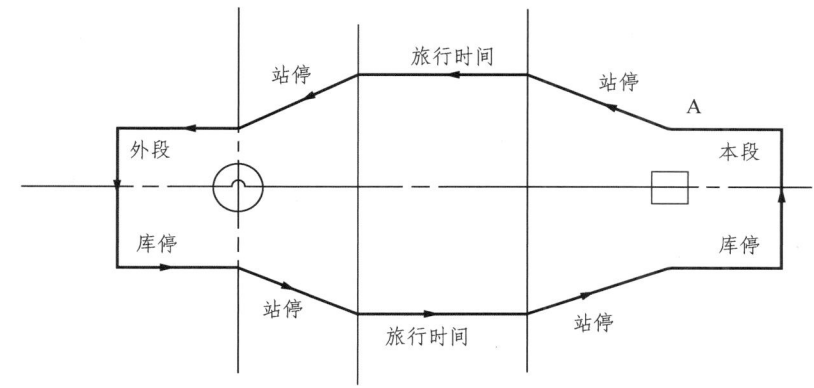

图 7-1 机车全周转示意图

回段机车为上次入段时起至本次入段时止;实行循环运转和轮乘制的机车为上次机车到达乘务员换班站时起至本次机车到达乘务员换班站时止;在站换班机车为接车时起至交车时止。

(1)纯运转时间:为机车在区间内实际运行所占用闭塞的时间,包括区间内机车的运缓、退行、机车车辆发生故障及信号机外停车等牵引列车占用区间的全部时间(不包括列车在区间进行装卸作业的时间)。

(2)中间站停留时间:为机车在列车运行区段内中间站(线路所、信号所)的停留和调车时间。

(3)旅行时间:自始发站出发时起至终到站到达时止的全部时间。

(4)本段和折返段停留时间:为机车入段时起至出段时止的时间(非运行时间除外)。

(5)本段和折返段所在站停留时间:为机车自出段时起至本段、折返段所在站牵引列车出发时止,和牵引列车到达本段、折返段所在站时起至入段时止的全部时间,其中包括调车时间。

机车周转时间分为:机车全周转时间和机车运用周转时间两种。

机车运用周转时间是指机车从出本段经过闸楼时起,担当一个交路的往返作业后,回到本段通过闸楼时止所用的时间。其计算公式为:

$$机车运用周转时间 = 机车全周转时间 - 本段停留时间$$

2. 全周转时间的计算

$T_全$ 的计算有两种方法,即时间相关法和机车相关法。

（1）时间相关法：以机车周转一次所需时间因素为依据来计算 $T_全$ 的方法。计算公式为：

$$T_全 = 一次周转的旅行时间(t_旅) + 本段及折返段库停时间（a）+ 本段及折返段所在站停留时间（b）$$
$$= t_旅 + a + b$$

或

$$T_全 = \frac{2 \times L}{v_旅} + a + b$$

式中　L——机车担当交路的长度；
　　　$v_旅$——旅行速度。

（2）机车相关法：以机车使用台数和列车对数为依据计算 $T_全$ 的方法，计算公式为：

$$T_全 = 回段机车全周转时间的总和 / 机车周转次数$$

式中，机车周转次数即机车回段台数或列车对数。

当有双机重联或多机牵引时，回段机车台数和周转次数大于列车对数。此时，

$$机车周转次数 = 回段机车台数 = 列车对数 + 双机和多机牵引对数$$

如某机车出库仅牵引一次列车，而往程或回程担任其他工作时，则其所担当的列车为 0.5 对，机车周转次数和回库机车台数也按 0.5 次或 0.5 台计算。

$$回库机车全周转时间的总和 = 担当牵引任务的机车台数 \times 24$$

因此，计算公式又可写成：

$$T_全 = (担当牵引任务的机车台数 \times 24)/(列车对数 + 双机和多机牵引对数)$$

3. 缩短全周转时间的主要措施

机车全周转时间是考核机车运用效率的重要指标之一，它不仅反映机务部门工作质量的好坏，还反映铁路运输各部门：如日常调度指挥、车站工作组织、线路施工等工作质量的好坏。因此，缩短机车全周转时间是各运输部门的共同责任。

缩短机车全周转时间主要措施：

（1）加强车站作业和调度指挥，提高旅行速度。其中包括提高机车的技术速度和减少列车在中间站停车次数及停留时间；

（2）加强相邻区段相互间的紧密衔接，缩短机车在外段及所在站的停留时间；

（3）缩短本段及所在站的停留时间。

除此之外，还有许多措施，直接地或间接地也可以缩短机车全周转时间，如减少机破事故，加强机车保养等。

二、机车需要系数

机车需要系数是指在一个牵引区段上，每担当一对列车的牵引任务平均所需要的运用机车台数。因此机车需要系数（用 K 表示）又称机车属转系数，它是考核机务部门供应机车的标准。

机车需要系数实际上就是以"天"为单位的机车全周转时间。计算公式为：

机车需要系数 $\quad K =$ 机车全周转时间$/24$

代入 $T_全$

$$K = 机车使用台数/列车对数 = 机车周转距离/机车日车公里$$

机车需要系数是由列车运行图和机车周转图确定的，K 值越小，完成规定的牵引任务所需要的机车使用台数也就越少，铁路运营费用就可大大节省。由于列车运行图和机车周转图经国铁集团批准，因而机车需要系数为法定标准。

三、机车日车公里

机车日车公里是指在一定时期内全路、全铁路局集团公司或全机务段平均每台运用机车在一昼夜内走行的公里数。用 $S_日$ 表示，它是反映机车工时有效利用程度和列车速度这两个方面因素的重要指标。

机车日车公里分客运机车日车公里、货运机车日车公里和支配机车日车公里。

1. 客运机车日车公里

客运机车日车公里一般在客车变动不大时，仅在年或季分析，日常不分析。

2. 支配机车日车公里

支配机车日车公里为平均每台支配机车在一昼夜内走行的公里。计算公式为：

$$支配机车日车公里 = 机车总走行公里/支配机车台日$$

为了提高支配机车日车公里，应该提高运用机车日车公里，节约非运用机车台数，努力降低机车检修率，在保证完成运量的前提下，尽量将多余机车加入部备、封存，以压缩支配机车台数。

3. 货运机车日车公里

货运机车日车公里，因货运工作量大，波动面大，客观因素影响多，潜力也很大，则是分析研究提高机车运用效率的重要方面。

已知机车每次周转时间为 $T_全$，则机车在一昼夜内的周转次数为 $24/T_全$，而机车在一周转内走行距离为两倍的交路长度，故机车每昼夜走行的公里数为：

$$S_日 = 2L \times \frac{24}{T_全} = \frac{48L}{T_全} \quad [\text{km}/(台·d)]$$

代入 $T_{全}=24K$，得

$$S_{日}=\frac{2L}{K} \quad [\text{km}/(台·d)]$$

机务段所有机车的平均日车公里可用下式计算：

$$S_{日}=\frac{\sum 2L\times n}{N_{运}} \quad [\text{km}/(台·d)]$$

式中　$2L$——机车周转距离，km；
　　　n——某一机车交路的列车对数；
　　　$N_{运}$——全段运用机车台数。

从上述计算日车公里的公式中可以看出：机车日车公里的高低与沿线走行公里、列车对数、周转距离成正比；与机车使用台数、全周转时间、机车需要系数成反比。因此，当周转距离延长，沿线走行公里增大和全周转时间缩短，使用台数减少时，日车公里就能提高。而周转距离和列车对数主要取决于客观因素，所以，压缩机车全周转时间也就是提高日车公里的主要措施。提高机车技术速度和旅行速度，减少中间站停留次数和停留时间，压缩本、外段停留时间，机车周转也就自然加快，从而达到提高日车公里之目的。

四、技术速度和旅行速度

技术速度（$v_{技}$）是不计入中间站停留时间的列车机车在区段内的平均速度，也即列车机车在区间内平均每小时走行的公里。计算公式为：

$$v_{技}=本务机车走行公里/本务机车纯运转时间$$
$$=\frac{L}{t_{运}} \quad （\text{km/h}）$$

旅行速度（$v_{技}$）是计入中间站停留时间的列车机车在区段内的平均运行速度，也即列车机车在区段内平均每小时走行的公里。计算公式为：

$$v_{旅}=本务机车走行公里/本务机车旅行时间$$
$$=\frac{L}{t_{运}+t_{停}} \quad （\text{km/h}）$$

式中　L——机车交路长度；
　　　$t_{停}$——区段内中间站总的停留时间。

旅行速度不仅考核机车牵引能力和操纵水平，而且能体现出中间站作业情况，列车组织、调度指挥水平等。

机车平均技术速度和机车平均旅行速度指标是从机车在时间上的利用情况来反映机车运用效率的。它的提高不仅可以加速机车本身的周转，而且可以加速牵引车辆的周转。影响机车纯运转时间和旅行时间的因素很多，如：机车乘务组的操纵技术水平，运输组织工作的质量，中间站的停留时间，列车会让、通过作业及办理客货运输业务的时间和机车类型、线路状态、列车重量、区间行车、通讯、信号设备状况以及气候条件等。

旅行速度和技术速度的比值称为速度系数，用 γ 表示。则

$$\gamma = \frac{v_{旅}}{v_{技}} = \frac{t_{运}}{t_{运}+t_{停}} \leqslant 1$$

γ 值接近 1，则说明两种速度越接近，列车在中间站的停留时间越短，机车、车辆周转越快。

正常情况下，两个牵引系统均工作，当一个牵引系统发生故障时，可以自动切断故障源，继续运行。

五、机车日产量

铁路运输工作的产品是"吨公里"。机车日产量是指在一定时期内全路、一个铁路局集团公司或分局、一个机务段平均每台运用机车在一昼夜内所生产的总重吨公里。

机车日产量分为支配机车日产量和货运机车日产量。

1. 支配机车日产量（$M_{支}$）

指平均每台支配机车在一昼夜内生产的总重吨公里。计算公式为：

$$M_{支} = 各种运输总重吨公里/支配机车台日$$

支配机车日产量主要考核运行机车的利用程度和完成任务的质量情况，在支配机车台数不变的情况下，机车利用率和总重吨公里越高，则 $M_{支}$ 越高。

2. 货运机车日产量（$M_{总}$）

指平均每台货运机车在一昼夜内生产的总重吨公里。计算公式为：

$$M_{总} = \frac{S_{日} \times Q}{1+\beta_{单}} \quad [\text{t·km}/(台·d)]$$

式中　$S_{日}$——货运机车的平均日车公里；

Q——货运机车的平均牵引重量；

$\beta_{单}$——单机走行率。

上述公式除 10 000，则等于通称的："万/台·d"。

评价机车运用效率从时间和牵引力的利用两个方面来进行。机车日车公里，机车全周转时间反映机车运用效率的时间方面；列车平均牵引总重反映机车牵引力的利用程度，能综合反映这两个方面的指标就是机车日产量，它是机车多拉快跑的主要标志。

机车周转的快慢，牵引力利用程度的高低，同时还表现在每台机车每日能完成的总重吨公里。机车日产量指标既综合反映机车运用效率，也反映铁路整个运输的

综合成绩，是铁路经济技术考核的主要指标之一。

为提高机车日产量，需要对机车日产量的有关因素进行分析，机车日产量的高低与日车公里、列车平均牵引总重成正比，与单机率、重联率、机车运行台数成反比，要提高机车日产量就必须大力提高列车平均牵引总重，加速机车周转，压缩机车使用台数，提高日车公里，减少单机走行率、重联率等。

六、列车平均总重

列车平均总重，是从机车牵引力角度出发考核机车牵引力利用程度的一个重要指标。它是指在一定时期内，全路、一个铁路局集团公司、一个机务段或一个区段按距离加权平均每一本务机车牵引的总重量。也即每一列车的平均总重量。计算公式为：

列车平均总重 Q = 总重吨公里(不分劈重联、补机)/本务机走行公里（t）

由上式可知，它是一个机务段已经完成的各次货运列车（包括上、下行方向，但不包括小运转列车）重量的平均值。它的大小直接影响到区段列车次数的多少，从而影响到机车需要台数、机车和列车乘务组需要数及其他有关支出的多少，甚至影响到为增加线路通过能力所需的投资。对照列车平均牵引总重与牵引重量标准，即可发现运输组织工作中的薄弱环节和机车牵引力的利用程度。

一个区段或一条线路按方向确定的列车重量标准，是按各区段配属的机车类型（主要机车功率的大小），线路纵断面情况，并考虑各区段牵引定数统一，由牵引计算方法求得，经牵引试验确定的。它是货运列车编组的主要依据，也是本务机车牵引列车重量的一个定额指标。

提高列车平均牵引总重是提高机车日产量的主要环节。因此，要坚持满重，减少欠重，组织超重，特别要抓好运输方案，合理开行零担摘挂列车，提高小运转列车的牵引重量。

七、机车辅助走行率

各种机车辅助走行率计算方法为：

1. 机车辅助走行率

机车辅助走行率是指机车的辅助走行公里与机车沿线走行公里的比值，这个指标可反映出机车的走行效率。计算公式为：

机车辅助走行率 =（辅助走行公里/沿线走行公里）×100%

该比值越大，说明机车的无用走行公里越多，浪费也大，所以希望该比值越小越好。

2. 单机率

单机走行公里占机车各种走行公里的百分比称为单机率，用 β 表示。计算公式为：

占机车沿线走行公里的单机率 $\beta_{单沿}=$（单机走行公里/机车沿线走行公里）$\times 100\%$

占本务机车走行公里的单机率 $\beta_{单本}=$（单机走行公里/本务机车走行公里）$\times 100\%$

同样，单机率越小越好，为了减少该值，就应该周密地组织机车周转，压缩单机开行次数或附挂回送，严禁对开单机，减少重联等。

机车工作量和机车运用指标的相互关系见图 7-2、7-3。

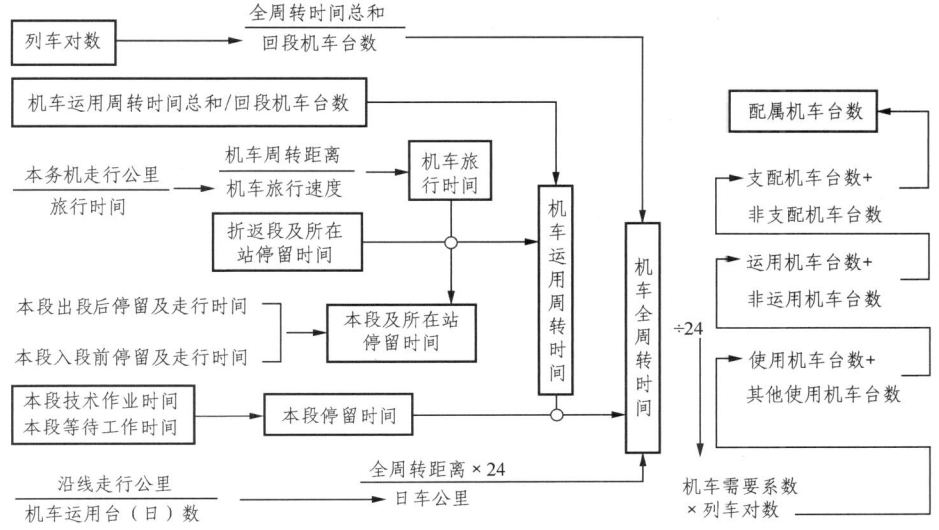

图 7-2 机车全周转时间及其有关指标的相互关系（之一）

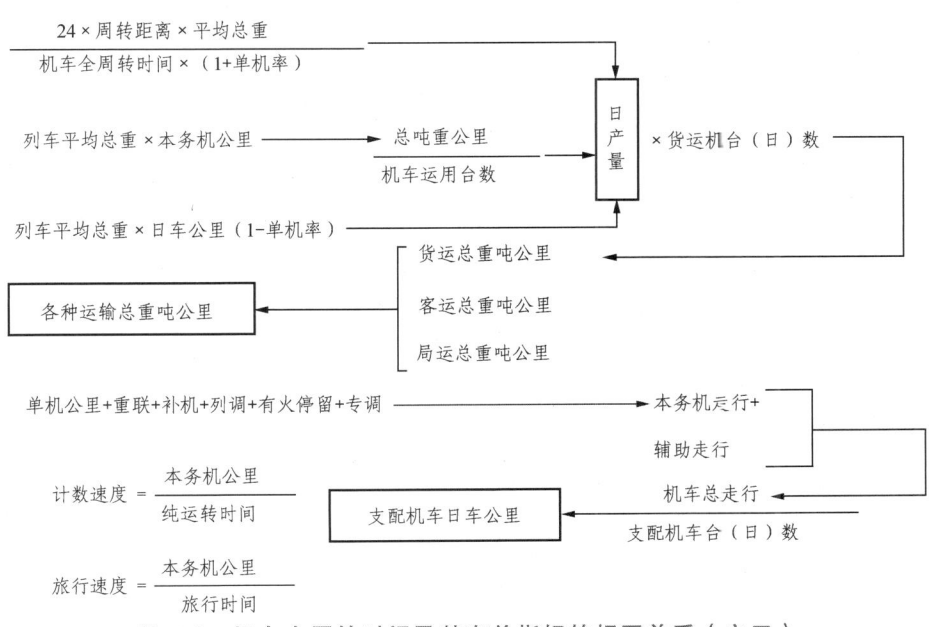

图 7-3 机车全周转时间及其有关指标的相互关系（之二）

任务四　机车运用分析

机车运用和工作分析是加强铁路管理，不断改进提高工作水平的重要方法。各级机车运用部门，应加强和坚持分析制度，切实做好分析工作。

机车运用分析有日常，定期（旬、月、季、年）和专题分析。

加强运用的分析和检查工作，是保证质量良好地完成国家运输任务的有效手段，是企业管理中必不可少的一项重要工作。通过分析可以及时检查机车运用工作的质量，效率高低，也可以找出未完成某项计划指标的原因，及时采取措施加以解决和改进。同时又可发现生产实践中出现的先进事迹和先进工作方法，及时总结和推广，改进工作，质量良好地完成铁路运输任务。

一、日常分析

日常运用工作分析，是为了检查每日机车运用状况，及时发现问题，查明原因，采取解决措施。

日常分析主要是检查运用状况，查列车运行图，机车周转图的实际完成情况。主要包括：

（1）列车运行秩序，安全正点情况（事故、运缓）。

（2）机车周转图（计划、实际完成）的执行和兑现情况。

（3）用指标如日车公里、日产量、平均牵引总重、技术速度等完成情况、机车全周转各项因素的延长和缩短及影响。

（4）货物列车超、欠重情况。

（5）单机走行（包括对放单机走行）及列车机外停车情况。

（6）机车小修和辅修机车的兑现及回段情况以及机车临修等情况。

（7）机车整备作业情况以及机车供应和迟拨情况。

（8）有关机务人员执行劳动纪律情况及超劳情况。

（9）机车周转图及有关原始记录的整理和报表的填写上报情况。

日常分析一般在交接班会上进行。各级机车调度分别由各级主管领导主持交接班汇报会（专职分析人员也要参加），分析管内、各段、本班的机车运用工作情况。

二、定期分析

定期分析是总结一个阶段的运输生产活动。旬、月、季、年终，都要及时做出定期分析，从中找出存在的问题和规律性，研究出改进工作措施和方法，用以指导机车运用工作。内容和日常分析相同，主要内容是：

（1）区段机车运用及机车周转图完成情况。

（2）客、货机车全周转时间，技术速度，旅行速度，货运机车日车公里完成情况及提高或降低的原因。

（3）货运机车日产量，平均牵引总重提高或降低的原因。

（4）局、段支配机车日车公里完成情况。

（5）机车月走行公里和段修平均时间。

（6）总重吨公里及单机率和对开单机、小运转机车、调车机车的使用情况。

（7）超、欠重列车及机车周转图兑现率。

（8）机车乘务员劳动时间及超劳情况。

（9）行车安全及机务责任事故，责任晚点等情况。

三、专题分析

专题分析是针对某一专门性质的单独问题进行深入的研究和调查，找出实质性的原因和问题的发展规律，剖析存在问题，提出建议性的改进方法。

分析的项目，根据实际需要确定，应采取单独进行的步骤，针对不同薄弱环节单项专题剖析。

四、主要运用指标分析方法及提高措施

（一）机车全周转时间

压缩机车全周转时间是提高机车运用效率的前提，抓效率首先必须从抓全周转时间着手，努力压缩机车全周转时间（当然不是无限度的）。而要压缩全周转时间就应从全周转时间的因素开始，并从"机车运用状况报表"中查出机车全周转时间的变化，找其规律分析原因，注意重点。

1. 机车旅行时间的变化

主要出于两种情况，一是机车纯运转时间长，这可能是机车运缓、事故、慢行、行人阻道或机外停车；二是中间站停留时间长，这可能是区间卸车、列车会让、小运转列车中途折返和机车中途换班等多种原因造成。

分析旅行时间对周转时间的影响还可以利用计算旅行速度的办法。

$$旅行速度 = 本务机车走行公里 \div 本务机车旅行时间$$

如果算出的旅行速度低于运行图规定的旅行速度，尽管由于日计划安排的车次不计晚点而实际上已延长了机车全周转时间。

检查分析旅行速度时还要注意到：有时列车正点率很高，摘挂和扩货也影响不大，但旅时仍很长。遇到这种情况就应分析旅时长与旅时短各区段列车对数的变化，如果旅时长的区段开行对数增大，也会使旅行时间增大和机车周转时间延长。

例如：甲—乙区段平均旅行时间 4 h，而甲—丙区段平均旅行时间 10 h，各开 10 对列车，则

$$丙—乙区段平均旅行时间 = \frac{4 \times 10 + 10 \times 10}{10 + 10} = 7.0（h）$$

如果甲—丙区段开行 15 对列车，而甲—乙区段仍开行 10 对，则

$$丙—乙区段平均旅行时间 = \frac{4 \times 10 + 10 \times 15}{10 + 15} = 7.6（h）$$

由此可见，机车全周转时间延长了，但列车仍保持正点。

2. 自、外段及所在站停留时间的变化

机车全周转时间的长短与机车在自、外段及所在站停留时间成正比，即停留时间越长则机车的全周转时间亦越长。因此压缩在自、外段的停留时间，不仅要合理地配置段内各种技术设备，尽量采取流水和平行作业，重要的是压缩非生产停留时间，比如调休、等待工作和等待修活、不合理调整计划等等。因此，在分析全周转时间时，还要注意检查机车非生产停留时间。

根据以上分析方法，日常应注意积累以下资料：

（1）掌握因机车晚到影响折返交路的推延时间。

（2）掌握乘务员在外段（折返段）调休或列车大晚点中途等待换班延长机车全周转时间。

（3）掌握机车周转方案的开行情况，临时停运或开行扩大货物限速列车延长的时间。

（4）掌握临修机车修复担任列车交路的时机，在编制日计划时要考虑临修机车非生产停留时间。

（5）掌握各区段车流的变化及因此而造成的机车周转距离旅行时间对全周转时间的影响。

（6）水害、事故、塌方所造成的列车运行秩序混乱而延长的机车全周转时间。

（二）机车日车公里

机车日车公里的高低和机车周转距离成正比，而和全周转时间成反比。

机车日车公里完成的高低可从 3 个方面进行分析：

1. 从机车全周转时间分析

首先找出延长全周转时间的原因和浪费时间，而且还要把延长的时间换算成机车台日。即

$$延长机车全周转换算浪费机车台日 = \frac{浪费全周转时间之和}{24}$$

分析机车全周转这一项工作除每日检查机报以外，还要查阅列车运行图和机车周转图。

2. 经常注意各区段列车的开行变化

因为日车公里实际上是机车周转距离与机车使用台数之比，如果机车台数不变周转距离越长则日车公里越高，反之将随之降低。

3. 注意小运转列车的开行对数和沿零摘挂列车的增开与直货列车的比例变化

在列车运行图基本图上对直货与摘挂的小运转对数的比例是确定了的，但由于小运转列车和限速列车一般根据车流允许在日计划中安排加开。这一固有的运输组织规律，直接影响机车日车公里的成绩。一般来说，加开小运转是从周转距离方面影响机车日车公里下降，而加开限速列车则从全周转时间方面影响机车日车公里。

因此，各级领导和编制日计划人员应注意：

（1）掌握影响机车交路和全周转时间的因素变化，减少和压缩全周转时间。

（2）控制和掌握摘挂限速列车开行的对数，减少和杜绝列车中途换班。

（3）编制日机车周转计划时，要认真按各区段供给机车系数编制，要保证完成月计划指标。修整计划时不应影响日计划指标。并保证乘务员正常工作和休息。

（4）掌握小运转列车的开行对数占沿线走行公里中的比例。

（三）机车日产量

机车日产量也叫机车生产率，与机车全周转时间，机车日车公里和平均总重相比，它是一项更为重要的指标。因为机车使用效率的高低，必须从时间和牵引力的利用两方面来反映，而日车公里和全周转时间只能反映出机车的运用效率和时间方面，平均总重只能反映机车牵引力的利用方面，只有日产量才能集中反映出机车的运用成绩，所以说机车日产量是机车运用效率的一项综合指标。

分析机车日产量，可以注意以下几方面：

（1）从机车日车公里完成情况分析。因为机车日车公里与机车牵引列车走行的距离成正比，且与机车使用台数成反比。

如果日车公里降低，或走行公里减少，机车使用台数增多均直接影响到机车日产量。

（2）从列车平均总重分析。列车平均总重是产生总重吨公里的主要因素，在距离相等的条件下，列车平均总重越多所产生的总重吨公里也就越多。

（3）从单机率分析。往往在日车公里和平均牵引总重都完成时，而机车日产量却低于计划，其原因多在于单机率的影响，因为单机走行公里直接影响机车日产量。

（4）从重联率分析。重联率的影响是由双机牵引受到发线长度的限制而浪费机车的牵引力所造成。

（四）机车平均牵引总重

这项指标的分析方法，与机车日产量是相密切配合的，在分析机车日产量时，有些数据就要先分析出机车平均牵引总重后才能进行日产量的分析计算。分析机车平均牵引总重应从以下两个方面入手：

（1）列车超欠重。超重和欠重在列车运行中是常有的，但超欠的数量是不相等的，所以要两项折减，找出欠重的列车次数和吨数。

（2）分析不同牵引重量的区段列车对数的比例变化。因为机车平均牵引总重是列车总重吨公里与本务机车走行公里之比。但也要重视区段列车的平均牵引吨位。

运用工作分析必须加强日常调查、研究，积累应有资料。深入生产第一线，摸清问题的实质，找出规律，提出改进措施为提高机车各项运用指标而努力。

项目总结

本项目对机车运用指标做了较详细的阐述，这些指标从各个不同的角度反映出机车运用工作的好坏，并且可以通过这些指标的比较，来检验个铁路局集团公司或各机务段的机车运用工作的质量，从而发现差距，找出问题，提出改进措施，使机车运用工作达到一个应有的水平。机车全周转时间、机车日车公里数、机车日产量作为重点指标，应重点掌握其概念、计算方法和相互的联系。

事故案例

胶济线"4·28"旅客列车冲突特别重大事故

（一）事故概况

2008年4月28日4时38分，由北京开往青岛的T195次旅客列车运行至济南局集团公司管内胶济下行线王村至周村东间K290+800处，因超速，机后9至17位车辆脱轨，并侵入上行线。4时41分，由烟台开往徐州的5034次旅客列车运行至胶济上行线K290+850处，与侵入限界的T195次第15、16位间发生冲突，造成5034次机车及机后1至5位车辆脱轨。事故造成72人死亡，416人受伤，中断胶济线上下行线行车21小时22分，构成铁路交通特别重大事故。

（二）事故原因

1. 济南局对施工文件、调度命令管理混乱，以文件代替临时限速命令极不严肃。济南局《关于实行胶济线施工调整列车运行图的通知》，即154号文件，23日印发，距实施时间28日0时仅有4天。如此重要的文件，却在局网上发布。对外局及相关单位以普通信件的方式车递，而且把北京机务段作为了抄送单位。文件发布后在没有确认有关单位是否收到的情况下，4月26日又发布了4158号调度命令，取消了多处限速命令，其中包括王村—周村东间便线限速的4240号调度命令（154号文件对该地段限速80 km/h的条件并未取消），导致各相关单位在没有收到154号文件的情况下根据4158号命令，盲目修改了运器数据，取消了限速条件。

2. 济南局列车调度员在接到2245次司机反映现场临时限速与运行监控器数据不符时，济南局于4月28日4时02分补发了4444号调度命令：K293+780-K290+784

处限速 80 km/h，但该命令没有发给 T195 次机车乘务员，漏发了调度命令。

3. 王村站值班员对 4444 号临时限速命令没有与 T195 次司机进行确认，也未认真执行车机联控。

4. 北京局在没有接到 154 号文件、也未确认限速条件的情况下，就盲目修改运器芯片；机车乘务员没有认真瞭望，失去了防止事故的最后时机。

（三）事故教训

工作中，有关人员存在一系列违章、违纪、违法行为。

1. 济南局集团公司文件传递及调度命令传递混乱，给事故的发生埋下了极大隐患。

2. 王村站值班员不认真车机联控标准，没有及时堵塞漏传调度命令漏洞。

3. T195 次旅客列车司机间断瞭望，没有及时发现地面限速标志，酿成了惨祸。

复习思考题

1. 什么叫机车全周转时间？其组成因素有哪些？这些因素各是如何影响机车全周转时间的？

2. 如何计算机车全周转时间？缩短机车全周转时间的主要措施有哪些？

3. 什么叫机车需要系数？如何计算？

4. 什么叫机车日车公里？货运机车日车公里如何计算？

5. 什么叫技术速度和旅行速度？计算时要注意什么？

6. 什么叫机车日产量？货运机车日产量如何计算？

7. 各机车运用质量指标如何反映机车运用效率？综合反映机车运用效率的指标是哪个？

8. 什么叫单机率？在机车运用中，为什么严格限制开行单机？

9. 机车工作量和机车运用指标的相互关系是怎样的？

10. 作为机车乘务员，在工作中应如何做才能保证机车运用各主要指标能更好地完成？

11. A—B 交路区段长 200 km，使用 DF_4 型内燃机车牵引货物列车 10 对（其中单机 1 次），运用机车 8 台；平均旅行时间，上、下行均为 5.8 h；平均本段折返 4.8 h，平均外段折返 2.8 h；中间站停时每列 0.8 h，总重吨公里；不包单 1 178 万 t·km，包单 1 182 万 t·km。

计算：本务机车走行公里；沿线走行公里；平均全周转时间；旅行速度；技术速度；速度系数；机车需要系数；列车平均总重；机车台日产量；日车公里；机车周转次数。

项目八

机车运用安全

项目要点

根据《铁路交通事故应急救援和调查处理条例》(国务院令第501号)制定的《铁路交通事故调查处理规则》(铁道部令第30号,自2007年9月1日起施行),具有铁路行车事故、从业人员劳动安全事故、路外交通事故"三规合一"的特点,充分体现了以人为本的宗旨和"安全第一,预防为主"的工作方针。

通过对本项目中电力机车乘务员安全生产,铁路交通事故的分类,事故的报告,事故起复救援等知识的系统学习,希望能进一步加强对相关规定的理解、认识,并重点掌握:

1. 电力机车乘务员安全生产的规定;
2. 铁路交通事故的分类和构成条件;
3. 铁路交通事故的通报规定;
4. 铁路交通事故的救援和起复规定。

扫码获取
项目八课件

任务一　电力机车乘务员安全生产

一、在电力机车上工作的一般安全

(1)电力机车乘务员应熟知机车高压导线通过的地方和高压下工作的用电设备、测量仪表和其他器械。

(2)禁止在带电的情况下,接触绝缘的导线及各种导电部分。

（3）凡是电力机车停在接触网下，未与调度取得联系和挂好接地线前，不论何种原因，绝对禁止登上机车车顶。

（4）当机车受电弓升起时禁止进入高压室和变压器室及打开牵引电机整流子孔盖。

（5）当受电弓升起时，允许调整电压电位器、压力调节器及安全阀，可以检查制动缸活塞行程并进行调整，向机车齿轮箱、抱轴承、喷油器油箱制动装置注油。

（6）在运行中，操作端的司机室门应关闭，但不得加锁。非操纵端的司机室门应锁闭，并禁止在司机室、走廊放置无关的物件。

（7）禁止乘务员持有使用私有的反向手柄和司机台开关箱钥匙，在机车上应备有完整的主回路、辅助回路、控制回路线路图。

（8）机车乘务员应保持机车必备安全用品状态良好，并将其存放在固定地点。例如绝缘手套、绝缘棒、绝缘垫板、区间电话钥匙等。

（9）禁止从电力机车的车顶和转向架向下抛掷工具和其他物品。在机车的顶板、走板等的边缘上禁止放置工具和零件，以免坠落。

（10）当使用摇表测量机车电路、用电设备的绝缘时，禁止接触电器部件，除机械和制动部分的工作以外，其他各项工作均应停止。

二、本段与折返段在电力机车上工作的安全

（1）电力机车在进出机务段或折返段时，必须在规定的地点，一度停车，鸣笛要道。待扳道员显示信号后方可动车，在段内动车时，须值班员同意，由调车员引导调车。

（2）机车进入段内停车时，应降下受电弓，断开主断路器，将两位置转换开关置于制动位。

（3）机车入库使用引入库机组拖动机车入库，禁止降弓滑行。

（4）机车入库检修当中，辅助回路接入高压电源时，禁止在高压系统内工作。

（5）机车检修完毕、司机应全面检查机车并确认所有装置良好，鸣笛升弓信号后，方可升弓进行高低压试验。

（6）电力机车整备线及检查线上的接触网应设有分段隔离开关。当电力机车进行整备作业或检查时，司机应在隔离开关操作登记本上登记后，由值班员监督操作隔离开关加锁，钥匙交值班员保管，在司机挂好接地线后，方可登车顶进行检查或检修。并严禁再次向该线路放入机车。

（7）机车车顶整备完毕，应确认车顶状态良好，并取得同时进行另一台机车工作的司机同意后，方可撤除接地线，在值班员的监督下闭合隔离开关，并加锁。

（8）机车升弓前，司机应告知有关人员，并确认各机械上孔盖已盖好，高压室、变压器室无人和其他物品，对检修过的设备复查并确认状态良好，人员都处于安全地点之后，鸣示音响信号一长声，方可升弓。

（9）机车入库检修当中，辅助回路接入高压电源时，禁止在高压系统内工作。

（10）在机车下部整修牵引电机整流子时，应遵守下列各项：

① 被整修机车在另一机车拖动时，走行速度应在 3 km/h 以下；

② 使用带有绝缘手柄的打磨工具；

③ 把整修电机的隔离开关拉开，并垫上反向器各触头。

（11）在机车下面更换闸瓦时，应关闭机车制动缸塞门（禁止同时关闭两台转向架的机车制动缸塞门）。

三、机车在本段与折返段外工作时的安全

（1）当机车于本段外停留在接触网下，须对牵引电机、电器进行检查或修理时，必须做好以下各项：

① 断开主断路器，降下受电弓；

② 取出司机台开关箱钥匙、反向手柄，并交给进行检查或检修的人员；

③ 进入高压室工作时，高压室的门不得关闭。

（2）机车升弓前，司机应告知副司机及登乘机车的有关人员，并确认各机械上孔盖已盖好，高压室、主变室无人和其他物品，对检查过的设备复查并确认状态良好，人员处于安全地点后，鸣笛一长声，方可升弓。

（3）为确保行车安全，只有经考试合格并取得司机驾驶证的司机才能独立驾驶机车，操纵副司机必须在司机的监督下才能进行练习操纵。

（4）机车运行中，乘务组应做到：

① 认真贯彻执行十六字呼唤应答制度的规定：彻底瞭望、确认信号、准确呼唤、手比眼看；

② 认真贯彻执行防止人身伤亡"三十字"令：人命重泰山、时刻把住关、瞭望不间断、鸣笛勤呼唤、撂闸不犹豫、停车要果断；

③ 防止列车颠覆、冲突、险性事故的发生。

四、机车防火与救火

1. 防止机车火灾事故须知

（1）凡临时断开的电路导线端头均应包扎绝缘，并加以固定，以防止导线裸露与其他设备或车体接触。

（2）严禁在机车电路内使用不合格（或代用）的熔断器，对连续烧损熔断器的电路应查明故障原因并及时处理。

（3）定期检查清扫蓄电池，清除蓄电池漏液和导线连接松动、绝缘破损接地等现象。

（4）机车运行中发生导线接地或电机"放炮"时，未判明情况并妥善处理时禁止加载。

（5）严禁在司机室电炉、电暖气、空气压缩机上烘烤棉丝或其他易燃物品。机车各种油脂、备品及棉丝等擦拭材料应按规定放置，妥善保管。

（6）禁止携带易燃、易爆物品上车。确因工作需要携带汽油、酒精等易燃物品上车作业时，要断开机车电源，预先要做好防护，及时熄灭火种。

（7）经常检查清扫电机、电器，紧固松动的导线，更换损坏的灭弧罩，及时消除接地、短路和虚接等故障，严禁擅自敷设电气设备及导线。

（8）熔焊作业不应与换油、补油和用有机溶剂清洗等工作同时进行。

（9）吸烟只能在司机室内，用过的火柴棒和剩下的烟蒂及时熄灭放入烟灰盒内。

（10）行车中禁止机车两侧开门，防止带入外部火种。

（11）灭火器应放在固定位置，并保证其性能良好。机车乘务员应熟知灭火器的有关知识和使用方法。

2. 电力机车发生火灾时，机车乘务员应做到

（1）断开主断路器，降下受电弓。

（2）将司机控制器的手柄放在零位。

（3）尽可能将机车停在安全和便于救火的地方。

（4）立即向有关部门报警。

（5）停在坡道上时，应使列车制动或拧紧手制动机，并打好止轮器。

（6）机车电器设备着火时，可使用二氧化碳、1211灭火器或干砂灭火；若木制器械着火，确认与电器无关时，可用水或泡沫灭火器灭火。

（7）如果火灾威胁蓄电池组时，必须立即断开蓄电池开关，取下熔断器，并将蓄电池各连线拆除，然后将蓄电池盖好。

（8）火灾扑灭后，应仔细检查机车设备损坏程度，如确认能够继续运行时，应将损坏的处所妥善处理好后方可维持运行。如无法处理时，应及时请求救援。

任务二　铁路交通事故等级

铁路机车车辆在运行过程中发生冲突、脱轨、火灾、爆炸等影响铁路正常行车的事故，包括影响铁路正常行车的相关作业过程中发生的事故；或者铁路机车车辆在运行过程中与行人、机动车、非机动车、牲畜及其他障碍物相撞的事故，均为铁路交通事故（以下简称事故）。

发生事故，应采取积极措施，迅速抢救，尽量减少损失。事故调查处理应坚持以事实为依据，以法律、法规、规章为准绳，认真调查分析，查明原因，认定损失，定性定责，追究责任，总结教训，提出整改措施。

按照事故的性质、损失及对行车造成的影响，事故分为特别重大事故、重大事故、较大事故和一般事故4个等级。

一、特别重大事故的构成条件

有下列情形之一的，为特别重大事故：
（1）造成 30 人以上死亡。
（2）造成 100 人以上重伤（包括急性工业中毒，下同）。
（3）造成 1 亿元以上直接经济损失。
（4）繁忙干线客运列车脱轨 18 辆以上并中断铁路行车 48 h 以上。
（5）繁忙干线货运列车脱轨 60 辆以上并中断铁路行车 48 h 以上。

二、重大事故的构成条件

有下列情形之一的，为重大事故：
（1）造成 10 人以上 30 人以下死亡。
（2）造成 50 人以上 100 人以下重伤。
（3）造成 5 000 万元以上 1 亿元以下直接经济损失。
（4）客运列车脱轨 18 辆以上。
（5）货运列车脱轨 60 辆以上。
（6）客运列车脱轨 2 辆以上 18 辆以下，并中断繁忙干线铁路行车 24 h 以上或者中断其他线路铁路行车 48 h 以上。
（7）货运列车脱轨 6 辆以上 60 辆以下，并中断繁忙干线铁路行车 24 h 以上或者中断其他线路铁路行车 48 h 以上。

三、较大事故的构成条件

有下列情形之一的，为较大事故：
（1）造成 3 人以上 10 人以下死亡。
（2）造成 10 人以上 50 人以下重伤。
（3）造成 1 000 万元以上 5 000 万元以下直接经济损失。
（4）客运列车脱轨 2 辆以上 18 辆以下。
（5）货运列车脱轨 6 辆以上 60 辆以下。
（6）中断繁忙干线铁路行车 6 h 以上。
（7）中断其他线路铁路行车 10 h 以上。

四、一般事故的分类及构成条件

一般事故分为：一般 A 类事故、一般 B 类事故、一般 C 类事故、一般 D 类事故。

1. 一般 A 类事故

有下列情形之一，未构成较大以上事故的，为一般 A 类事故：

A1. 造成 2 人死亡。

A2. 造成 5 人以上 10 人以下重伤。

A3. 造成 500 万元以上 1 000 万元以下直接经济损失。

A4. 列车及调车作业中发生冲突、脱轨、火灾、爆炸、相撞，造成下列后果之一的：

A4.1. 繁忙干线双线之一线或单线行车中断 3 h 以上 6 h 以下，双线行车中断 2 h 以上 6 h 以下。

A4.2. 其他线路双线之一线或单线行车中断 6 h 以上 10 h 以下，双线行车中断 3 h 以上 10 h 以下。

A4.3. 客运列车耽误本列 4 h 以上。

A4.4. 客运列车脱轨 1 辆。

A4.5. 客运列车中途摘车 2 辆以上。

A4.6. 客车报废 1 辆或大破 2 辆以上。

A4.7. 机车大破 1 台以上。

A4.8. 动车组中破 1 辆以上。

A4.9. 货运列车脱轨 4 辆以上 6 辆以下。

2. 一般 B 类事故

有下列情形之一，未构成一般 A 类以上事故的，为一般 B 类事故：

B1. 造成 1 人死亡。

B2. 造成 5 人以下重伤。

B3. 造成 100 万元以上 500 万元以下直接经济损失。

B4. 列车及调车作业中发生冲突、脱轨、火灾、爆炸、相撞，造成下列后果之一的：

B4.1. 繁忙干线行车中断 1 h 以上。

B4.2. 其他线路行车中断 2 h 以上。

B4.3. 客运列车耽误本列 1 h 以上。

B4.4. 客运列车中途摘车 1 辆。

B4.5. 客车大破 1 辆。

B4.6. 机车中破 1 台。

B4.7. 货运列车脱轨 2 辆以上 4 辆以下。

3. 一般 C 类事故

有下列情形之一，未构成一般 B 类以上事故的，为一般 C 类事故：

C1. 列车冲突。

C2. 货运列车脱轨。

C3. 列车火灾。

C4. 列车爆炸。

C5. 列车相撞。

C6. 向占用区间发出列车。

C7. 向占用线接入列车。

C8. 未准备好进路接、发列车。

C9. 未办或错办闭塞发出列车。

C10. 列车冒进信号或越过警冲标。

C11. 机车车辆溜入区间或站内。

C12. 列车中机车车辆断轴，车轮崩裂，制动梁、下拉杆、交叉杆等部件脱落。

C13. 列车运行中碰撞轻型车辆、小车、施工机械、机具、防护栅栏等设备设施或路料、坍体、落石。

C14. 接触网接触线断线、倒杆或塌网。

C15. 关闭折角塞门发出列车或运行中关闭折角塞门。

C16. 列车运行中刮坏行车设备设施。

C17. 列车运行中设备设施、装载货物（包括行包、邮件）、装载加固材料（或装置）超限（含按超限货物办理超过电报批准尺寸的）或坠落。

C18. 装载超限货物的车辆按装载普通货物的车辆编入列车。

C19. 电力机车、动车组带电进入停电区。

C20. 错误向停电区段的接触网供电。

C21. 电化区段攀爬车顶耽误列车。

C22. 客运列车分离。

C23. 发生冲突、脱轨的机车车辆未按规定检查鉴定编入列车。

C24. 无调度命令施工，超范围施工，超范围维修作业。

C25. 漏发、错发、漏传、错传调度命令导致列车超速运行。

4．一般 D 类事故

有下列情形之一，未构成一般 C 类以上事故的，为一般 D 类事故：

D1. 调车冲突。

D2. 调车脱轨。

D3. 挤道岔。

D4. 调车相撞。

D5. 错办或未及时办理信号致使列车停车。

D6. 错办行车凭证发车或耽误列车。

D7. 调车作业碰轧脱轨器、防护信号，或未撤防护信号动车。

D8. 货运列车分离。

D9. 施工、检修、清扫设备耽误列车。

D10. 作业人员违反劳动纪律、作业纪律耽误列车。
D11. 滥用紧急制动阀耽误列车。
D12. 擅自发车、开车、停车、错办通过或在区间乘降所错误通过。
D13. 列车拉铁鞋开车。
D14. 漏发、错发、漏传、错传调度命令耽误列车。
D15. 错误操纵、使用行车设备耽误列车。
D16. 使用轻型车辆、小车及施工机械耽误列车。
D17. 应安装列尾装置而未安装发出列车。
D18. 行包、邮件装卸作业耽误列车。
D19. 电力机车、动车组错误进入无接触网线路。
D20. 列车上工作人员往外抛掷物体造成人员伤害或设备损坏。
D21. 行车设备故障耽误本列客运列车 1 h 以上，或耽误本列货运列车 2 h 以上；固定设备故障延时影响正常行车 2 h 以上（仅指正线）。

国家铁路局可将影响行车安全的其他情形，列入一般事故。

因事故死亡、重伤人数 7 日内发生变化，导致事故等级变化的，相应改变事故等级。

任务三　铁路交通事故的报告

一、铁路交通事故的报告

（1）事故发生后，事故现场的铁路运输企业工作人员或者其他人员应当立即向邻近铁路车站、列车调度员、公安机关或者相关单位负责人报告。有关单位和人员接到报告后，应立即将事故情况向企业负责人和事故发生地安全监管办安全监察值班人员报告，安全监管办安全监察值班人员按规定向安全监管办负责人报告。

（2）铁路运输企业列车调度员要认真填写《铁路交通事故（设备故障）概况表》（安监报 1），分别向事故发生地安全监管办安全监察值班人员、国铁集团列车调度员报告。

事故发生地安全监管办安全监察值班人员接到"安监报 1"或现场事故报告后，要立即填写《铁路交通事故基本情况表》（安监报 3），并向国家铁路局相关地区铁路监督管理局值班人员报告。报告后要进一步了解事故情况，及时补报"安监报 3"。

（3）涉及其他安全监管办辖区的事故，发生地安全监管办安全监察值班人员应及时将"安监报 3"传送至相关安全监管办的安全监察部门。

（4）国铁集团列车调度员接到事故报告后，应及时收取或填写"安监报 1"，并立即向值班处长和铁路监督管理局值班人员报告；值班处长、铁路监督管理局值班人员按规定分别向本部门负责人、国家铁路局安全监察司报告，由部门负责人向部领导报告。事故涉及其他部门时，由安全监察司通知相关部门负责人。

（5）发生特别重大事故、重大事故，由国家铁路局负责向国务院办公厅报告，并通报国家安全生产监督管理总局等有关部门。

发生特别重大事故、重大事故、较大事故或者有人员伤亡的一般事故，安全监管办应向事故发生地县级以上地方人民政府及其安全生产监督管理部门通报。

（6）事故报告的主要内容：

① 事故发生的时间、地点、区间（线名、公里、米）、线路条件、事故相关单位和人员；

② 发生事故的列车种类、车次、机车型号、部位、牵引辆数、吨数、计长及运行速度；

③ 旅客人数、伤亡人数、性别、年龄以及救助情况，是否涉及境外人员伤亡；

④ 货物品名、装载情况，易燃、易爆等危险货物情况；

⑤ 机车车辆脱轨辆数、线路设备损坏程度等情况；

⑥ 对铁路行车的影响情况；

⑦ 事故原因的初步判断，事故发生后采取的措施及事故控制情况；

⑧ 应当立即报告的其他情况。

（7）事故报告后，人员伤亡、脱轨辆数、设备损坏等情况发生变化时，应及时补报。

（8）事故现场通话按"117"立接制应急通话级别办理。

（9）国铁集团、安全监管办、铁路运输企业应向社会公布事故报告值班电话，受理事故报告和举报。

二、铁路交通事故有关概念解释

（1）机车车辆：包括铁路机车、客车、货车、动车组及各类自轮运转特种设备等。

自轮运转特种设备：系指在铁路营业线上运行的铁路轨道车、救援起重机及铁路施工、维修专用车辆（包括架桥机、铺轨机、接触网作业车、大型养路机械等）。

（2）列车：系指编成的车列并挂有机车及规定的列车标志。单机、自轮运转特种设备，虽未完全具备列车条件，亦应按列车办理。

客运列车：系指旅客列车（含动车组）、按客车办理的回送空客车车底及其他列车。

货运列车：系指客运列车以外的其他列车。

军用列车除有特殊通知外，均视为货运列车。

列车与其他调车作业的机车车辆等互相冲撞而发生的事故，定列车事故。列车在站内以调车方式进行摘挂或转线而发生事故，定调车事故。

客运列车或客运列车摘下本务机车后的车列，被货运列车，机车车辆冲撞造成的事故，以及客运列车在中途站进行摘挂（包括摘挂本务机车）或转线作业发生的事故，均定客运列车事故。

区间调车作业、机车车辆溜入区间，发生冲突、脱轨事故时，定列车事故。在封锁区间内调车作业发生事故，定调车事故。

（3）运行过程中：系指铁路机车车辆运行的全过程，也包括在其运行中的停车状态。

（4）行人：系指在铁路线路上行走、停留的自然人（包括有关铁路作业人员）。

（5）其他障碍物：系指侵入铁路限界及线路，并影响铁路行车的动态及静态物体。

（6）相撞：系指铁路机车车辆在运行过程中与行人、机动车、非机动车、牲畜及其他障碍物相互碰、撞、轧，造成人员伤亡、设备设施损坏。

（7）冲突：系指列车、机车车辆互相间或与轻型车辆、设备设施（如车库、站台、车挡等）发生冲撞，致使机车辆、轻型车辆、设备设施等破损。

在列车运行中由于人为失职或设备不良等原因，将车辆挤坏或拉坏构成中破及其以上程度，或在调车作业中由于人为失职或设备不良等原因，将车辆挤坏或拉坏构成大破以上程度时，亦按冲突论。

由于机车车辆冲撞造成货物窜动将车辆撞坏、挤坏时，定冲突事故，并根据所造成的后果，确定事故等级。

（8）脱轨：系指机车车辆的车轮落下轨面（包括脱轨后又自行复轨），或车轮轮缘顶部高于轨面（因作业需要的除外）。

每辆（台）只要脱轨1轮，即按1辆（台）计算。

（9）列车发生火灾：系指列车起火造成机车车辆破损影响行车设备设施正常使用，或发生人员伤亡、货物、行包烧毁等。

（10）列车发生爆炸：系指机车车辆在运行过程中发生爆炸，造成其设备损坏、墙板、车体变形或出现孔洞，影响正常行车。

（11）正线：系指连接车站并贯穿或直股伸入车站的线路。

（12）繁忙干线：系指京哈（不含沈山线）、京沪、京广、京九（含广州至深圳段）、陇海、沪昆（不含株洲至昆明段）线及客运专线。

繁忙干线单线：系指连接繁忙干线以外的线路。

（13）其他线路：系指繁忙干线的联络线。

新交付使用的线路等级分类，在交付时公布。

在连接不同等级线路的车站发生事故时，按繁忙干线算。

（14）中断铁路行车：系指不论事故发生在区间或站内，造成铁路单线、双线区间或双线区间之一线不能行车。中断行车的时间，由事故发生时间起（列车火灾或爆炸由停车时间算起）至恢复客货列车原牵引方式连续通行时止。

如列车能在站内其他线通行，又回到原正线上进入区间的，不按中断行车算。

施工封锁区间发生冲突或脱轨的行车中断时间，从事故发生前原计划开通的时间起计算。

（15）耽误列车：系指列车在区间内停车；通过列车在站内停车；列车在始发站或停车站晚开、在运行过程中超过图定的时间（局管内）或调度员指定的时间；列车停运、合并、保留。

（16）客运列车中途摘车：系指编挂在客运列车中的车辆发生冲突、脱轨、火灾、爆炸、相撞未达到中破及以上程度，不能运行，必须在途中摘下（不包括始发站和终到站）。

（17）占用区间：系指① 区间内已进入列车；② 区间已被列车取得占用的许可（包括准许时间内未收回的出站、跟踪调车凭证）；③ 封锁的区间（属于《技规》第265、第302、第310条的情况下除外）；④ 区间内有停留或溜入的机车车辆、施工作业车辆。列车发出后溜入的亦算；⑤ 发出进入正线的列车而区间内道岔向岔线开通；⑥ 邻线已进入禁止在区间交会的列车。

列车前端越过出站信号机或警冲标即算。

办理越出站界调车后，没有取消手续，也没有办理列车闭塞手续，就用该调车手续将列车开出，亦按本项论。

（18）占用线：系指车站内已办理进路的线路或停有机车车辆的线路或已封锁的线路。

列车前端越过进站（进路）信号机或站界标即构成"向占用线接人列车"。按《技规》第283条规定办理的列车除外。

（19）未准备好进路。

进路：系指① 接人停车列车时，由进站信号机起至接车线末端计算该线有效长度的警冲标或出站信号机止的一段线路；② 发出列车时，由列车前端起至相对进站信号机或站界标为止的一段线路；③ 通过列车时，为该列车通过线两端进站信号机或站界标间的一段线路。

未准备好进路：系指① 进路上的道岔未扳、错扳、临时扳动或错误转动；② 进路上有轻型车辆（包括拖车）、小车及其他能造成脱轨的障碍物（不包括其他交通车辆）；③ 邻线的机车车辆越过警冲标；④ 违反《技规》第279条禁止办理相对方向同时接车和同方向同时发接列车的规定而办理同时接车或发接列车；⑤ 超限列车（包括挂有超限货物车辆的列车）、客运列车由于错误办理造成进入非固定股道。

接入停车或通过的列车，列车前端进入进站（进路）信号机或站界标以及发出的列车起动均算。

设有进路信号机的车站，分段接发列车时，按分段算。如果每段都发生，每段各定1件事故；如果一次准备的全通路，为一个进路，定1件事故。

凡由于信号联锁条件错误或有关人员违章作业，致使信号错误升级显示进行信号或强行开放进行信号，造成耽误列车或列车已按错误显示的进行信号运行，虽未造成后果，均定事故。

（20）未办或错办闭塞发出列车：系指未和邻站、线路所、车场办理闭塞手续，或办理闭塞的区间与列车运行的区间不一致而发出的列车。列车前端越过车站信号机（包括线路所通过信号机）或警冲标即构成。客运列车，错办闭塞的区间虽与列车的运行区间一致，亦按本项论。

没有调度命令，擅自改变或错办列车运行径路，亦按本项论。

未按规定办理手续而越出站界调车时，亦按本项论。

（21）列车冒进信号或越过警冲标：系指列车前端任何一部分越过地面固定信号显示的停车信号；停车列车越过到达线末端计算该线有效长度的警冲标或轧上线路脱轨器（系指用于接发列车起隔开作用的脱轨器）时亦算。双线区间反方向运行，列车冒进站界标，亦按本项论。

在制动距离内，由于误碰、错办或维修设备，致使临时变更信号显示、信号关闭或临时灭灯，造成列车冒进信号时，不论联锁条件是否解锁，亦按本项论。

在制动距离内信号自动关闭或临时灭灯，在进路联锁条件不解锁的情况下，列车冒进信号时，不按本项论。

（22）机车车辆溜入区间或站内：系指以进站信号机或站界标为界，机车车辆由站内溜入区间或由区间、专用线溜入站内，在区间岔线内停留的机车车辆溜往正线越过警冲标，亦按本项论。

（23）断轴：机车车辆出段、出厂或由固定停放地点开出后，发生即算。列车中的车辆在运行、停留或始发、到达检查时发现即算。

（24）关闭折角塞门发出列车或运行中关闭折角塞门：列车前端越过出站信号机或警冲标即算。

采用双管供风的列车因错接风管发出列车，按本项论。

（25）电力机车、动车组带电进入停电区：系指电力机车、动车组未降弓断电进入已经停电的接触网区。

（26）发生冲突、脱轨的机车车辆，未经检查鉴定编入列车运行：未按规定通知检查或未按规定检查，擅自编入列车，按本项论。

（27）自轮运转设备：无需铁路货车装运，能依靠自有轮对在铁路上运行，但须按货物向铁路办理托运手续的机械和设备。包括编入列车的自轮运转特种设备、无火回送机车等。

（28）无调度命令施工，超范围施工，超范围维修作业：包括未按规定在车站登记要点进行施工、维修作业的，施工点前超范围准备的，未按规定施工维修作业内容进行作业的，均按本项论。

（29）漏发、错发、漏传、错传调度命令导致列车超速运行：列车运行监控装置未输或错输限速指令、机车出库后司机未接到线路限速命令，致使列车超过规定限速行，按本项论。

（30）挤道岔：系指车轮挤过或挤坏道岔。

（31）错办或未及时办理信号导致列车停车：系指① 因办理不及时或忘办、错办信号使列车在站外或站内停车；② 禁止同时接车的车站或不准同时接入站内的列车，误使两列车均在站外停车；③ 接发列车人员未及时或错误显示手信号，使列车停车。

（32）错误办理行车凭证发车或耽误列车：系指与邻站已办妥闭塞手续，但由于未交、错交、未拿、错拿、漏填、错填行车凭证；自动闭塞、自动站间闭塞、半自动闭塞区间未开放出站（进路）信号机发车或耽误列车。

行车凭证交与司机显示发车手信号后（车站直接发车时为发车人员显示手信号后），发现行车凭证错误，亦为错误办理行车凭证发车。

填写的行车凭证，错填、漏填电话记录号码、车次、区间、地点时，按本项论。

自动闭塞、自动站间闭塞、半自动闭塞区间未开放出站（进路）信号机，列车起动停车未越过信号机或警冲标时，视同一般 D 类事故情形。越过关闭的停车信号或警冲标时，视同一般 C 类事故情形。

（33）调车作业碰轧脱轨器、防护信号或未撤防护信号动车。

脱轨器：系指固定脱轨器及移动脱轨器。

防护信号：系指防护施工、装卸及机车车辆检修整备作业的固定信号或移动信号。

机车车辆碰上、轧上脱轨器或防护信号即算。对插有停车信号的车辆，碰上车钩及未撤防护信号的动车，按本项论。

（34）施工、检修、清扫设备耽误列车：如因特殊情况需要延长施工时间时，须提前通知车站值班员、列车调度员，经列车调度员承认后（发布调度命令）耽误列车时，不定事故。

施工、检修、清扫设备人员躲避不及时，造成列车停车，按本项论。

（35）滥用紧急制动阀耽误列车：系指违反《技规》第337条的规定使用紧急制动阀。

（36）擅自发车、开车、停车、错办通过或在区间乘降所错误通过：

擅自发车：系指车站发车人员未确认出站信号，车站发车人员未确认发车手信号直接发车。

擅自开车：系指司机未得到车站发车人员的发车信号而开车。

擅自停车：系指在正常情况下，不应停车而停车。

错办通过：系指应停车的客运列车而错办通过（不包括列车调度员按照列车运行情况临时调整变更通过的列车）。

（37）错误操纵、使用行车设备耽误列车：系指作业人员违反操作规程耽误列车或使用方法不当造成机车车辆等行车设备损坏耽误列车。

（38）列车运行中碰撞轻型车辆、小车、施工机械、机具、防护栅栏等设备设施或路料、坍体、落石：刮上、碰上或轧上即算。

小车：系指人工推行的作业车、检测车、梯车等。

路料：系指钢轨、道砟、轨枕、道口铺面板等。

施工机械：系指起道机、捣固机、螺栓紧固机、弯轨器、撞轨器、切轨机、轨缝调整器、拨道器等。

机具：系指施工、维修作业中使用的动力扳手、撬杠等。

列车运行中碰撞道砟未造成机车车辆损坏或人员伤亡，不按本项论。

（39）应安装列尾装置而未安装发出列车：有规定或调度命令的不按本项论。

（40）行包、邮件装卸作业耽误列车：系指在装卸作业过程中因组织不当耽误列车，包括超载偏载、侵限或机动车（包括平板车）侵限、掉进股道、抢越平过道耽误列车。

（41）作业人员伤亡：系指在铁路行车相关作业过程中发生的，与企业管理、工作环境、劳动条件、生产设备等有关的，违反劳动者意愿的人身伤害，含急性工业毒导致的伤害。

（42）作业过程：系指作业人员在本职工作岗位上或领导临时指派的工作岗位上，在工作时间内，从事铁路企业生产经营活动的全过程。作业人员请假离开、返回工作岗位、下班离岗、退勤退乘等，尚未离开其作业场所的，均视为作业过程。

工作时间：原则上以现行各种班制、乘务交路规定的工作时间和铁路综合计算工时工作制为依据。若不在规定的工作时间内，但属于因生产经营、工作需要而临时占用的时间，也视为工作时间。

（43）事故伤害损失工作日：系指作业人员在事故中导致伤残、死亡，造成劳动能力损失的程度，以工作日为度量单位。"事故伤害损失工作日"，与实际歇工天数不同。确定某种伤害损失工作日数的具体数值，应以《事故伤害损失工作日标准》（GB/T 15499—1995）为依据查定。

（44）作业人员重伤：指造成作业人员肢体残缺或某些器官受到严重损伤，致使人体长期存在功能障碍或劳动能力有重大损失的伤害。按照《事故伤害损失工作日标准》（GB/T 15499—1995）查定，其伤害部位及受伤害程度对应的事故伤害损失工作日或多处负伤其损失工作日合并计算等于或超过 300 个工作日的，属于重伤。该标准未作规定的，按实际歇工天数确定，实际歇工天数超过 299 天的，按 299 天统计；各伤害部位计算数值超过 6 000 天的，按 6 000 天统计。作业人员死亡，其事故伤害损失工作日按 6 000 个工作日统计。

（45）急性工业中毒事故：系指生产性毒物一次或短期内，通过人的呼吸道、消化道或皮肤大量进入体内，使人体在短时间内发生病变，导致中断工作，须进行急救处理，甚至死亡的事故。中毒程度通常分为轻度、中度和重度中毒。按照有关规定，凡是住院治疗的急性工业中毒，均按重伤报告、统计和处理。

（46）伤亡人数发生变化：系指轻伤发展成重伤，重伤发展成死亡，以及伤亡人数发生变化等情况。

（47）作业人员：系指参加铁路行车相关作业的所有从业人员，含已参加铁路企业生产经营活动，与铁路用人单位形成事实劳动关系的人员。

（48）职业禁忌证：系指某个工作岗位因其特殊性而对从业人员患有的可能造成事故的疾病做出限制的范围。如视力减退对于机车乘务员；恐高症、高血压对于电力工、架子工；高血压、心脏病对于巡道工、调车人员等均属职业禁忌证。

（49）事故责任待定：系指事故原因、责任尚未查清，需待认定的情况。事故件数暂时统计在发生月，若最后认定为非责任事故，则予以变更。

（50）人员失踪：系指发生事故后找不到尸体，如在河流湖泊中沉溺、泥石流中掩埋等，与出走不归等情况不同，无需经法院认定。

（51）交叉作业：系指分别属于两个或两个以上企业的作业区域相互重叠，从业人员同一作业场所各自作业，包括铁路作业人员在专用线内取送车等作业。

（52）因正常手术治疗而加重伤害程度：系指从业人员在事故中受伤后，为避免伤势恶化而必须实施截肢、器官摘除等手术措施，致使伤害程度加重的情况。

任务四　铁路交通事故救援与起复

保持铁路运输畅通是铁路运输的关键，一旦发生重要运输中断必须积极地处理，迅速恢复通车，把运输中断时间减小到最低程度，为此铁路运输组织中设置了事故救援列车，救援列车配备一定的人员、机具、器材，经常保持完好状态，随时准备出动。

一、事故救援列车基本任务

（1）按照调度命令，争分夺秒抢救事故，开通线路，迅速恢复行车，以及完成调度给予的其他作业任务。

（2）负责管辖区内救援队（班），机车乘务员以及车站、列检等有关人员的起复救援基本技术的训练，并负责救援队的工具、备品的配备及检修工作。

（3）经常不断地改革救援工具，研究改进救援方法，并做好救援列车设备的维修工作。

二、事故的组织处理

（1）事故发生后，列车司机或车辆乘务员等现场铁路工作人员应当立即采取停车措施，并按规定对列车进行安全防护。遇有人员伤亡时，应当向邻近车站或者列车调度员请求施救，并将伤亡人员移出线路、做好标记，有能力的应当对伤员进行紧急施救。

（2）客运列车发生事故造成车内人员伤亡或者危及人员安全时，列车长应当立即组织车上人员进行紧急施救，稳定人员情绪，维护现场秩序，并向邻近车站或者列车调度员请求施救。

（3）救援队接到事故救援通知后，救援队长应当召集救援队员以最快速度赶赴事故现场。到达事故现场后，应当立即组织紧急抢救伤员，利用既有设备起复脱轨的机车车辆，清除各种障碍，搭设必要的设备设施，为进一步实施救援创造条件。

（4）发生列车火灾、爆炸、危险货物泄漏等事故时，现场铁路工作人员应当尽快组织疏散现场人员并采取必要的防护措施。

（5）事故发生后影响本线或者邻线行车安全时，现场铁路工作人员应当立即按规定采取紧急防护措施。

三、起复作业安全注意事项

（1）起复工作应由一人统一指挥，不得乱指挥和乱显示信号。

（2）利用钢丝绳拉车时，必须缓慢用力，严禁猛拉，以防止钢丝崩断伤人。

（3）拉车时工作人员必须离开事故车辆周围，以防钢丝绳崩断和车轮压滑物体飞出伤人。

（4）事故车辆前后必须设立防护，并指定专人负责看管。

（5）利用顶镐起复车辆一端时，另一端车轮必须加止轮器，起落横动时必须由一人指挥。

四、起复作业的组织准备工作

（1）先了解事故情况，确定起复计划，提出时间要求，明确分工，由车长、司机、救援队（班）长或具有起复经验的人员统一指挥。

（2）起复车辆时，如是重车则需要卸空（空车便于起复）。

（3）根据事故车的脱轨方向和距离基本轨的远近放置复轨器。

（4）起复方法多数是按照原来的脱轨方向放置复轨器，或将脱轨车拉近基本轨以后，再安放复轨器进行起复。

五、起复注意事项

（1）无论机车还是车辆发生脱轨后，大多数车辆都有不同程度的倾斜度，这在工作时应特别注意，在起复前应先查看车轮的斜度，看哪边离基本轨近，再确定起复拉车的方向。

（2）无论机车还是车辆发生脱轨后，一般的规律枕木都要压道槽，因此顺槽往回拉是正常的。

（3）无论使用什么型的复轨器，在拉前应在复轨器上加放油，以便车轮易滑上道。自事故车轮至复轨器之间应铺垫石砟将枕木盖严，以减少阻力，保护枕木，防止车轮前进变向。

（4）利用复轨器起复机车车辆，在牵引时，工作人员应离事故车稍远的地方，切勿蹲在复轨器旁，以防由于事故车翻倒和石砟等物被挤压迸出伤及身体。

（5）拉事故车时，机车牵引速度应缓慢，防止车轮越过复轨器，不上基本轨。

（6）事故车辆起复作业前，在有列检人员的车站，应通知列检人员参加起复工作和起复后的车辆检查工作。在无列检人员的车站，事故车辆起复后，必须通知附近列检人员对事故车辆进行检查，检查后方准投入运用。

六、复轨器的种类和使用方法

1. 海参形复轨器使用方法

它是靠滑动来进行复位的，使用时外侧高、内侧低、外侧靠、内侧离。

当脱线车轮上到复轨器上端时，利用复轨器顶部斜面，使车轮下滑，从而达到起复的目的。海参形复轨器的有效复轨距离为 150 mm，拉复时，一定要慢，因为它的滑动距离很短，拉的快了很容易越过去，如超出了这个范围，同样要添加逼轨器。海参形复轨器最适宜起复机车，由于海参形复轨器的钩螺栓在侧面与钢轨底部固定，能避开机车排障器且不影响正常行车，而且机车较重脱轨后一般不会距离基本轨太远。

主要安装方法为：轨

（1）在事故机车、车辆起复方向，脱轨车轮前方依据脱轨距离、倾斜方向，选择适当位置安装复轨器；

（2）内、外侧复轨器要对称安装；

（3）脱线在线路外侧的车轮前方，安装外侧复轨器与钢轨密贴，脱线在线路内侧的车轮前方，安装内侧复轨器与钢轨间留轮缘槽；

（4）分别用两条钩螺栓由钢轨底部穿过，一端钩在钢轨轨底上，另一端从复轨器体上的孔内穿出，用螺母紧固；

（5）在脱轨车轮与复轨器间的车轮经路上铺垫石砟，减少运行阻力和防止车轮改变方向；

（6）牵引起复前在复轨器顶部的滑动面上涂上润滑油。

2. 人字形复轨器使用方法

（1）人字形复轨器分为左右两侧两个形状，从正面看，它的引导楞是外股长，内股短，形成"左人右入"形状。使用时将长引导楞安放在钢轨外侧，短引导楞安放在钢轨内侧；

（2）使用时，必须安装在拉车的前进方向，左右分开摆齐（要躲开鱼尾板），有轨撑的要拆除，将安放复轨器尾部的石砟挖出，装好串销拧紧顶丝固定好，复轨器下部的空处用石砟、铁板等垫硬，复轨器前端与钢轨面接触处，可垫少量棉纱、沙粒、木片等物，以防使用时滑行；

（3）使用时要注意：脱轨车轮距基本轨不得超过 240 mm，如超过时，须用"拉"和"逼"的方法使车轮靠近基本轨，然后进行起复；

（4）由脱轨车轮至复轨器间用石砟、铁板等物垫好以减少起复时的阻力和损坏枕木。

3. 逼轨器的安装使用方法

逼轨器是由普通短钢轨和固定件组成，用来迫使脱轨车轮靠近基本轨之用，逼轨器安装于线路中心斜向放置，一端伸至车轮内侧，另一端置于复轨器引导楞内侧（在复轨器的一端距离基本轨应留有 150 mm 的间隙）、用钉子钉在枕木上，或用卡子与基本轨相连接，逼轨长度为 2~4 m（没有短钢轨时可用枕木头、圆木代替）。如遇钢枕，水泥枕无法固定时，就在两枕木间加上枕木头，以便使逼轨器固定。

项目总结

本项目具体就电力机车乘务员安全生产，铁路交通事故的分类，事故的报告，事故起复救援等知识做了具体的阐述。并对铁路交通有关事故的具体概念做了较详细的说明，希望学习者通过系统的学习重点掌握相关概念及事故等级的分类和特点。

事故案例

兰新线"7·23"N857 次旅客列车冲突重大事故

（一）事故概况

2007 年 7 月 23 日 23 时 21 分，兰州西机务段韶山$_{7E}$型 047 号机车牵引 N857 次旅客列车（编组 18 辆，总重 991 t，换长 42.9）运行至兰新线大青阳口—马莲井间下行线 K424+810 处（运行方向 2.4‰ 上坡），与前行溜逸的由嘉峪关机务段韶山$_3$型 553 号机车牵引 85209 次货物列车（编组 55 辆，总重 1 235 t，换长 60.5）正面冲突。造成 N857 次机车脱轨 1 台、客车中途摘车 2 辆，货车车辆颠覆 7 辆、脱轨 2 辆，人员轻伤 4 人。经救援起复，于 24 日 10 时 39 分开通上行线，中断上行线行车 11 小时 18 分；25 日 8 时 52 分开通下行线，中断下行线行车 33 小时 31 分。

24 日 18 时 02 分，嘉峪关机务段张掖救援列车 N1602-4C14 号铁路起重机在兰新线大青阳口—马莲井间上行线 K424+850 处，准备对脱轨的 N857 次机车进行移位作业，起重机在空载状态下吊臂回转时，起重机整体重心失衡，车体向后部突然发生侧翻，带动吊臂倒向线路北侧，吊臂与起重机分离甩出后，将北侧高压线砸断的瞬间，又将正在路基北侧下方休息的兰州西电务段 3 名职工当场砸死，6 人受轻伤。再次中断上行线行车，至 26 日 0 时 25 分上行线开通，直接经济损失 357.9 万元。构成旅客列车冲突重大事故。

（二）事故原因

85209 次机车乘务员出乘前未充分休息，值乘中未执行基本作业标准，列车运行中打盹睡觉，违法违章违纪，致使列车处于失控状态，区间停车后向后溜逸，与后续的 N857 次客运列车冲突。

在事故救援中，嘉峪关机务段张掖救援列车主任严重违反铁路起重机操作规程中"挂活动配重前，必须先打好支腿"的规定，违章指挥司索工作业，在未打支腿的情况下挂上32 t的活动配重，并指示二班工长指挥起重机吊臂由西经南向东回转180°，严重违反"不使用支腿，有活动配重作业时严禁吊臂出±10°区"的规定。起重机指挥人接受错误命令，继而违章指挥起重机司机操纵起重机进行180°的回转。起重机司机接续执行错误指令，违章操纵起重机将吊臂进行由西经南向东回转180°作业，致使起重机转台在旋转过程中整体重心失衡，起重机向北侧翻带动吊臂向北倾倒甩出，是造成事故损失进一步扩大的主要原因。

（三）事故教训

1. 因机车乘务员当班睡觉，造成旅客列车冲突行车重大事故。对于防止机车乘务员睡觉问题，机务部门只是对加强待乘室管理制定了措施，而对不在待乘室休息的乘务员如何管理，却无管理举措。机车乘务人员待乘休息不够，值乘中呼唤应答等基本制度、标准不落实，习惯性违章、简化作业程序等问题屡禁不止。

2. 2005年9月，安排张掖救援队司机等6人到武威南救援队学习，学后于2005年10月将N1602-4014号救援车接回张掖。接回后，救援列车主任不认真组织救援人员认真学习操作说明，起重机空载加活动配重回转演练时均不按规定打支腿。业务处、机务段专业人员多次参加日常救援演练和检查，均未发现这一错误做法，导致操作人员错误地把侥幸没有发生问题的违章作业行为当成作业标准，埋下了事故隐患。

3. 安全装备控制功能不全，防溜功能漏项。事故的发生，暴露出机车运用监控装置控制功能还存在漏洞，未采取相位防溜功能，致使货物列车在区间停车后溜逸，发生列车冲突重大事故，教训极为惨痛。机务处对LKJ运行监控装置的3种防溜模式，没有结合兰州局线路坡道多，容易引发机车溜逸的特点进行深入研究，没有认识到铁路局集团公司配属的822台机车中，有721台已经具备了相位防溜实施条件，能够保证全局统一实施相位防溜，在机车速度传感器改造完毕、具备实施相位防溜功能的情况下，却没有启用相位防溜这一功能，设备监控的作用没有被及时利用，白白浪费了重要的安全监控资源。

4. 应急处置能力低下，救援组织慌乱无序。事故救援中，机务处处长、主管救援工程师均未赶到事故现场，先期到达现场的人员，未根据现场线路平纵断面、脱轨车辆的实际状况，制定有效的救援方案，救援组织脱离实际。在救援列车赶到事故地点时，不仅接触网没有拆完，耽误2个多小时。而且救援车顺位也不对，致使现场无法展开救援作业，吊移臂架平车又浪费2个小时，直到24日6时10分才开始进行脱轨车辆起复。而且，作业环节严重失控，救援指挥人员违章指挥，起重机司机盲目操作，导致救援时起重机侧翻，致使多人伤亡，扩大了事故损失。

复习思考题

1. 机车乘务员在电力机车上工作的一般安全规定是什么？
2. 电力机车乘务员在本段、折返段外工作时的安全有何规定？
3. 电力机车防火与救火应做到哪些要求？
4. 铁路交通事故分为哪几种类型？内容是什么？
5. 特别重大事故的构成条件有哪些？
6. 简述事故救援列车的性质和基本任务。
7. 简述人字形复轨器的使用方法。
8. 简述逼轨器的使用方法。
9. 机车乘务员人身安全制度有哪些规定？

事故案例

项目九

电力机车乘务员一次作业过程

项目要点

机车乘务员是铁路运输的主要工种,为使机车乘务员操纵车列规范化、标准化,原铁道部制定了《铁路机车操作规则》(以下简称《操规》)(铁运〔2012〕281号)。该规程是机车乘务作业的标准,是机车乘务员正确驾驶机车、精心保养机车和平稳操纵列车的依据。

机车乘务员应树立良好的职业道德,做到"遵章守纪、爱护机车、平稳操纵、安全运行"。

通过对本项目中电力机车段内作业,途中作业,终点站与退乘作业,机车乘务员呼唤应答等知识的系统学习,希望能进一步加强对相关规定的理解、认识,并重点掌握:

1. 关系行车安全的重要部件检查;
2. 作业程序中有关副司机的作业内容和要求;
3. 电力机车的操纵方法与安全事项;
4. 机车乘务员呼唤应答作业标准。

扫码获取
项目九课件

任务一　库内接车作业

一、出勤和接车作业

1. 出　勤

乘务员出勤时应做到:

（1）出乘前必须充分休息，严禁饮酒，按规定着装，准时出勤。

（2）出勤时，机车乘务员应携带工作证、驾驶证、岗位培训合格证（鉴定期间由机务段出具书面证明）和有关规章制度，到机车调度员处报到，接受指纹影像识别、酒精含量测试，按规定领取司机报单、司机手册、列车时刻表、运行揭示等行车资料和备品。

（3）认真阅读核对运行揭示及有关安全注意事项，结合担当列车种类、天气等情况，做好安全预想，并记录于司机手册。认真听取出勤指导，将司机手册交机车调度员审核并签认。

（4）办理运行揭示和列车运行监控装置专用IC卡（以下简称"IC卡"）交付时，必须实行出勤机班与出勤调度员双审核、双确认的检验签认把关制度。

2. 接　车

出勤后接车时应做到：

（1）按职责分工进行交接。接车时，认真了解机车运用、检修情况，办理耗电、工具和备品交接。

（2）接车后，确认列车运行监控装置（以下简称"LKJ"）、机车信号、列车无线调度通信设备等行车安全装备合格证齐全、符合规定。将IC卡数据载入LKJ并确认无误。

《操规》规定了HXD_3型电力机车的检查项目及标准（见表9-1），SS_4型电力机车的检查项目及标准（见表9-2），规定的其他机型参考《操规》学习，《操规》为规定的其他机型由铁路局集团公司参考该规程自行制定。机务段应根据乘务方式、整备设备、技术作业时间等情况制定具体检查内容及要求。

表9-1　HXD_3型电力机车检查项目

机车走行部项目	
序号	部　件
1	头灯，副灯，标志灯，前窗玻璃，标志标记
2	扶手，脚踏板，重联插座，排障器，平均软管，总风软管，制动软管
3	车钩各部，车钩三态
4	车体侧墙
5	司机室门扶手，脚蹬，主电路、控制电路插座
6	机车信号，自动过分相，扫石器
7	砂箱，砂管，撒砂器，牵引杆固定
8	动轮，轴箱，基础制动装置及指示件，轮缘润滑装置
9	二系悬挂装置，减震器，高圆弹簧，侧挡
10	变压器油箱各部及安装固定
11	辅助电路库用插座，转向架端梁，变压器油路
12	检查各轴箱轴承测温试纸温度显示符合要求

续表

机车底部项目（实行专检专修的除外）	
序号	部件
1	车钩下部及缓冲装置
2	排障器，扫石器，车底照明灯具
3	总风管、列车管、平均管管路
4	横向油压减震器，牵引杆固定
5	信号接收线圈，自动过分相
6	动轮及基础制动装置各单元，牵引电机及悬挂装置（其余各轮对检查同此项）
7	变压器油箱底部
机车中部项目	
序号	部件
1	司机室各仪表，司机操纵控制手柄，各扳钮开关，电子制动阀 EBV，紧急放风阀，接线端子柜，保安设备，司机室各辅助设备
2	各牵引通风机，复合冷却通风机组
3	机械间门，各电器柜门，主、辅变流器柜及外观
序号	部件
4	TCMS、ATP 装置，电器控制箱，受电弓、主断功能模块，自动过分相装置
5	空气压缩机，空气干燥系统，空气管路柜，各风缸
6	信号、防护用具及随车工具
机车车顶项目（实行专检专修的除外）	
序号	部件
1	受电弓，主断路器及接地开关，车顶其他设备

表 9-2　SS$_4$型电力机车检查项目

序号	部件
1	行车安全装备
2	机车轴温报警装置
3	走行部（包括车底部）
4	基础制动装置和牵引装置
5	空气压缩机和制动机及撒砂装置
6	硅整流和电阻制动装置
7	各电气柜
8	各辅助机组
9	主断路器及附属装置

续表

序号	部件
10	主变压器及附属装置
11	互感器及平波电抗器
12	接线端子、插头、插座及电子板插件
13	蓄电池组
14	照明装置和信号标志
15	受电弓和各绝缘瓷瓶
16	各监督计量器具
17	信号旗（灯）及防护用品
18	人力制动机紧固器、复轨器及止轮器

（3）SS_9型和HXD_3型电力机车高低压试验程序按本教材的项目十一中任务六、任务七的规定进行，其他机型电力机车高低压试验，可根据各铁路局集团公司规定进行。DK-Ⅰ型电空制动机"五步闸"检查方法见表9-3，CCB-Ⅱ制动机"五步闸"检查方法见表9-4。

表9-3 DK-Ⅰ型电空制动机"五步闸"检查方法

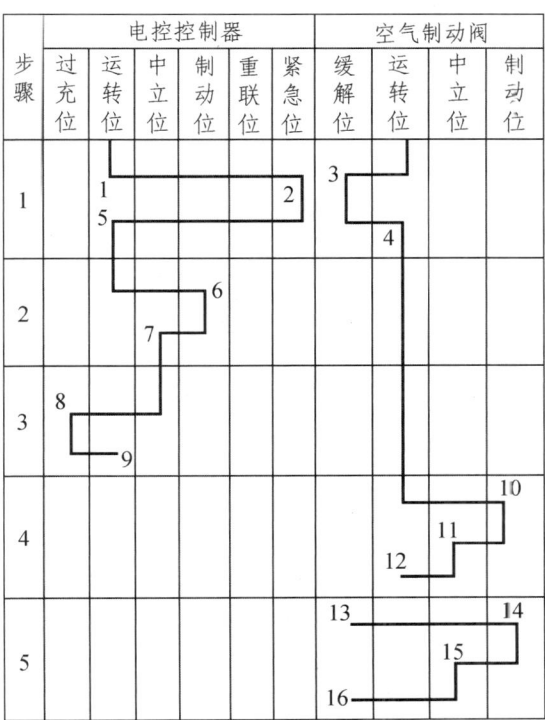

表 9-4 CCB-Ⅱ制动机"五步闸"检查方法

步骤	设置	自动制动手柄						单独制动手柄		
		运转	初制动	制动	全制	抑制	重联	紧急	侧缓	运转	制动	全制
1	本机/不补风	1						2		3		
						4						
2	本机/不补风	5										
		6		7								
		10	8	9								
3	本机/不补风		11		13					12		
		14										
4	本机/不补风										15	
										16		17
				19						18		
5	单机	22		20						21		
												23
										24		

DK-Ⅰ型电空制动机"五步闸"检查方法及项目

（1）确认列车管、均衡风缸和总风缸皆为规定压力，制动缸压力为 0。

（2）列车管压力在 3 s 内下降至 0 kPa，制动缸压力在 5 s 内升至 400 kPa，最高压力为 450 kPa，并自动撒砂（有级位时切除主断路器）。

（3）空气制动阀手柄移至缓解位，同时下压手柄，制动缸压力应缓解到 0 kPa。

（4）制动缸压力不得回升。

（5）列车管压力在 9 s 内升至 480 kPa，均衡风缸在 10s 内升至 500 kPa；手柄停留 50 s 以上。

（6）均衡风缸减压 140 kPa 的时间为 5～7 s，制动缸压力 6～8 s 升至 360 kPa（装有切控阀的机车为 140 kPa）。

（7）均衡风缸、列车管因漏泄每分钟的压力下降分别不大于 5 kPa 和 10 kPa。

（8）均衡风缸定压，列车管超过规定压力 30～40 kPa，制动缸压力不变。

（9）120 s 左右过充压力消除，列车管恢复定位，制动缸压力缓解为 0。

（10）制动缸压力在 4 s 内升至 280 kPa，最高为 300 kPa。

（11）制动缸压力不变。

（12）制动缸压力在 5 s 内下降至 35 kPa。

（13）均衡风缸、列车管为规定压力。

（14）均衡风缸减压 140 kPa 的时间为 5~7 s。

（15）均衡风缸、列车管因漏泄每分钟的压力下降分别不大于 5 kPa 和 10 kPa。

（16）均衡风缸、列车管恢复规定的压力，制动缸压力为 0 kPa。

注：（13）~（16）系空气位操作，应按有关规定进行电空位与空气位的转换。检查试验完毕后，恢复至电空位，将空气制动阀手柄移至运转位。

CCB-Ⅱ型电空制动机"五步闸"检查方法：

（1）总风压力 750~900 kPa，制动缸压力 0，均衡风缸压力 500 kPa，列车管压力 500 kPa。

（2）列车管压力在 3 s 内降为 0，制动缸在 3~5 s 内升至 200 kPa，并继续增压至 450 kPa，均衡风缸压力降为 0，紧急制动倒计时 60 s 开始。

（3）制动缸压力下降为 0 kPa，手柄复位后制动缸压力恢复。

（4）60 s 倒计时结束后操作，列车管、均衡风缸、制动缸压力不变。

（5）均衡风缸增压至 500 kPa，列车管增压至 480 kPa 不大于 9 s，制动缸压力下降为 0 kPa。

（6）等 60 s 使系统各风缸充满风。

（7）均衡风缸在 5~7 s 减压到 360 kPa，列车管减压到均衡风缸压力±10 kPa，制动缸 6~8 s 增压到 360 kPa。

（8）保压 1 min，均衡风缸压力泄漏不大于 7 kPa，列车管压力泄漏不大于 10 kPa，制动缸压力变化不大于 25 kPa。

（9）各压力无变化。

（10）均衡风缸增压至 500 kPa，列车管压力 500 kPa，制动缸压力下降为 0 kPa。

（11）充满风后，均衡风缸减压 50 kPa，列车管减压到均衡风缸压力的 ± 10 kPa，制动缸增压到 70~110 kPa。

（12）制动缸压力下降为 0，手柄复位后制动缸压力不恢复。

（13）均衡风缸以常用制动速率降为 0，列车管减压至 55~85 kPa 后保持，制动缸增压至 450 kPa。

（14）均衡风缸增压至 500 kPa，列车管压力 500 kPa，制动缸压力下降为 0 kPa。

（15）阶段制动，制动缸压力阶段上升，全制动制动缸压力 300 kPa。

（16）阶段缓解，制动缸压力阶段下降，运转位制动缸压力下降为 0 kPa。

（17）制动缸在 2~3 s 上升到 280 kPa，最终为（300±15）kPa。

（18）制动缸压力在 3~5 s 降到 35 kPa 以下。

（19）均衡风缸减压 100 kPa，列车管减压到均衡风缸压力的 ± 10 kPa，制动缸增压到 230~250 kPa。

（20）均衡风缸减压 140 kPa，列车管压力保持不变，制动缸压力保持不变。

（21）制动缸压力下降为 0 kPa，手柄复位后制动缸压力不恢复。

（22）均衡风缸增压至 500 kPa，列车管压力保持不变，制动缸压力保持不变。

（23）制动缸压力在 2~3 s 上升到 280 kPa，最终为 300 kPa。

（24）制动缸压力在 3~5 s 降到 35 kPa 以下。

注：试验完毕，机车恢复本机/不补风状态设置。

二、出段与挂车

（一）出段

机车整备完毕机班全员上车后，要道准备出段，并应做到：

（1）确认出段信号或股道号码信号、道岔开通信号、道岔表示器的显示正确，厉行呼唤应答，鸣笛动车（限鸣区段除外，下同）。

（2）移动机车前，应确认相关人员处于安全处所，防溜撤除，注意邻线机车、车辆的移动情况。段内走行严守速度规定。

（3）机车到达站、段分界点停车，签认出段时分（单班单司机签点办法由铁路局集团公司规定），了解挂车股道和径路，执行车机联控，按信号显示出段。

（二）挂车时

进入挂车线后，应严格控制机车速度，执行十、五、三车和一度停车规定，确认脱轨器、防护信号及停留车位置，并应做到：

（1）距脱轨器、防护信号、车列 10 m 前必须停车。

（2）确认脱轨器、防护信号撤除后，显示连挂信号，以不超过 5 km/h 的速度平稳连挂。

（3）连挂时，根据需要适量撒砂，连挂后要试拉。

（三）挂车后

挂车后，机车保持制动，司机确认机车与第一位车辆的车钩、软管连接和折角塞门状态。多机重联时，机车与车辆连挂状态的检查由连挂司机负责。列车本务司机应复检机车与第一位车辆的车钩、软管连接和折角塞门状态，并应做到：

（1）正确输入机车综合无线通信设备（以下简称"CIR"）、LKJ 有关数据。采用微机控制制动系统的机车，核对制动机设定的列车种类。向车站值班员（助理值班员）了解编组情况、途中甩挂计划及其他有关事项。

（2）货运票据、列车编组顺序表需由机车乘务组携带时，应按规定办理交接，并妥善保管。

（3）司机应在列车充风或列车制动机试验时，检查本务机车与列尾装置主机是否已形成"一对一"关系。

（4）制动主管达到定压后，司机按规定及检车人员的要求进行列车制动机试验，装有防折关装置的机车应确认制动主管贯通情况。

（5）发现充、排风时间短等异常或制动主管漏泄每分钟超过20 kPa时，及时通知检车人员（无检车人员时通知车站值班员）。

（6）制动关门车辆数超过规定时，发车前应持有制动效能证明书。

（7）列车制动机进行持续一定时间的保压试验，应在试验完毕后，接受制动效能证明书。

（8）司机接到制动效能证明书后，应校核每百吨列车重量换算闸瓦压力，不符合《技规》及本区段的规定时，应向车站值班员报告。

（9）直供电列车连挂后，司机拔出供电钥匙与客列检（或车辆乘务人员）按规定办理交接、供电手续，电力机车还需断开主断路器。

（四）列车制动机试验

1. 全部试验

列检作业场无列车制动机的地面试验设备或该设备发生故障时，机车对列车充满风后，司机应根据检车员的要求进行试验：

（1）自阀减压50 kPa（编组60辆及以上时为70 kPa）并保压1 min，对列车制动机进行感度试验，全列车必须发生制动作用，并不得发生自然缓解；司机检查制动主管漏泄量，每分钟不得超过20 kPa；手柄移至运转位后，全列车须在1 min内缓解完毕。

（2）自阀施行最大有效减压（制动主管定压500 kPa时为140 kPa，定压600 kPa时为170 kPa），对列车制动机进行安定试验，以便检车员检查列车制动机，要求不发生紧急制动，并检查制动缸活塞行程或制动指示器是否符合规定。

2. 简略试验

制动主管达到规定压力后，自阀减压100 kPa并保压1 min，检查制动主管贯通状态，检车员、车站值班员或车站有关人员检查确认列车最后一辆车发生制动作用；司机检查制动主管漏泄量，每分钟不得超过20 kPa。

3. 持续一定时间的保压试验

在长大下坡道前方的列检作业场需进行持续一定时间的保压试验时，应在列车制动机按全部试验方法试验后，自阀减压100 kPa并保压3 min，列车不得发生自然缓解。

4. 列车制动机试验时

司机应确认并正确记录充、排风时间，检查制动主管压力的变化情况，并作为本次列车操纵和制动机使用的参考依据。装有列尾装置的列车，进行列尾风压查询；装有防折关装置的机车，注意观察其状态；CCB-Ⅱ、法维莱等微机控制的制动机，注意观察显示屏上充风流量信息。

三、发车准备与发车

（1）司机根据发车时间，做好发车准备工作。

货物列车起动困难时，可适当压缩车钩，但不应超过总辆数的 2/3。压缩车钩后，在机车加载前，不得缓解机车制动。

（2）起动列车前，必须两人及以上（单司机值乘区段除外）确认行车凭证、发车信号显示正确，准确呼唤应答，执行车机联控，鸣笛起动列车。

① 起动列车前使用列尾装置检查尾部制动主管压力是否与机车制动主管压力基本一致。

② 列车起动时，应检查制动机手柄是否在正常位置及各仪表的显示状态，做到起车稳、加速快、防止空转。

③ 电力机车进级时，应使柴油机转速及牵引电流稳定上升。当列车不能起动或起动过程中空转不能消除时，应迅速调整主手柄位置，重新起动列车。

④ 列车起动后，应进行后部瞭望确认列车起动正常。单司机单班值乘的不进行后部瞭望。

任务二　途中作业

机车途中运行作业，是乘务员一次乘务作业过程中的主要阶段，包括司机按照列车操纵示意图操纵列车安全运行、调车作业、呼唤应答及副司机走廊巡视等作业内容。这一阶段的作业好坏直接影响到行车的安全正点。所以，要求机车乘务员熟悉各种规章制度和业务知识，尤其对客车实现平稳操纵，保证行车安全。

一、列车操纵示意图

机务段应根据担当的牵引区段、使用机型、牵引定数、区间运行时分等编制列车操纵示意图、列车操纵提示卡。在编制过程中，应利用 LKJ 运行数据对其进行校核优化。

列车操纵示意图应包括以下内容：

（1）列车速度曲线。

（2）运行时分曲线。

（3）线路纵断面和信号机位置。

（4）站场平面示意图。

（5）提、回手柄地点。

（6）动力制动使用和退回地点。

（7）空气制动减压和缓解地点及速度。
（8）区间限制速度及区段内各站道岔的限制速度。
（9）机械间、走廊巡视时机。
（10）接触网分相区地点。
（11）各区间注意事项。

铁路局集团公司按照列车操纵示意图相关内容，针对担当区段的安全关键，编制操纵提示卡，明确区间公里、运行时分、平均速度、具体提回手柄地点、提回手柄级位或柴油机转速、制动机使用操作、电力机车过分相操作、特殊困难区段操作，以及含到发线有效长度、道岔限速、站中心公里、股道有无接触网等内容的中间站站场示意图等内容和安全注意事项。

二、列车操纵与安全注意事项

（1）机车司机在运行中必须严格执行"彻底瞭望、确认信号、准确呼唤、手比眼看"的"十六字令"，依照机车乘务员一次出乘作业标准、《列车操纵示意图》《列车操纵提示卡》正确操纵列车，并规范执行确认呼唤（应答）和车机联控制度。

（2）严格遵守每百吨列车重量换算闸瓦压力限制速度，列车限制速度，线路、桥隧、信号容许速度，机车车辆最高运行速度，道岔、曲线及各种临时限制速度，以及LKJ速度控制模式设定的限制速度的规定。

列车运行中，当列尾装置主机发出电池欠压报警、通信中断等异常情况时，司机应及时通知就近车站值班员或列车调度员，旅客列车应同时通知车辆乘务员。

（3）设有两端司机室的机车，司机必须在运行方向前端司机室操纵（调车作业推进运行时除外）。机车信号转换开关置于正确位置。非操纵端与行车无关的各开关均应置于断开位并锁闭，取出制动机手柄或置于规定位置；列车无线调度通信设备和列尾装置司机控制盒置于关闭位。安装双套LKJ主机的机车，非操纵端LKJ应关闭。

（4）操纵机车时，未缓解机车制动不得加负荷（特殊情况除外）；运行中或未停稳前，严禁换向操纵。设有速度工况转换装置的机车，车未停稳，不准进行速度工况转换。

机车负载运行中，电力机车进级时，应使牵引电流稳定上升，遇天气不良时应实施预防性撒砂，当机车出现空转不能消除时，应及时调整主手柄位置；具有功率自动调节控制功能的和谐型机车运行在困难区段出现空转时，不得盲目退回手柄。

（5）装有列尾装置的列车出发前、进站前、进入长大下坡道前和停车站出站后，应使用列尾装置对制动主管的压力变化情况进行检查，发现制动主管的压力异常时，应立即停车，停车后，查明原因妥善处理，并通知就近车站值班员或列车调度员。

（6）单机（包括双机、专列回送的机车，下同）在自动闭塞区间紧急制动停车后，具备移动条件时司机须立即将机车移动不少于15 m，再按照先防护后报告的原则，在轨道电路调谐区外使用短路铜线短接轨道电路，然后向就近车站值班员或列车调度员报告停车位置和原因。

（7）单机被迫停在调谐区内时，司机须立即在调谐区外使用短路铜线短接轨道电路，然后向就近车站值班员或列车调度员报告停车位置和原因。

（8）列车运行中，发现制动主管压力急剧下降、波动，空气压缩机不工作或长时间泵风不止，列尾装置发出制动主管压力不正常报警等异常情况时，应迅速停止向制动主管充风，解除机车牵引力，及时采取停车措施。

（9）列车停车再开车后，应选择适当地点进行贯通试验。司机确认制动主管排风结束、列车速度下降方可缓解，同时司机应注意风表压力及列车充、排风时间（万吨及以上重载列车除外）；装有列尾装置的列车还应使用列尾装置查询列车尾部制动主管风压。

（10）装有动力制动装置的机车在列车调速时，要采用动力制动为主、空气制动为辅、相互配合使用的方法，并应做到：

① 电力机车给定制动励磁电流时，电流的升、降要做到平稳。

② 制动电流不得超过额定值。

③ 动力制动与空气制动配合使用时，应将机车制动缸压力及时缓解为 0（设有自动控制装置的机车除外）。

④ 需要缓解时，应先缓解空气制动，再解除动力制动。

⑤ 多机牵引使用动力制动时，前部机车使用后，再通知后部机车依次使用；需要解除动力制动时，根据前部机车的通知，后部机车先解除，前部机车后解除（装有重联线和同步装置机车运行时除外）。

（11）当发现列车失去空气制动力或制动力减弱危及行车安全时，紧急制动可以同步投入动力制动的机车，司机应立即使用紧急制动，并将动力制动投入达到最大值，在确认动力制动发挥作用后，使用单阀缓解制动缸压力至 150 kPa 以下（设有自动控制装置的机车可不进行单阀缓解操作）。有车辆乘务人员值乘的列车，司机迅速通知车辆乘务人员，使用车辆紧急制动阀停车；装有列尾装置的列车，司机应采取列尾装置主机排风制动措施使列车停车，停车前适当撒砂。

（12）装有动力制动的机车在使用动力制动调速过程中发生紧急制动或需紧急制动时，司机应保持机车动力制动，同时立即用单阀缓解机车制动缸压力至 150 kPa 以下（设有自动控制装置的机车可不进行单阀缓解操作）。

（13）列车或单机停留时，不准停止劈相机及空气压缩机的工作，并保持制动状态。

① 进站停车时，应注意车站接车人员的手信号。

② 货物列车应保压停车，直至发车前出站（发车进路）信号机开放或接到车站准备开车的通知后，方能缓解列车制动。

③ 夜间等会列车时，应将机车头灯灯光减弱或熄灭。

④ 中间站停车，有条件时应对机车主要部件进行检查。

⑤ 机车乘务员必须坚守岗位，不得擅自离开机车。

（14）电力机车在附挂运行中，换向器的方向应与列车运行方向相同，主接触器在断开位。禁止进行电气动作试验。

（15）机车各安全保护装置和监督、计量器具不得盲目切（拆）除及任意调整其动作参数。电力机车各保护电器（油压、水温、接地、过流、超压等保护装置）动作后，在未判明原因前，不得强迫切除各保护装置。机车保护装置切除后，应密切注视机车各仪表的显示，加强机械间的巡视。

（16）运行中，应随时注意机车各仪表的显示。发现机车故障处所和非正常情况，要迅速判明原因并及时处理，将故障现象及处理情况填记"机车运行日志"。

牵引直供电、双管供风的旅客列车时，运行中应注意确认列车供电电压及电流、列车总风管压力的显示。发现异常情况时应及时通知车辆乘务员，按其要求运行或维持到前方车站停车处理，并报告列车调度员或车站值班员。

旅客列车在区间发生故障需双管改单管供风时，司机应掌握安全速度（最高不超过 120 km/h）运行至前方站后进行，跨局旅客列车改为单管供风后，司机报告车站值班员转报列车调度员。因列车总风管压力漏泄不能维持运行，应立即停车，关闭机车后部折角塞门判断机车或车辆原因，属车辆原因应立即通知车辆乘务员处理。

（17）遇天气恶劣，应加强瞭望和鸣笛，信号机显示距离不足 200 m 时，应立即报告车站值班员或列车调度员。

（18）组合列车前部、中部机车必须装有同步操纵装置并保持通信设备良好，其具体操纵及联系办法由铁路局集团公司规定。

（19）附挂（重联）机车连挂妥当后，附挂（重联）司机按规定操作制动机、弹停装置、电气设备等，操作完毕、具备附挂（重联）运行条件后，通知本务机车司机。

附挂（重联）机车需与本务机车或前位机车摘开时，必须恢复机车牵引条件后（闭合蓄电池开关、开启 LKJ、升弓或启机、空压机工作、总风缸压力达到定压、机车处于制动状态），方可通知前位机车进行摘挂作业。

无动力回送机车按规定开放无火回送装置，操作有关阀门。

三、电力机车运行中应注意的事项

（1）根据列车速度，选择适当的手柄位置。牵引电动机电压、电流不得超过额定值。

（2）解除机车牵引力时，牵引手柄要在接近"0"位前稍作停留再退回"0"位。

（3）使用磁场削弱时，要在牵引电机端电压接近或达到额定值，电流还有相当余量时，逐级进行。

（4）通过分相绝缘器时严禁升起前后两个受电弓，一般不应在牵引电动机带负荷的情况下断开主断路器。按"断"、"合"电标，断开、闭合主断路器（装有自动过分相装置除外）。货物列车若通过分相绝缘器前，列车速度过低时（速度值由铁路局集团公司规定），允许快速退回牵引手柄。

（5）遇接触网故障或挂有异物，降、升受电弓标或临时降、升弓手信号时，及时降下或升起受电弓。

（6）接触网临时停电或异常时，要迅速断开主断路器、降下受电弓，立即采取停车措施，检查弓网状态。装有车顶绝缘检测装置的机车，司机要检查确认机车绝缘情况，确认机车绝缘装置故障或绝缘不良时，不得盲目升弓。

四、电力机车作业安全注意事项

（1）不得超越机车限界进行作业，电气化区段严禁攀登机车、车辆顶部，途中停车检查时，身体不得侵入邻线限界。

（2）电力机车乘务员需要登机车顶部检查弓网状态或处理故障时，应断开主断路器，降下受电弓，必须向车站值班员或列车调度员申请办理登顶作业，接到列车调度员发布接触网已停电允许登顶作业的调度命令并验电、接地后方准作业。

（3）严禁向机车外部抛撒火种，机械间严禁吸烟。

（4）列车在区间被迫停车后不能继续运行时，司机应立即使用列车无线调度通信设备通知两端站、列车调度员及车辆乘务员，报告停车原因和停车位置，根据需要迅速请求救援并按规定设置防护。机车故障后 10 min 内不能恢复运行时，司机应迅速请求救援。

（5）遇天气不良、机车牵引力不足等原因，列车在困难区段可能发生坡停或严重运缓时，司机应提前使用列车无线调度通信设备通知两端站或列车调度员。

（6）单机进入区间担当救援作业，在自动闭塞区间正方向运行时，应使 LKJ 处于通常工作状态，严格按分区通过信号机的显示要求行车；在自动闭塞区间反方向、半自动闭塞区间及自动站间闭塞区间运行时，应使 LKJ 处于调车工作状态。在接近被救援列车 2 km 时，按规定严格控制速度。

（7）运行途中突发难于抵抗的身体急症，要立即报告列车调度员或车站值班员，不能维持驾驶操纵的要立即采取停车措施。

五、列车的制动

（1）施行常用制动时，应考虑列车速度、线路坡道、牵引辆数和吨数、车辆种类以及闸瓦压力等条件，保持列车均匀减速，防止列车冲动。进入停车线停车时，提前确认 LKJ 显示距离与地面信号位置是否一致，准确掌握制动时机、制动距离和减压量，应做到一次停妥，牵引列车时，不应使用单阀制动停车，并遵守以下规定：

① 初次减压量，不得少于 50 kPa。长大下坡道应适当增加初次减压量，具体减压量由铁路局集团公司制定。

② 追加减压一般不应超过两次；一次追加减压量，不得超过初次减压量。

③ 累计减压量，不应超过最大有效减压量。

④ 单阀缓解量，每次不得超过 30 kPa（CCB-Ⅱ、法维莱型制动机除外）。

⑤ 减压时，自阀排风未止不应追加、停车或缓解列车制动。

⑥ 货物列车运行中，自阀减压排风未止，不得缓解机车制动。

⑦ 禁止在制动保压后，将自阀手柄由中立位推向缓解、运转、保持位后，又移回中立位（牵引采用阶段缓解装置的列车除外）。

⑧ 货物列车速度在 15 km/h 以下时，不应缓解列车制动。长大下坡道区段因受制动周期等因素限制，最低缓解速度不应低于 10 km/h。重载货物列车速度在 30 km/h 以下，不应缓解列车制动。

⑨ 少量减压停车后，应追加减压至 100 kPa 及以上。

⑩ 站停超过 20 min 时，开车前应进行列车制动机简略试验。

（2）施行紧急制动时，应迅速将自阀手柄推向紧急制动位，并立即解除机车牵引力，期间柴油机不得停机，电力机车不得断主断路器、降弓，动力制动应处在备用状态。列车未停稳，严禁移动自阀、单阀手柄（投入动力制动时，单阀除外）。无自动撒砂装置或自动撒砂装置失效时，停车前应适当撒砂。

六、多机牵引与补机推进

（1）机车重联后，相邻机车之间连接状态的检查，由相邻机车乘务员实行双确认，共同负责。

（2）机车操纵应由行进方向的前部机车负责。重联机车必须服从前部机车的指挥，并执行有关鸣笛及应答回示的规定。

（3）设有重联装置的机车，该装置作用必须良好，重联运行时应接通重联线。其他各有关装置及制动机手柄的位置按《重联机车制动机手柄位置处理表》附件 8 执行。

（4）电力机车重联运行中，前部机车应按规定鸣示降、升弓信号，后部机车必须按前部机车的指示，立即降下或升起受电弓。

（5）中部、尾部挂有补机的列车，其具体操纵及联系办法由铁路局集团公司规定。

七、旅客列车操纵

（1）牵引旅客列车在确保安全正点的同时，应做到运行平稳、停车准确。

① 起车时，全列起动后再加速。

② 进站停车时，应采取保压停车，按机车停车位置标一次稳、准停妥。

（2）列车运行中施行常用制动时，应遵守以下规定：

① 机车呈牵引状态，柴油机转速控制在 550 r/min 左右或牵引电流控制在 1 000 A 左右。电力机车的牵引电流控制在 200 A 以下。停车制动，自阀减压时，列车产生制动作用并稳定降速（时间原则上应控制在 5 s 以上）后，再解除机车牵引

力。特殊情况由铁路局集团公司规定。

② 自阀减压前，应单独缓解机车，使列车制动时机车呈缓解状态。

③ 制动时，追加减压量累计不应超过初次减压量。

（3）列车运行中应根据线路纵断面及限速要求，尽可能不中断机车牵引力。在起伏坡道区段或较小的下坡道运行时，应采用低手柄位或低转速的牵引，尽量避免惰力运行。

（4）列车在长大下坡道运行中，应采用空气、动力制动配合使用的操纵方法，做到：

① 列车进入下坡道时，投用动力制动，待列车继续增速的同时，再逐步增加制动电流。

② 当动力制动不能满足控制列车运行速度的要求时，采用空气制动调整列车运行速度。无动力制动或动力制动故障时的空气制动操纵办法，由铁路局集团公司制定。

③ 缓解列车制动时，应在缓解空气制动后，再逐步解除动力制动。

八、各种坡道上、严寒地区的操纵及注意事项

（1）在较平坦的线路上，列车起动后应强迫加速，达到运行时分所需速度时，适当调整机车牵引力，使列车以均衡速度运行。

（2）在起伏坡道上，应充分利用线路纵断面的有利地形，提早加速，以较高的速度通过坡顶。

（3）在长大上坡道上，应采用"先闯后爬，闯爬结合"的操纵方法。进入坡道前应提早增大机车牵引力，储备动能，进入坡道后应进行预防性撒砂，防止空转，并注意牵引电流不得超过持续电流。

（4）在防寒过冬期间，段内接班后，除执行《操规》第九条的规定外，还应检查机车有无冻结处所，暖气阀是否按规定开放，防寒罩是否齐全。

遇雾雪等天气受电弓或接触网被冰雪包裹，在站内停留如发现弓网产生打火放电现象时，站内起动列车，应控制牵引电流不得过大，避免受电弓与接触网间产生拉弧导致烧网。

机车检查、保养以及操作的具体注意事项，由铁路局集团公司制定。

九、机械间巡视

电力机车机械间及走廊巡视检查，由非操纵司机或副司机负责。

1. 巡视检查时机

（1）始发列车出站后。

（2）发生异音、异状时。

单司机值乘时，机械间检查时机由铁路局集团公司规定。

2. 巡视检查项目

各辅助机组运转是否正常；各部件有无异响、异状；有无放电和电气绝缘烧损的气味；主变压器油温、油位是否正常，牵引及辅助变流器工作状态、各保护继电器和指示灯、指示件有无异状或动作显示。

十、调车作业

（1）调车机车乘务员要熟悉《站细》及有关规定，熟记站内线路（包括专用线）、信号机以及各种标志等站场情况，严格执行《技规》调车工作有关规定。

采用无线调车灯显设备进行调车时，应使LKJ处于调车工作状态与无线调车灯显设备配合使用，并根据信号显示和作业指令的要求进行作业。

中间站利用本务机车调车时，对附有示意图的调车作业通知单的内容和注意事项必须掌握清楚。作业前，应使LKJ处于调车工作状态。

在中间站不得利用单司机单班值乘列车的机车进行调车作业，遇特殊情况，必须利用该本务机车对本列进行调车作业时，相关作业人员应加强安全控制。

（2）在车站交接班时，交、接班乘务员应认真对机车走行部、基础制动装置、牵引装置、制动机性能进行重点检查；注意检查调整制动缸活塞行程和闸瓦与轮箍踏面的缓解间隙。

作业间歇时应对其他部件进行检查。停留较长时间后再次作业前，应对制动机机能进行试验。

（3）调车作业中，彻底瞭望，确认信号，正确执行信号显示的要求和呼唤应答制度，没有信号不准动车，信号中断或不清立即停车。穿越正线调车作业时，必须执行车机联控制度。

连挂车辆时，严格按十、五、三车距离和信号要求控制速度，接近被连挂车辆时，速度不得超过5 km/h。

按《站细》规定连接软管后，动车前应进行制动机简略试验。

单机连挂车辆时，应注意确认车辆停留和脱轨器位置，必须执行"一度停车"制度。

（4）当调车指挥人显示溜放信号时，司机应"强迫加速"满足作业要求；显示减速或停车信号时，应迅速解除机车牵引力，立即制动。

（5）认真执行驼峰调车作业的规定，连挂车列后试拉时，注意不得越过信号机或警冲标。推峰时要严格按信号的要求控制速度。

（6）电力机车调车时，机车距接触网终点标应有10 m的安全距离，防止进入无电区。

十一、机车行车安全装备

（1）机车出段前，必须确认 LKJ、机车信号、列车无线调度通信设备、列尾装置司机控制盒、平面灯显接口设备、防折关装置、警惕报警装置、机车走行部监测装置等行车安全装备检测合格证签发符合规定。出段必须开机，按规定正确操作使用，严禁擅自关机。

不得使用列车无线调度通信设备进行与行车无关的通话，并应遵守保密的规定。

（2）列车途中在本务机车前部加挂补机、更换本务机车或机车因故不能继续运行请求救援时，司机应在停车后并制动主管减压的情况下，解除列尾装置主机记忆的本务机车号码，加挂机车、更换后机车及救援机车连挂车列后担当本务时，重新建立"一对一"关系。

任务三 终点站与退勤作业

列车到达终点站后，途中运行作业即为结束，转入终点站作业及退勤作业。这个阶段的作业容易出现急躁和马虎。所以乘务员应坚持良好的精神状态，认真完成各项作业，保证机车正常再出段。

一、终点站作业

（1）到达终点站后，摘解机车前不得缓解列车制动。若地面无列车制动机试验设备或该设备临时发生故障时，司机应根据检车员的要求，试验列车制动机。牵引制动主管定压 600 kPa 的货物列车到达机车换挂站后，应对制动主管实施最大有效减压量（减压 170 kPa）。

（2）直供电列车到达后，应保持供电，接到车辆乘务员通知后方可停止供电，拔出供电钥匙，按规定与车辆乘务员办理交接。

（3）机车不能及时入段时，将机车移动至脱轨器外方、信号机前或警冲标内方。机车乘务员应及时检查轴温（装有轴温检测装置的除外）。LKJ 转入调车状态，按调车信号显示运行。

（4）机车到达站、段分界点处应停车，签认入段时分，了解段内走行经路。

（5）确认入段信号、股道号码信号、道岔开通信号、道岔表示器显示正确，厉行确认呼唤（应答），鸣笛动车入段，按规定速度控制运行。

（6）有运用干部添乘的列车，在列车终到前，司机应出示添乘指导簿，添乘运用干部填写本趟添乘指导意见。

二、入段作业

（1）电力机车进整备线，在隔离区防护信号前停车，确认隔离区防护信号开放后再动车。

（2）在转盘及整备线停留时，机车必须制动。上、下转盘时，确认开通位置，严守速度规定。转盘转动时，司机不得离座，不得换端及做其他工作。并须做到：电力机车断开主断路器、降下受电弓，牵引手柄置于"0"位。

（3）入段机车检查和整备。机务段应根据使用机型、乘务方式和段内技术作业时间，制定机车检查、给油、保洁等工作范围和标准。

① 交班司机应将机车运用状态，在机车运行日志上作出记录，按规定做好防溜，与接车人员办理交接。

② 轮乘制司机应向接车人员详细介绍机车运用状态、机车运行日志记录等情况，与有关人员办理耗电、工具备品以及机车行车安全装备的交接。

③ 检查机车时，发现故障处所及时处理或报修。

三、中途继乘站换班

中间站换班应实行对口交接。

（1）司机交接燃料、耗电、机车运用状态等。

（2）副司机（非操纵司机）检查机车行车安全装备，办理工具备品等交接。

（3）接班后，按《操规》及各铁路局集团公司有关规定检查机车。HXD_3型和SS_4型电力机车换班站检查项目见表9-5。

表9-5 SS_4型和HXD_3型电力机车换班站检查项目

职务	部位	HXD_3型电力机车检查内容	SS_4型电力机车检查内容
本务司机	上部	目测受电弓状态；控制电器柜、空气制动柜、各辅助机组、空气压缩机工作状态及各保护电器开关位置；行车安全装备	目测受电弓状态；牵引控制柜、高压电器柜、硅整流柜，主变压器油温、油位和行车安全装备
（非操纵司机）副司机	下部	轴箱温度、轮缘润滑装置、轴箱弹簧、制动盘可见部分、砂箱、轴箱拉杆、牵引杆吊索处在松缓状态，车钩及列车管的连接、折角塞门状态	轮对弛缓标记，轴箱温度、闸瓦与轮对踏面的缓解间隙，闸瓦及穿销，车钩及列车管连接、折角塞门状态

四、外段（折返段）交接班

（1）电力机车交班机班应按《操规》有关的规定进行作业，填写机车运行日志。

（2）电力机车的接班司机应按《操规》有关的规定对机车进行检查，副司机（非操纵司机）对机车下部进行复检。

可参考 HXD_3 型电力机车的检查项目及标准（见表 9-1），SS_4 型电力机车的检查项目及标准（见表 9-2）进行。

（3）制动机试验、电力机车的高、低压试验按《操规》及各铁路局集团公司的有关规定执行。

（4）其他未尽事宜，按机务本段、外段（折返段）有关规定办理。

五、退勤作业

（1）退勤前，司机用 IC 卡转储 LKJ 运行记录文件，正确填写司机报单，对本次列车的安全正点情况进行分析做出记录。

（2）退勤时，进行酒精测试，向退勤调度员汇报本次列车安全及运行情况，对运行中发生的非正常情况按规定填写"机调-10"，对 LKJ 检索分析的问题及超劳、运缓等情况做出说明，交还列车时刻表、司机报单、司机手册、添乘指导簿后，办理退勤手续。

任务四　机车乘务员确认呼唤（应答）标准

一、确认呼唤（应答）基本要求

（1）一次乘务作业全过程必须认真执行确认呼唤（应答）制度。

（2）确认呼唤（应答）必须执行"彻底瞭望、确认信号、准确呼唤、手比眼看"，并掌握"清晰短促、提示确认、全呼全比、手势正确"的作业要领。

（3）列车运行中必须对所有地面主体信号显示全部进行确认呼唤（应答），自动闭塞区段分区通过信号显示绿灯，值乘速度 120 km/h 及以上客运列车时，只手比不呼唤（带有三斜杠标志预告功能的分区通过信号机除外）。

（4）遇有显示须经侧向径路运行的信号时，在呼唤信号显示的同时，必须呼唤侧向限速值。

二、信号确认呼唤时机和手比姿势

1. 信号确认呼唤时机

应遵循"信号好了不早呼、信号未好提前呼"的原则，瞭望条件良好时，进站（进路）信号不少于 800 m；出站、通过、接近、预告信号不少于 600 m；信号表示器不少于 100 m。

2. 手比姿势

（1）信号显示要求通过（显示绿灯、绿黄灯）时：右手伸出食指和中指并拢，拳心向左，指向确认对象（见图 9-1）。

图 9-1　信号显示要求通过时

（2）信号显示要求正向径路准备停车（显示黄灯）时：右手拢拳伸拇指直立，拳心向左（见图 9-2）。

图 9-2　信号显示要求正向径路准备停车时

（3）信号显示要求侧向径路运行（显示双黄灯、黄闪黄）时：右手拢拳伸拇指和小指，拳心向左（见图 9-3）。

图 9-3　信号显示要求侧向径路运行时

（4）信号显示要求停车（显示红灯，包括固定和临时）时：右臂拢拳，举拳与眉齐，拳心向左，小臂上下摇动 3 次（见图 9-4）。

图 9-4　信号显示要求停车时

（5）注意警惕运行时：右臂拢拳，大小臂成 90°，举拳与眉齐，拳心向左（见图 9-5）。

图 9-5　注意警惕运行时

（6）确认仪表显示时：右手伸出食指和中指并拢，拳心向左，指向相关确认设备（见图 9-1）。

（7）列车运行中，LKJ 提示前方列车运行限制速度有变化时，司机必须在变速点前，对变化的速度值及时进行确认呼唤；确认呼唤时，右手伸出食指和中指并拢，拳心向左，指向 LKJ 显示部位（见图 9-1）。

（8）确认非集中操纵道岔、各类手信号、防护信号（脱轨器）时：右手伸出食指和中指并拢，拳心向左，指向确认的非集中操纵道岔、各类手信号、防护信号（脱轨器）（见图 9-1）。

（9）道岔定位的手比姿势：手指伸直，手心平行于视线，手臂垂直 90°（见图 9-6）。

图 9-6　道岔定位的手比姿势

（10）道岔反位的手比姿势：手指伸直，手心朝向面部，手臂垂直90°（见图9-7）。

图 9-7　道岔反位的手比姿势

（11）同侧确认调车信号的手比姿势：左手手臂平伸，左手伸出食指和中指并拢，拳心向右，指向信号机（见图9-8）。

图 9-8　同侧确认调车信号的手比姿势

（12）手比以注意警惕姿势开始和收回，手比动作稍做停顿。

三、机车乘务员单岗值乘确认呼唤标准用语

1. 出段至发车

序号	呼唤时机	呼唤项目	确认呼唤标准用语
1	电力机车升弓	升弓作业	升弓注意，升弓好了
2	整备完毕，人员就岗	出段准备作业	出段准备好了
3	出段前	还道信号及出段手信号显示（非集中操纵道岔）	××道，出段手信号好了
4		出段信号显示（含出段简易信号）	出段信号，白（绿）灯；出段信号，蓝（红）灯停车
5	经过非集中操纵道岔前	道岔开通位置	道岔开通正确

续表

序号	呼唤时机	呼唤项目	确认呼唤标准用语
6	经过其他要道还道地点前	还道信号及道岔开通手信号显示	一度停车； ××道，手信号好了
7	行至站段分界点	站段分界点（或一度停车牌）	一度停车
8	调车信号前	调车信号显示	调车信号，白灯； 调车信号，蓝（红）灯停车
9	调车复示信号前	调车复示信号	复示信号，白灯； 复示信号，注意
10	换端作业时	制动防溜	注意防溜
11	进入挂车线	脱轨器	脱轨器，撤除好了、（红灯、红牌）停车
12	连挂车时	连挂距离	十辆、五辆、三辆、停车
13		防护信号	防护信号，撤除好了； 防护信号，注意
14	列车制动机试验时	列车制动机试验作业	制动、缓解； 试风好了
15		行车安全装备设置作业	LKJ设置，设置好了； CIR（或通信装置）设置，设置好了； 列尾装置设置，设置好了； 机车信号确认，确认好了
16	发车前	出站（发车进路）信号显示一个绿灯	绿灯，出站（发车进路）好了
17		出站（发车进路）信号显示两个绿灯	双绿灯，××（线、站）方向出站好了
18		出站（发车进路）信号显示一个绿灯一个黄灯	绿黄灯，出站（发车进路）好了
19		出站（发车进路）信号显示一个黄灯	黄灯，出站（发车进路）好了
20		非正常行车确认行车凭证时	确认行车凭证，路票正确； 确认行车凭证，绿色许可证正确； 确认行车凭证，红色许可证正确； 确认行车凭证，调度命令正确
21	发车前	进路表示器显示	进路表示器，××（线、站）方向好了 进路表示器，正、反方向好了
22		发车信号	一圈、两圈、三圈，发车信号好了 联控发车好了
23		发车表示器	发车表示器白灯
24	起动列车后	确认开车时刻	正点（或晚点××分）开车
25		监控装置对标点及道岔限速	对标好了，道岔限速××公里
26	出站后	操纵台各仪表、指示灯、机车微机工况屏显示	各仪表（网压）显示正常

2. 途中运行

序号	呼唤时机	呼唤项目	确认呼唤标准用语
1	贯通试验或试闸点	贯通试验或试闸作业	贯通试验，贯通试验好了；试闸，试闸好了
2	查询列尾时	列尾查询作业	列尾查询，尾部风压××千帕
3	接近慢行地段限速标	慢行标识及限速值	慢行限速××公里
4	慢行减速地点（始端）标	慢行减速地点（始端）标位置	慢行开始
5	慢行减速地点（终端）标	慢行减速地点（终端）标位置	严守速度
6	越过减速防护地段终端信号标	减速防护地段终端信号标位置	慢行结束
7	乘降所	乘降所	××乘降所停车
8	分相前	分相位置	过分相注意
9	禁止双弓标前	禁止双弓标	单弓好了
10	断电标前	断电标（T断标）	断电好了
11	越过合电标后	合电标	闭合好了
12	准备降弓标	准备降弓标	准备降弓
13	降弓标前	降弓标	降弓好了
14	越过升弓标后	升弓标	升弓好了
15	遮断信号	遮断信号显示	遮断信号，红灯停车、无显示
16	半自动闭塞区段进站（进路）信号机处；自动闭塞区段进站信号前一架通过信号机、进站（进路）信号机处	监控距离与地面信号机实际距离核对	确认车位，车位正确；确认车位，校正好了
17	进站、接车进路复示信号	复示信号显示	复示信号，直向、侧向复示信号，注意信号
18	出站、发车进路复示信号	复示信号显示	复示信号，好了复示信号，注意信号
19	通过手信号	通过手信号显示	通过手信号，好了（站内停车）
20	防护信号前	防护信号	防护信号，红灯（红旗）停车、火炬停车、撤除好了
21	预告信号前	预告信号显示	预告信号，好了、注意信号
22	CIR接收接车进路预告信息时	进路预告信息内容	××站（线路所）××道通过（停车）、机外停车
23	接收临时调度命令时	调度命令号及内容	确认调度命令，确认好了

续表

序号	呼唤时机	呼唤项目	确认呼唤标准用语
24	通信模式转换时	模式转换	通信转换注意，转换好了
25	机车信号转换时	机车信号转换	机车信号转换，转换好了
26	接近信号前	接近信号显示	绿灯； 绿黄灯； 黄灯减速
27	进站（接车进路）信号前	进站（进路）信号机显示一个绿灯	绿灯，正线通过
28		进站（进路）信号机显示一个绿灯一个黄灯	绿黄灯，正线通过，注意运行
29		进站（进路）信号机显示一个黄灯	黄灯，正线停车
30		进站（进路）信号机显示两个黄灯	双黄灯，侧线，限速××公里
31		进站（进路）信号机显示黄闪黄	黄闪黄，侧线，限速××公里
32		进站（进路）信号机显示红灯	红灯，机外停车
33		非正常行车确认行车凭证时	一红一白，引导信号好了； 黄旗、黄灯，引导手信号好了； 绿旗、绿灯，特定引导手信号好了 机外停车
34	出站（发车进路）信号前	出站（发车进路）信号显示一个绿灯	绿灯，出站（发车进路）好了
35		出站（发车进路）信号显示两个绿灯	双绿灯，××（线、站）方向出站好了
36		出站（发车进路）信号显示一个绿灯一个黄灯	绿黄灯，出站（发车进路）好了
37		出站（发车进路）信号显示一个黄灯	黄灯，出站（发车进路）好了
38		出站（发车进路）信号显示一个红灯	红灯，站内停车
39		非正常行车确认行车凭证时	确认行车凭证，路票正确； 确认行车凭证，绿色许可证正确； 确认行车凭证，红色许可证正确； 确认行车凭证，调度命令正确
40	进路表示器前	进路表示器显示	进路表示器，××（线、站）方向好了； 进路表示器，正、反方向好了
41	确认仪表时	操纵台各仪表、指示灯、机车微机工况屏显示	各仪表（网压）显示正常

续表

序号	呼唤时机	呼唤项目	确认呼唤标准用语
42	自动闭塞区段闭塞分区通过信号前	闭塞分区通过信号显示	绿灯； 绿黄灯； 黄灯减速； 红灯停车
43	线路所通过信号机前	线路所通过信号显示	通过信号； 绿灯，（××方向好了）； 绿黄灯，（××方向好了）； 黄灯减速，（××方向好了）； 侧线限速××公里、××方向好了； 机外停车
44		非正常行车确认行车凭证时	确认行车凭证，凭证正确
45	列车运行限制速度变速点前（由高速变低速）	变速点低速值	前方限速××公里，注意控速
46	输入侧线股道号	侧线股道号	××道输入好了
47	输入支线号	支线号	支线号输入好了
48	接近限制鸣笛标前	限制鸣笛标	进入限鸣区段
49	接近防洪地点标前	防洪地点标	防洪地点，注意运行
50	接近道口前	道口位置	道口注意
51	列车客运停点、终到	报点	正点（晚点或早点××分）到达（通过、开车）

3. 到达至入段

序号	呼唤时机	呼唤项目	确认呼唤标准用语
1	列车终到后	行车安全装备设置	LKJ设置，设置好了 CIR（或通信装置）设置，设置好了 列尾装置设置，设置好了
2	调车转线作业	调车信号显示	调车信号，白灯 调车信号，蓝（红）灯停车
3	调车复示信号前	调车复示信号	复示信号，白灯 复示信号，注意
4	行至站段分界点	站段分界点（或一度停车牌）	一度停车
5	入段前	还道信号及入段手信号显示（非集中操纵道岔）	××道，入段手信号好了
6		入段信号显示（含简易信号显示）	入段信号，白（绿）灯； 入段信号，蓝（红）灯停车

245

续表

序号	呼唤时机	呼唤项目	确认呼唤标准用语
7	经过非集中操纵道岔前	道岔位置	道岔开通正确
8	经过其他要道还道地点前	还道信号及道岔开通手信号	一度停车；××道，手信号好了
9	换端作业时	制动防溜	注意防溜
10	进入段内尽头线或有车线	确认停车距离	十辆、五辆、三辆、停车
11	整备线防护信号前	防护信号显示	防护信号，撤除好了；防护信号，（红灯、蓝灯、红旗、红牌）停车

四、机车乘务员双岗值乘确认呼唤标准用语

1. 出段至发车

序号	呼唤时机	呼唤		应答		复诵	
		呼唤者	标准用语	应答者	标准用语	复诵者	标准用语
1	电力机车升弓	操纵司机	升弓	副司机非操纵司机	升弓注意	操纵司机	升弓好了
2	整备完毕，人员就岗	副司机、非操纵司机	出段准备	操纵司机	准备好了		
3	出段前	副司机、非操纵司机	还道信号出段信号（非集中操纵道岔呼唤内容）	操纵司机	××道出段手信号好了	副司机、非操纵司机	××道出段手信号好了
4		副司机、非操纵司机	出段信号	操纵司机	白（绿）灯蓝（红）灯停车	副司机、非操纵司机	白（绿）灯蓝（红）灯停车
5	经过非集中操纵道岔前	副司机、非操纵司机	道岔注意	操纵司机	道岔开通正确	副司机、非操纵司机	道岔开通正确
6	经过其他要道还道地点前	副司机、非操纵司机	一度停车还道信号道岔开通信号	操纵司机	一度停车××道手信号好了	副司机、非操纵司机	××道手信号好了
7	行至站段分界点（或一度停车牌）	副司机、非操纵司机	一度停车	操纵司机	一度停车		

续表

序号	呼唤时机	呼唤		应答		复诵	
		呼唤者	标准用语	应答者	标准用语	复诵者	标准用语
8	调车信号前	副司机、非操纵司机	调车信号	操纵司机	白灯、蓝（红）灯停车	副司机、非操纵司机	白灯、蓝（红）灯停车
9	调车复示信号前	副司机、非操纵司机	复示信号	操纵司机	白灯注意信号	副司机、非操纵司机	白灯注意信号
10	换端作业时	副司机、非操纵司机	注意防溜	操纵司机	注意防溜		
11	进入挂车线	副司机、非操纵司机	脱轨器注意	操纵司机	撤除好了（红灯、红牌）停车	副司机、非操纵司机	撤除好了（红灯、红牌）停车
12	连挂车时	副司机、非操纵司机	十辆、五辆、三辆、停车	操纵司机	十辆、五辆、三辆、停车		
13		副司机、非操纵司机	防护信号	操纵司机	撤除好了，注意信号	副司机、非操纵司机	好了注意
14	列车制动机试验时	副司机、非操纵司机	制动、缓解试风好了	操纵司机	制动、缓解试风好了		
15	发车前	副司机、非操纵司机	确认行车安全装备	操纵司机	LKJ设置好了；CIR（或通信装置）设置好了；列尾装置设置好了机车信号确认好了	副司机、非操纵司机	LKJ设置好了；CIR（或通信装置）设置好了；列尾装置设置好了机车信号确认好了
16		副司机、非操纵司机	出站（发车进路）信号	操纵司机	绿灯，出站（发车进路）好了；双绿灯，××（线、站）方向出站好了；绿黄灯，出站（发车进路）好了；黄灯，出站（发车进路）好了	副司机、非操纵司机	绿灯，出站（发车进路）好了；双绿灯，××（线、站）方向出站好了；绿黄灯，出站（发车进路）好了；黄灯，出站（发车进路）好了

续表

序号	呼唤时机	呼唤		应答		复诵	
		呼唤者	标准用语	应答者	标准用语	复诵者	标准用语
17		副司机、非操纵司机	确认路票 确认绿色许可证 确认红色许可证 确认调度命令	操纵司机	路票正确；绿色许可证正确；红色许可证正确；调度命令正确	副司机、非操纵司机	路票正确；绿色许可证正确；红色许可证正确；调度命令正确
18		副司机、非操纵司机	进路表示器	操纵司机	××（线、站）方向好了；正、反方向好了	副司机、非操纵司机	××（线、站）方向好了；正、反方向好了
19	发车前	副司机、非操纵司机	发车信号	操纵司机	一圈、两圈、三圈，发车信号好了；联控发车好了	副司机、非操纵司机	一圈、两圈、三圈，发车信号好了；联控发车好了
20		副司机、非操纵司机	发车表示器	操纵司机	发车表示器白灯	副司机、非操纵司机	发车表示器白灯
21	起动列车后	副司机、非操纵司机	确认开车时刻	操纵司机	正点（或晚点××分）开车	副司机、非操纵司机	好了
22	起动列车后	副司机、非操纵司机	注意对标	操纵司机	对标好了；道岔限速××公里	副司机、非操纵司机	好了，道岔限速××公里
23		副司机、非操纵司机	后部注意	操纵司机	后部好了	副司机、非操纵司机	后部好了
24	出站后	副司机、非操纵司机	仪表注意	操纵司机	各仪表（网压）显示正常		

2. 途中运行

序号	呼唤时机	呼唤		应答		复诵	
		呼唤者	标准用语	应答者	标准用语	复诵者	标准用语
1	机械间巡视及巡视后	副司机、非操纵司机	机械间检查各部正常	操纵司机	注意安全好了	副司机、非操纵司机	加强瞭望
2	贯通试验或试闸点	副司机、非操纵司机	贯通试验或试闸	操纵司机	贯通试验好了或试闸好了	副司机、非操纵司机	好了

续表

序号	呼唤时机	呼唤		应答		复诵	
		呼唤者	标准用语	应答者	标准用语	复诵者	标准用语
3	查询列尾时	副司机、非操纵司机	列尾查询	操纵司机	尾部风压××千帕	副司机、非操纵司机	好了
4	接近慢行地段限速标	副司机、非操纵司机	慢行注意	操纵司机	限速××公里	副司机、非操纵司机	限速××公里
5	慢行减速地点(始端)标	副司机、非操纵司机	慢行开始	操纵司机	慢行开始		
6	慢行减速地点(终端)标	副司机、非操纵司机	严守速度	操纵司机	严守速度		
7	越过减速防护地段终端信号标	副司机、非操纵司机	慢行结束	操纵司机	慢行结束		
8	乘降所	副司机、非操纵司机	××乘降所	操纵司机	停车	副司机、非操纵司机	停车
9	接近分相前	副司机、非操纵司机	过分相注意	操纵司机	注意	副司机、非操纵司机	注意
10	禁止双弓标前	副司机、非操纵司机	禁止双弓	操纵司机	单弓好了	副司机、非操纵司机	好了
11	断电标(T断标)前	副司机、非操纵司机	断电	操纵司机	断电好了	副司机、非操纵司机	好了
12	越过合电标后	副司机、非操纵司机	闭合	操纵司机	闭合好了	副司机、非操纵司机	好了
13	准备降弓标前	副司机、非操纵司机	准备降弓	操纵司机	准备降弓		
14	降弓标前	副司机、非操纵司机	降弓	操纵司机	降弓好了	副司机、非操纵司机	好了
15	越过升弓标后	副司机、非操纵司机	升弓	操纵司机	升弓好了	副司机、非操纵司机	好了
16	遮断信号前	副司机、非操纵司机	遮断信号	操纵司机	红灯停车无显示	副司机、非操纵司机	红灯停车，无显示
17	半自动闭塞区段进站(进路)信号机处；自动闭塞区段进站信号前一架通过信号机、进站(进路)信号机处	副司机、非操纵司机	确认车位	操纵司机	车位正确，校正好了	副司机、非操纵司机	车位正确，好了

续表

序号	呼唤时机	呼唤		应答		复诵	
		呼唤者	标准用语	应答者	标准用语	复诵者	标准用语
18	进站、接车进路复示信号前	副司机、非操纵司机	复示信号	操纵司机	直向、侧向或注意信号	副司机、非操纵司机	直向、侧向或注意信号
19	出站、发车进路复示信号前	副司机、非操纵司机	复示信号	操纵司机	复示好了、注意信号	副司机、非操纵司机	复示好了、注意信号
20	通过手信号	副司机、非操纵司机	通过手信号	操纵司机	手信号好了、站内停车	副司机、非操纵司机	手信号好了、站内停车
21	防护信号前	副司机、非操纵司机	防护信号	操纵司机	红灯（红旗）停车；火炬停车；撤除好了	副司机、非操纵司机	红灯（红旗）停车；火炬停车；撤除好了
22	预告信号前	副司机、非操纵司机	预告信号	操纵司机	预告好了；注意信号	副司机、非操纵司机	预告好了；注意信号
23	CIR接收接车进路预告信息时	副司机、非操纵司机	确认进路预告信息	操纵司机	××站（线路所）××道通过（停车）、机外停车	副司机、非操纵司机	××站（线路所）××道通过（停车）、机外停车
24	接收临时调度命令时	副司机、非操纵司机	确认调度命令	操纵司机	调度命令确认好了	副司机、非操纵司机	调度命令确认好了
25	通信模式转换时	副司机、非操纵司机	通信转换注意	操纵司机	转换好了	副司机、非操纵司机	好了
26	转换机车信号时	副司机、非操纵司机	机车信号转换注意	操纵司机	转换好了	副司机、非操纵司机	好了
27	接近信号前	副司机、非操纵司机	接近信号	操纵司机	绿灯；绿黄灯；黄灯减速	副司机、非操纵司机	绿灯；绿黄灯；黄灯减速
28	进站（接车进路）信号前	副司机、非操纵司机	进站（进路）信号	操纵司机	绿灯，正线通过；绿黄灯，正线通过，注意运行；黄灯，正线；双黄灯，侧线，限速××公里；黄闪黄，侧线；限速××公里红灯，机外停车	副司机、非操纵司机	绿灯，正线通过；绿黄灯，正线通过，注意运行；黄灯，正线；双黄灯，侧线，限速××公里；黄闪黄，侧线；限速××公里；红灯，机外停车

续表

序号	呼唤时机	呼唤		应答		复诵	
		呼唤者	标准用语	应答者	标准用语	复诵者	标准用语
29		副司机、非操纵司机	引导信号；引导手信号；特定引导手信号；机外停车	操纵司机	一红一白，引号信号好了；黄旗、黄灯，引导手信号好了；绿旗、绿灯，特定引导手信号好了；机外停车	副司机、非操纵司机	一红一白，引号信号好了；黄旗、黄灯，引导手信号好了；绿旗、绿灯，特定引导手信号好了；机外停车
30	出站（发车进路）信号前	副司机、非操纵司机	出站（发车进路）信号	操纵司机	绿灯，出站（发车进路）好了；双绿灯，××（线、站）方向出站好了；绿黄灯，出站（发车进路）好了；黄灯，出站（发车进路）好了；红灯，停车	副司机、非操纵司机	绿灯，出站（发车进路）好了；双绿灯，××（线、站）方向出站好了；绿黄灯，出站（发车进路）好了；黄灯，出站（发车进路）好了；红灯，停车
30	出站（发车进路）信号前	副司机、非操纵司机	确认路票；确认绿色许可证；确认红色许可证；确认调度命令	操纵司机	路票正确；绿色许可证正确；红色许可证正确；调度命令正确	副司机、非操纵司机	路票正确；绿色许可证正确；红色许可证正确；调度命令正确
31	进路表示器前	副司机、非操纵司机	进路表示器	操纵司机	××（线、站）方向好了；正、反方向好了	副司机、非操纵司机	××（线、站）方向好了；正、反方向好了
32	确认仪表时	副司机、非操纵司机	仪表注意	操纵司机	各仪表（网压）显示正常		
33	自动闭塞区段闭塞分区通过信号前	副司机、非操纵司机	通过信号	操纵司机	绿灯、绿黄灯、黄灯减速，红灯停车	副司机、非操纵司机	绿灯、绿黄灯、黄灯减速，红灯停车

续表

序号	呼唤时机	呼唤		应答		复诵	
		呼唤者	标准用语	应答者	标准用语	复诵者	标准用语
34	线路所通过信号机前	副司机、非操纵司机	通过信号 确认行车凭证	操纵司机	绿灯,(××方向好了);绿黄灯,(××方向好了);黄灯减速,(××方向好了);侧线限速××公里、××方向好了;机外停车;线路所凭证正确	副司机、非操纵司机	绿灯,(××方向好了);绿黄灯,(××方向好了);黄灯减速,(××方向好了);侧线限速××公里、××方向好了;机外停车;线路所凭证正确
35	列车运行限制速度变速点前(由高速变低速)	操纵司机	前方限速××公里	副司机、非操纵司机	注意控速	操纵司机	注意控速
36	交会列车时	副司机、非操纵司机	会车注意	操纵司机	注意		
37	输入侧线股道号	副司机、非操纵司机	输入侧线股道号	操纵司机	××道输入好了		
38	输入支线号	副司机、非操纵司机	输入支线号	操纵司机	支线号输入好了		
39	接近限制鸣笛标前	副司机、非操纵司机	进入限鸣区段	操纵司机	限制鸣笛	副司机、非操纵司机	限制鸣笛
40	接近防洪地点标	副司机、非操纵司机	进入防洪地点	操纵司机	注意运行	副司机、非操纵司机	注意运行
41	接近道口前	副司机、非操纵司机	道口注意	操纵司机	注意		
42	途中换班时	接班司机	换班注意	交班司机	加强瞭望;(前方有限速);注意安全	接班司机	明白

3. 到达至入段

序号	呼唤时机	呼唤		应答		复诵	
		呼唤者	标准用语	应答者	标准用语	复诵者	标准用语
1	列车终到后	副司机、非操纵司机	确认行车安全装备	操纵司机	LKJ设置好了;CIR(或通信装置)设置好了;列尾装置设置好了	副司机、非操纵司机	LKJ设置好了;CIR(或通信装置)设置好了;列尾装置设置好了

续表

序号	呼唤时机	呼唤		应答		复诵	
		呼唤者	标准用语	应答者	标准用语	复诵者	标准用语
2	调车转线作业	副司机、非操纵司机	调车信号	操纵司机	白灯、蓝（红）灯停车	副司机、非操纵司机	白灯、蓝（红）灯停车
3	调车复示信号前	副司机、非操纵司机	复示信号	操纵司机	白灯注意信号	副司机、非操纵司机	白灯注意信号
4	行至站段分界点（或一度停车牌）	副司机、非操纵司机	一度停车	操纵司机	一度停车		
5	入段前	副司机、非操纵司机	还道信号，入段信号，（非集中操纵道岔呼唤内容）	操纵司机	××道入段手信号好了	副司机、非操纵司机	××道入段手信号好了
6		副司机、非操纵司机	入段信号	操纵司机	白（绿）灯、蓝（红）灯停车	副司机、非操纵司机	白（绿）灯、蓝（红）灯停车
7	经过非集中操纵道岔前	副司机、非操纵司机	道岔注意	操纵司机	道岔开通正确	副司机、非操纵司机	道岔开通正确
8	经过其他要道还道地点前	副司机、非操纵司机	一度停车，还道信号，道岔开通信号	操纵司机	一度停车；××道手信号好了	副司机、非操纵司机	××道手信号好了
9	换端作业时	副司机、非操纵司机	注意防溜	操纵司机	注意防溜		
10	进入段内尽头线或有车线	副司机、非操纵司机	十辆、五辆、三辆、停车	操纵司机	十辆、五辆、三辆、停车		
11	整备线防护信号前	副司机、非操纵司机	防护信号	操纵司机	撤除好了；（红灯、蓝灯、红旗、红牌）停车	副司机、非操纵司机	撤除好了；（红灯、蓝灯、红旗、红牌）停车

五、确认呼唤（应答）标准说明

（1）同时具有接车进路和发车进路的进路信号机，列车在该信号机前停车及发车时，按照发车进路信号机进行呼唤，信号指示列车在该信号机前不停车通过该信

253

号时，按照接车进路信号机进行呼唤。

（2）设有出站信号机的线路所，线路所通过信号比照进站信号机呼唤内容进行呼唤。

（3）双线自动闭塞区段 2 灯位进路表示器显示，根据灯位显示确认呼唤"正、反方向好了"；双线自动闭塞区段 1 灯位进路表示器显示，反方向行车着灯时确认呼唤"反方向好了"，正方向行车不着灯时不呼唤；除上述之外的进路表示器，在确认进路表示器显示灯位后，呼唤"××（线、站）方向好了"。

（4）慢行地点限速标未标明限速值时，按限速 25 km/h 进行呼唤。

（5）机车监控装置正线开车对标，无侧向道岔限速时，不呼唤道岔限速。

（6）对发车信号的呼唤，含使用手信号及无线通信设备发车。

（7）防洪地点标仅在防洪期间进行呼唤。

（8）上述表中"其他要道还道地点"，是指办理出段或入段作业走行进路上，显示出段或入段手信号之外的扳道房前的停车要道地点。

（9）双岗值乘时，首、末次机械间巡视需对巡视主要内容进行汇报。

（10）双岗值乘途中换班作业，运行当前区间或前方第一区间有临时限速时需进行呼唤。

（11）单岗值乘时，操纵司机按照《单岗值乘确认呼唤标准》执行，添乘指导司机对操纵司机确认呼唤内容进行复诵。

（12）双岗值乘时，值乘人员按照《双岗值乘确认呼唤（应答）标准》执行，添乘指导司机按照《标准》中复诵者内容进行复诵。

（13）货运列车在车站开车、通过、到达可不报告和呼唤列车正晚点时分。

（14）司机途中操纵牵引、制动手柄及操作行车安全装备遇有需要进行呼唤和手比的项目时，可只呼唤不手比。

（15）机车乘务员途中担当调车作业及专调机车调车作业确认呼唤（应答）标准，由各铁路局集团公司根据担当车型及作业方式自行制定。

项目总结

本项目具体就电力机车段内作业，途中作业，终点站与退乘作业，机车乘务员呼唤应答等知识做了具体的阐述，其中行车安全的重要部件检查，作业程序中有关副司机的作业内容和要求，电力机车的操纵方法与安全事项，机车乘务员正确的呼唤应答标准为重点内容，希望学习者能重点掌握。

事故案例

焦柳线"7·4"45046 次货物列车脱轨重大事故

（一）事故概况

2006 年 7 月 4 日 10 时 36 分，怀化机务段东风$_4$型 3029 号机车在焦柳线靖州站担当45046次始发列车（编组16辆，总重1 279 t，换长21.3）编组作业。调车作业完毕后，列车处于制动状态停于1道待开。10时43分机车和连挂的16辆车组突然起动，10时44分以27 km/h的速度越过1道关闭的上行出站信号机向怀化方向运行，因监控装置处于调车状态，自停未动作，挤坏9号、13号道岔，进入靖州至艮山口区间，走行1 755 m于10时48分停。10时51分机车车辆反向朝靖州车站退行，10时53分当机车车辆退行至被挤坏的9号、13号道岔处，机后第9至11位车辆脱轨，第12至16位车辆颠覆停车。脱轨及颠覆车辆于7月5日11时18分全部起复，影响焦柳线正线行车1小时38分。构成货物列车脱轨重大事故。

（二）事故原因

1. 机车乘务员安全意识十分淡薄，严重违章违纪，违反了《操规》的有关规定，操纵台控制电路的各开关未置于断开位并锁闭，制动机自阀、单阀手柄未取出。没有坚守岗位，机车司机、副司机两人同时离开司机室，擅离职守。调车作业完毕后监控装置没有恢复至机控状态，车门、车窗未锁闭，给路外闲杂人员登乘机车留下可乘之机，是导致这起事故的主要原因。

2. 靖州车站没有认真执行有关车站防止闲杂人员进入的明确规定，对站内闲杂人员清理不力、站场管理不到位，致使路外闲杂人员趁机车无人值守之际爬上司机室乱动自阀手柄、控制琴键开关及机车主手柄，将列车从1道开出挤坏9号、13号道岔进入区间后，继续胡乱操动中将手柄扳至反位，致使列车又退行至靖州站内被挤坏并处于四开状态的9号、13号道岔处，导致列车脱轨颠覆，是造成这起事故的直接原因。

3. 专业管理不到位，安全工作存在死角和漏洞。安全防范意识淡薄，麻痹大意，对来自外界危害行车安全的严重性认识不足，安全防范思想不牢，机班两人同时擅自离开机车室，脱离行车岗位，习惯性不锁机车门和车窗，给外来人员扒乘机车进入司机室留下可乘之机。同时，车站值班员、调车作业人员盯控不力，对机车乘务员离开司机室到信号楼、机车无人看守的违章行为不提醒、不制止、视而不见，没有起到联防互控、你错我防的作用。

4. 职工业务技能较差，突发事件应急处理能力不强。一方面，当列车被路外人员开动后，机班及车站工作人员虽然已经追赶不上机车，但如果此时在尾部将车辆折角塞门打开，使列车管无法充风，车辆脱轨颠覆就可能会避免，事故的损失就会大大降低。另一方面，当车站值班员发现1道列车开动、在呼叫停车无应答后，盲目抢操道岔，将13号道岔由反位操向定位、9号道岔由定位操向反位，使本是开通的道岔形成关闭，造成道岔被挤。再一方面，车站发现列车被开走后，没有采取有效的防护措施，只想到通知前方车站做好防护准备，没想到列车还会退回来，没有在进站信号机或道岔外方适当位置设置防护、堵住列车，致使列车退回后进已被挤的道岔脱轨颠覆，进一步扩大了事故性质。

（三）事故教训

1. 深刻吸取事故教训，加强专业管理，强化现场控制，确保基本规章制度和作业标准的落实。认真落实铁道部有关文件、电报要求，强化现场作业控制，对沿途各站、区间停留的机车、调小机车，严格执行《操规》和集团公司相关文件规定，做到有人看守；乘务员换室操纵时，认真按规定开闭各开关，取出制动机手柄并锁闭非操纵端车门、车窗；对折返点停留的机车，机班相互不能对口交接时，严格执行将机车门窗锁闭、拧紧手制动机、断开各控制电路和蓄电池闸刀开关，将机车处于制动状态等措施；对机车调车作业停轮后，由操纵司机看守机车，并落实好停留机车及车辆防溜措施；调车作业完毕后，应立即将监控装置退出调车状态并转为机控模式；双班单司机进行调车作业时，必须两人进行，人员不齐不准调车。

2. 加强监督检查，坚决刹住违章违纪歪风，整治安全工作中存在的问题。各机务段进一步落实干部包保责任制，对机车乘务员值乘作业加强添乘督查、明察暗访和监控装置分析，建立机车乘务员日常检查分析制度，动态掌握机车乘务员作业情况，严格机车乘务员一次出乘作业标准的检查考核，督促机车乘务员遵守劳动纪律和作业标准，坚决扭转违章违纪违法行为。

3. 加强职工队伍建设和应急处理能力培训。结合安全"四查"活动，对机车乘务员、车站值班员、列车检车员、调车人员、运转车长、轨道车司机等行车主要工种的业务技能、应急处理能力进行一次全面排查分析，对应知不知、应会不会、应急处理能力差的，一律从岗位上撤下，重点进行非正常情况下行车组织、突发事件应急处理能力业务培训，什么时候考试合格，就什么时候上岗。对机车乘务员坚决把住入口关、培训关、考试关和普及关，不断提升机车乘务员队伍的业务素质和安全防范的能力。

复习思考题

1. 严格执行乘务员一次乘务作业过程标准化程序对保障行车安全有什么重要意义？
2. 机车乘务员在出勤作业过程中应做到哪些事项？
3. 机车整备完毕，在出段过程中，机车乘务员应做到什么？
4. 机车在挂车时，应做到什么？
5. 多机牵引运行时，有什么规定？
6. 中间站停车时，应遵守哪些规定？
7. 调车作业，在连挂车辆时，要做到什么？
8. 入段作业的内容有哪些？
9. 简述机车信号装置的组成和工作原理。
10. LKJ-2000型列车运行监控记录装置如何进行揭示解锁操作？

视频：呼唤应答演练

项目十

机车三项设备及 LKJ 操作标准

项目要点

为使机车乘务员能够更安全、有效的操纵机车,机车配备了机车信号、列车运行安全监控系统、车载无线通信设备等,并且各铁路局集团公司下属机务段都依据规定制定了《机车乘务员 LKJ 操作使用手册》等文件。该文件是机车乘务作业出乘作业中 LKJ 的操作标准,是机车乘务员正确驾驶机车、平稳操纵列车的重要参考依据。

通过对本项目中机车三项设备,LKJ 出入段基本操作,LKJ 运行途中常规操作,LKJ 查询操作,LKJ 其他操作等知识的系统学习,希望能进一步加强对机车三项设备操作的理解、认识,并重点掌握:

1. LKJ 出入段基本操作;
2. LKJ 运行途中常规操作;
3. LKJ 查询操作;
4. LKJ 其他操作。

扫码获取
项目十课件

任务一 机车三项设备

列车运行监控记录装置、机车信号装置和列车无线调度通信设备,简称为机车三项设备。

一、机车信号装置

机车信号装置是将列车运行前方铁路地面信号显示,正确地复示于机车上的一种单方向的远程控制设备。它由信息接收、信息鉴别、信息译解和双面六显示（或八显示）色灯信号柱及电源等部分组成。其工作原理是通过安装在机车排障器内方的信息接收器，接收来自轨道电路，表示地面信号机显示的信息的电信号。信息鉴别装置鉴别接收来的是地面信号显示信息或是干扰，并鉴别出其特征。再经过信息译解装置把地面信号显示信息直接译解为机车信号在双面六显示（或八显示）色灯信号柱上复示出来。

由于机车信号装置能在机车司机室内正确复示地面信号机的显示，预先通告司机机车所接近的地面信号显示情况，因此机车司机能够在任何条件下从容地驾驶机车或及时采取制动措施，防止发生机车冒进、越出信号机，提高列车行车安全性。但是机车停车位置，应仍以地面信号机或有关停车标志为依据。

（一）机车信号装置的分类

中国铁路目前采用的机车信号装置分为连续式和接近连续式两类。

1. 连续式机车信号机

连续式机车信号机在自动闭塞区段采用，使机车上的信号机与地面信号设备之间建立连续不断的关系。它通过轨道电路和机车上的接收装置将地面色灯信号机的显示信息不间断地反映到机车色灯信号机上，使其不间断地复示出前方地面信号机的显示状态。

2. 接近连续式机车信号机

接近连续式机车信号机设在非自动闭塞区段。

这种设备在进站信号机或线路所通过信号机前方 1 200 m 及其以上的地点，开始连续向机车信号设备发出不同信息，将地面信号的显示状态反映到机车信号机上。它具有接近连续不间断地显示的特点。

（二）机车信号装置的组成及功能

1. 组　成

JT-C 系列机车信号车载系统由接收线圈、主机、显示器、记录器等部分组成（见图 10-1）。

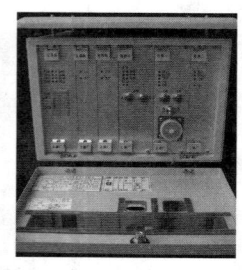 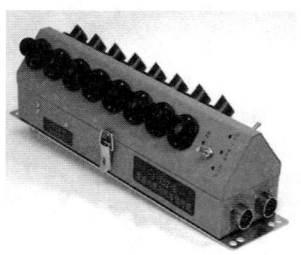

图 10-1　JT-C 机车信号装置主机及信号机

2. 功　能

（1）接收钢轨（或环线）中传输的机车信号信息，给出相应的机车信号显示。

（2）为列车运行监控记录装置提供机车信号信息。

（3）在移频（载频 550~850 Hz）、交流计数区段，应兼容通用式机车信号的功能。

（4）具有数据记录功能。

二、列车无线调度通信设备

铁路无线列车调度通信系统（Railway Radio Train Dispatch Communication System）以铁路运输调度为目的，利用无线电波的传播，完成列车与调度中心之间或列车与列车之间通信的系统。简称无线列调。这是一种铁路专用的移动通信系统，是铁路调度通信系统的重要组成部分。组成包括调度所设备、沿线地面设备、移动电台设备、传输设备。

（1）调度所设备：包括调度总机、调度控制台、录音机以及监控总机等部分，供调度员与机车司机、车站值班员进行通话，必要时还可以进行数据通信。

（2）沿线地面设备：包括与传输设备相连的控制转接部分、收信机、发信机、双工器、传输线和天线，以及调度分机等设备。

（3）移动电台设备：装载于运行列车上的无线通信设备，包括机车电台和车长电台。

（4）传输设备：用于把调度设备和沿线各地面固定电台连接起来，为信息传输提供音频通道。

CIR 是"机车综合无线通信设备"的简称，它是新一代的铁路无线通信车载设备，不但具备既有铁路无线列调机车电台的全部业务功能，还能够提供提速铁路无线调度命令接受、车次号校核、列尾风压查询等新业务功能，更是高速铁路 GSM-R 无线通信系统不可或缺的一员。

根据实际运用需求，机车综合无线通信设备的功能覆盖 450 MHz 调度通信系统、800 MHz 列尾和列车安全预警系统、GSM-R 数字移动通信系统、高速数据传输等。

1. 组　成

CIR 由主机、操作显示终端（以下简称 MMI）、送（受）话器、扬声器、打印终端、连接电缆、天馈单元及机车数据采集编码器等构成。设备构成原理框如图 10-2 所示。

MMI 包括显示器、送受话器、扬声器、按键、外部接口等。

主机包括机柜（含子架）、总线板、主控单元、电源单元、后备电源（蓄电池）单元、GPS 单元、GSM-R 话音单元、GSM-R 数据单元、高速数据单元、记录单元、天馈单元、接口单元、450 MHz 机车电台单元（450 MHz 调度命令单元）、800 MHz 列尾和列车安全预警车载电台（简称 800 MHz 车载电台）单元等，各组成部分模块化，可根据功能要求进行模块配置。

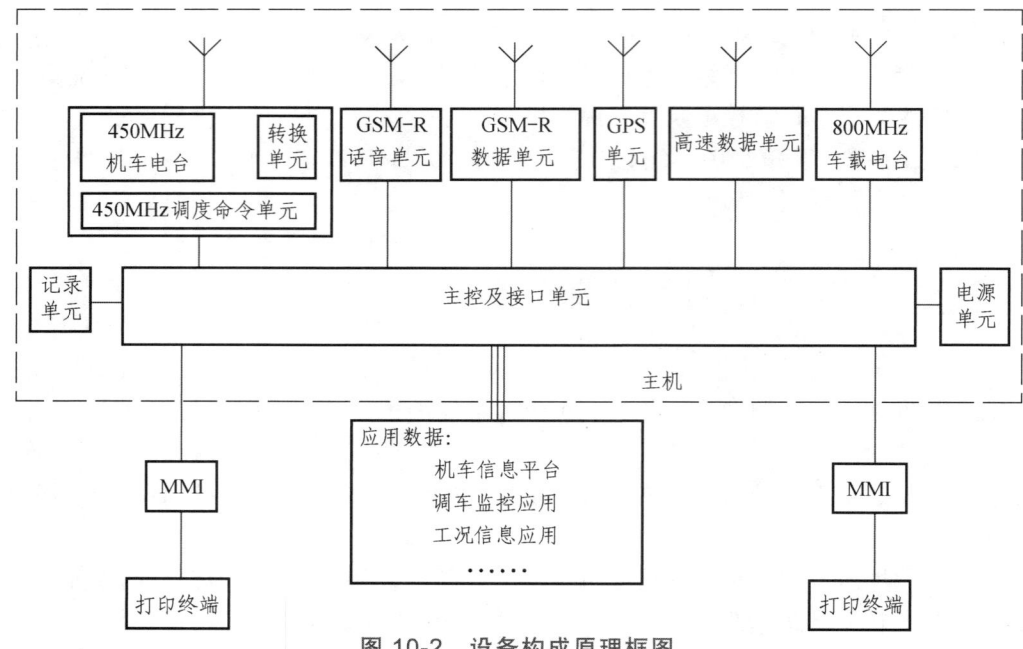

图 10-2 设备构成原理框图

其中 450 MHz 机车电台、800 MHz 车载电台、天馈等单元安置在机柜内或单独放置。

（1）主机。

CIR 包括机柜、A 子架、B 子架。A 子架包括主控单元、电源单元、电池单元、卫星定位单元、GSM-R 话音单元、GSM-R 数据单元、高速数据单元、记录单元；B 子架包括接口单元、450 MHz 机车电台单元、800MHz 列尾和列车安全预警车载电台（简称 800 MHz 车载电台）单元等，子架内各单元装配位置见图 10-3。

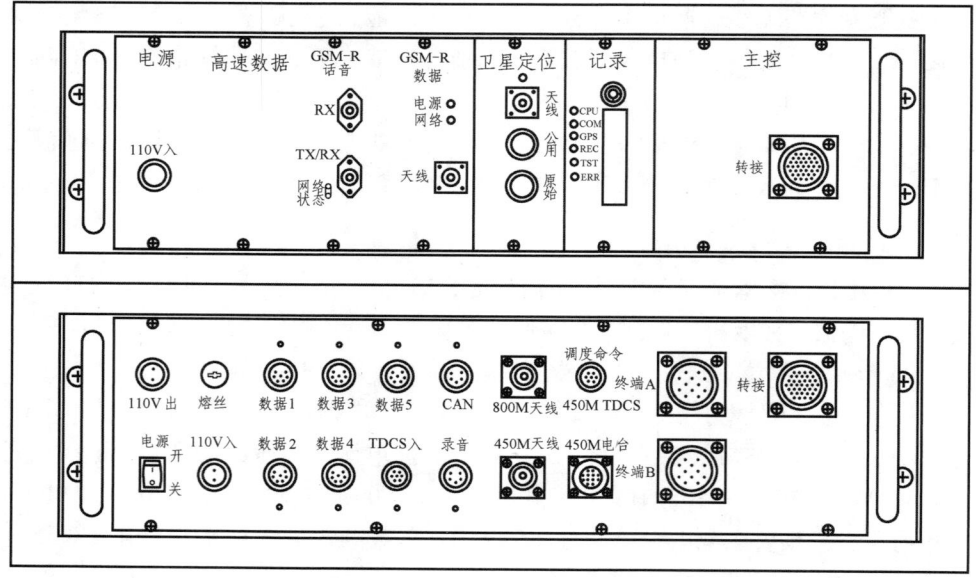

图 10-3 主机各单元装配示意图

受安装条件限制时 450 MHz 机车电台、800 MHz 车载电台等单元可外置接入 B 子架。

（2）MMI。

MMI 包括 5.7 寸显示屏、按键、外部接口。MMI 外观示意图见图 10-4。

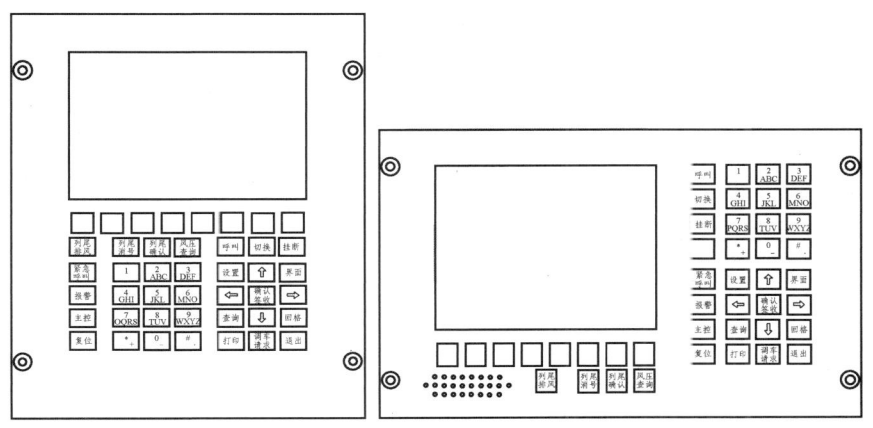

图 10-4　MMI 外观示意图

2．整机功能

（1）具有 450 MHz 通用式机车电台的调度通信功能。

（2）具有 450 MHz 通用式机车电台承载的列车尾部风压、无线车次号、调度命令等数据信息的传输功能。

（3）具有 GSM-R 调度通信功能。

（4）具有 GSM-R 通用数据传输功能，根据承载业务的需要提供 GPRS 或电路方式数据传输链路。

（5）具有《800 MHz 列尾和列车安全预警系统主要技术条件（暂行）》中规定的车载电台的功能。

（6）具有无线宽带数据传输功能。

（7）具有工作模式自动、手动转换功能和语音提示功能。

（8）具有上、下行线路分别设定工作模式转换点的功能。

（9）根据卫星定位信息无法确定唯一的运行线路时，具有提示并手动选择运行线路的功能。

（10）卫星定位单元失效时，具有手动转换工作模式和选择运行线路的功能。

（11）具有输出卫星定位原始信息、公用位置信息的功能。

（12）MMI 具有调度通信、通用数据传输所需的操作、状态显示以及语音提示功能。

（13）具有主、副 MMI 之间通话功能。

（14）具有话音、数据业务和状态信息记录及转储功能。

（15）具有整机自检功能和故障定位功能（故障定位到单元模块），包括 450 MHz

机车电台单元、800 MHz 车载电台单元、GSM-R 话音单元、GSM-R 数据单元、记录单元、卫星定位单元、MMI、机车数据采集编码器、电池单元，并可将自检结果发送到库检设备。

（16）具有人工系统复位功能。复位重启后自动进入原注册状态。

（17）主机关机时，具有电池单元放电电压检测功能。

三、LKJ-2000 列车运行监控记录装置

LKJ2000 型监控记录装置的操作

列车运行监控记录装置（以下简称 LKJ）是机车设备的组成部分，是机车自动停车装置的替代设备，是保障列车运行安全和改善机车乘务作业管理的重要设备。

（一）LKJ 的组成

LKJ-2000 型列车运行监控记录装置由主机箱、人机交互单元（又称屏幕显示器）、压力传感器、连接线缆组成。监控装置与机车信号设备、压力传感器、速度传感器、GPS 接收装置、本/补切换装置、双针速度表、机车安全信息综合监测装置（以下简称 TAX）等设备配套共同组成列车运行安全监控系统。其组成结构示意见图 10-5。

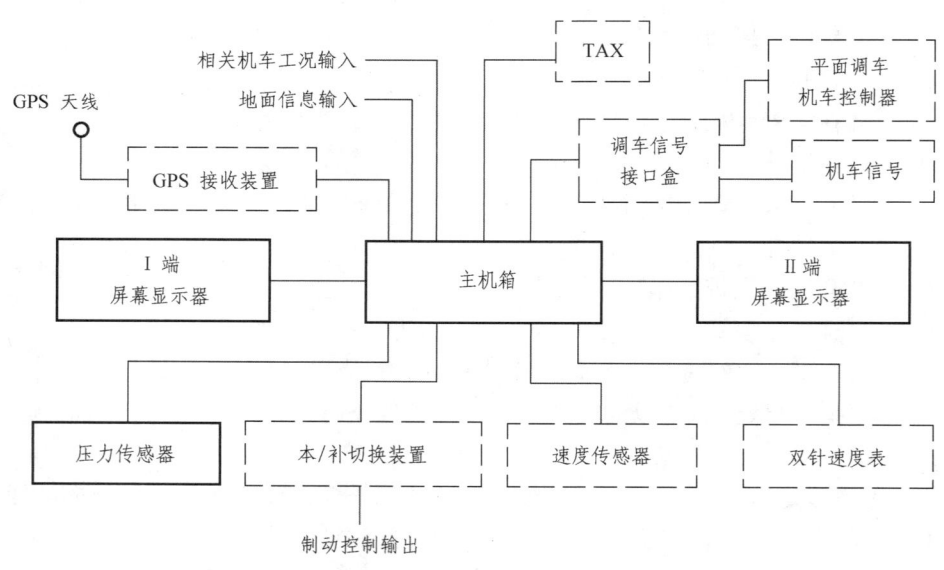

图 10-5 列车监控系统示意图

1. 主　机

主机内部由 A、B 两组完全相同的控制单元（分别称为 A 机、B 机），每组有 8 个插件位置。主机前面板布局见图 10-6。

电源A	数字入出A	数字输入A	扩展通信A	模拟入出A	通信A	地面信息A	监控记录A	监控记录B	地面信息B	通信B	模拟入出B	扩展通信B	数字输入B	数字入出B	电源B

图 10-6 主机箱插件排列示意图

后背板上有电缆连接插件和电源开关。

2. 屏幕显示器

（1）显示界面。

屏幕显示器由显示屏、21 个薄膜按键和大容量 IC 卡读卡器组成。

LKJ2000 型监控记录装置显示界面介绍

屏幕显示器为 10 英寸 TFT 高亮度彩色液晶显示屏，采用图形、汉字显示相关信息，除了显示时间、公里标、信号机类别、机车信号状态、实际速度、限制速度、客货状态、设备状态等信息外，还提供前方 4 公里的线路纵断面，如桥梁、隧道、坡度、曲线等信息以及限制速度曲线、标准操纵的运行速度曲线等，显示界面见图 10-7。

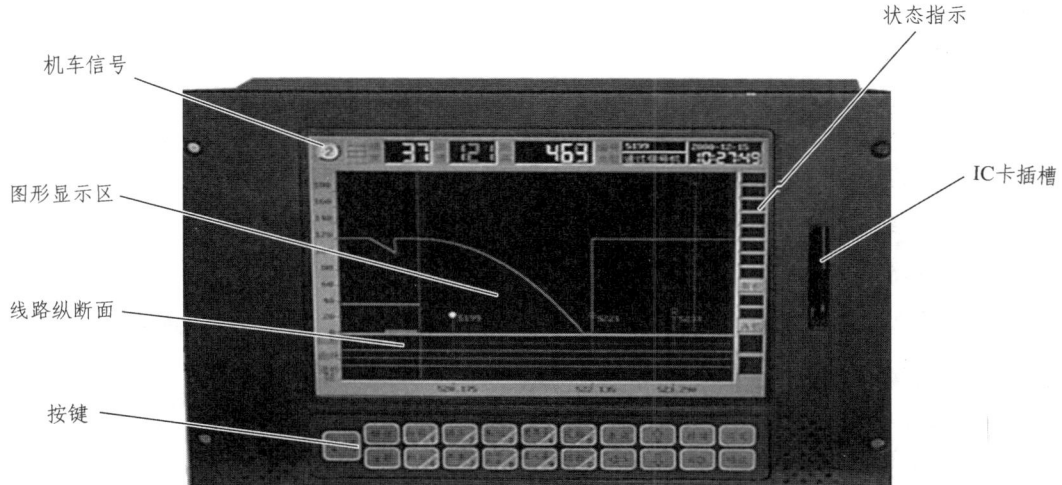

图 10-7 显示器显示界面

屏幕最上方的数据窗口依次为：机车信号灯、速度等级、速度、限速、距前方信号机距离、当前信号机编号、当前信号机类型、日期和时间。

（2）按键。

按键的布置。按键布局见图 10-8。

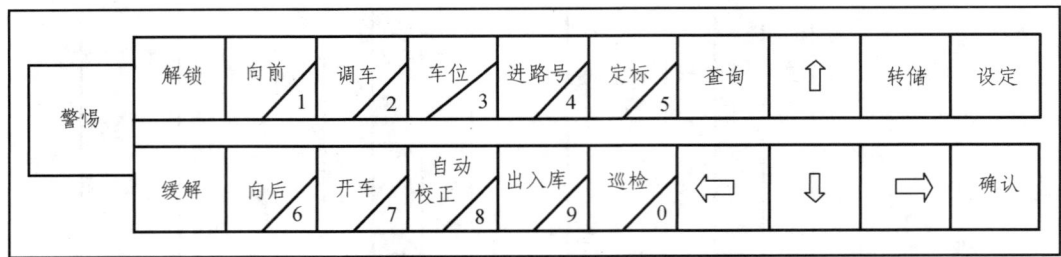

图 10-8 按键布局示意图

按键为带背光薄膜按键,在光线变暗时,按键上的字可自动透光,使夜晚或过隧道时,乘务人员能清晰地识别按键上的字。

按键共有 21 个,0~9 共 10 个键为复合键,其他为单功能键,由于 LKJ-2000 型屏幕显示器为菜单操作方式,故比 LKJ-93 型数码显示器新增上、下、左、右 4 个方向键,用于菜单选择和光标移动。

3. 事故状态记录器

列车事故状态记录器(黑匣子)将记录 30 min 以内的最新列车运行状态数据(事故发生后将自动停止记录),并且其记录密度大大高于监控主机数据记录密度,列车走行距离超过 5 m 时,将产生一次相关参数记录。因此在发生严重事故后可提供详细、准确的列车运行状态数据。事故状态记录器具备抗冲击性能。

4. LKJ-2000 数据转储器

转储器将车载记录数据转录至地面微机系统供分析处理。其内部数据存储器采用大容量非易失性数据存储器(可不带电池长期保存数据)。转储器与车载主机的数据传输以及与地面微机的数据转录均采用 RS232 标准通信方式,通信具备数据校验功能。转储器既可转储 LKJ-2000 型监控装置数据,也可转储 LKJ-93 型监控装置数据,并能自动识别不同设备类型及记录数据格式。

5. 大容量 IC 卡

LKJ-2000 型监控装置记录数据的容量为 2 MB,为 LKJ-93 监控装置(256 KB)的 8 倍,作为转储 LKJ-2000 型记录数据的中间设备,其 IC 卡的容量也增大为 2 MB。

6. 传感器

系统除上述主要部件外,还有两个必备的配件即速度传感器和压力传感器。

(1)速度传感器。

提供列车运行速度信息,速度传感器安装于机车轮轴上。装置适配于光电式速度传感器或其他脉冲式速度传感器。

(2)压力传感器。

给装置提供列车管压力、均衡风缸压力及机车制动缸压力信号。可以记录和检查机车小闸下闸的情况。

（二）LKJ 的功能

1. 监控功能

（1）防止列车越过关闭的地面信号机。

（2）防止列车超过线路（或道岔）允许速度及机车、车辆允许的构造速度。

（3）防止机车以高于规定的限制速度进行调车作业。

（4）在列车停车情况下，防止列车溜逸。

（5）可按列车运行揭示要求控制列车不超过临时限速。

2. 记录功能

（1）开/关机时相关参数记录。

（2）乘务员输入参数（或 IC 卡输入）记录。

（3）运行参数记录。

（4）事故状态记录。

（5）插件故障记录。

3. 显示功能（以数字或图形方式显示）

（1）显示列车运行的实际速度及限制速度（或目标速度）。

（2）显示距前方信号机距离及前方信号机种类。

（3）显示运行线路状况。

（4）显示机车优化操作曲线。

（5）其他运行参数的显示。

4. 地面分析功能

将车载记录的列车运行数据经过翻译、整理，以直观的全程记录、运行曲线、各种报表等形式再现列车运行全过程，为机务的现代化管理及事故分析提供强有力的工具。

任务二　LKJ 出入段基本操作

一、出乘写卡

机车乘务员按时到派班室出乘，将 IC 卡交出勤调度员写入担当交路有关 IC 卡数据文件，在 IC 卡数据文件复核机（模拟机）上核对 IC 卡数据文件内容是否正确，并在《IC 卡数据录入登记簿》上签字。

二、监控开机

（1）上车后确认司机手账抄录的、LKJ 显示屏粘贴的"版本标签"的、显示器显示的、LKJ系统检测合格证的LKJ数据版本号及各开关位置是否正确，并检查显示屏外观、主机铅封、光电速度传感器（含连线及接头）是否良好。发现不良须及时报告。

（2）打开主机电源开关（在主机后背板上），主机进行自检、显示器启动。自检完毕后进入正常工作（原始降级）状态，确认显示屏显示日期及时间正确，喇叭发音和音量正常，信号显示与机车信号显示一致。

三、参数输入/修改

将IC卡插入显示屏读卡器中，观察IC卡指示灯亮；在停车状态下按压【设定】键，进行参数和揭示及有关命令内容的输入，读卡完毕，拔出IC卡，确认输入司机代码、副班（学习）司机代码、交路号、车站号、车次、车种、车速等级、客/货、本/补、总重、辆数、计长、揭示及有关命令内容是否正确。如有错漏，须重新输入相应参数。

（一）参数输入方式

LKJ参数输入分为IC卡输入和手动输入两种方式。

1. IC卡输入

（1）将写有参数的IC卡，正确插入屏幕显示屏IC卡座内，确认"IC卡"指示灯点亮。

（2）乘务员上车设定出现与版本不符的信息提示时，在本段库内立即联系地勤通知LKJ检测人员，经电务人员确认数据版本正确后，在司机手账或LKJ检测合格证备注栏签认方可出库。

（3）按压【设定】键，装置将卡内的揭示信息和设定参数读出，自动弹出参数设定对话框，参数为IC卡内的参数，逐项确认，如参数需修正的，参照"手动输入"更改不正确项，当所有参数输入正确后，将光标移至【确定】键并按压【确认】键确定。

（4）设定完毕，装置发送参数的同时，将揭示信息传给LKJ，然后弹出信息窗口说明发送揭示是否成功。按压【确认】键确定后返回。

（5）如果卡中没有揭示信息，就直接返回。

2. 手动输入

直接按压【设定】键，进入参数设定界面。

（1）在输入参数操作中，可以使用【↑】【↓】【←】【→】4个方向键将光标移动到所需位置，然后用0~9数字键输入数据，如果输入错误，用左键【←】删除前一个字符，最后按压【确认】键确认输入。

（2）输入司机号、副班（学习）司机号、区段号、车站号、车次、车种、车速等级、客/货、本/补、总重、辆数、计长等数据；光标会自动跳到下一项，也可以用方向键自由移动光标。在输入"车种"时，如第一界面选项无所需的车种，按压【↓】键，翻页并将光标移至所需的车种，然后按压【确认】键确定；在输入"客本/货本/补机"选项时，按压【↓】键，移动光标至所需选项，然后按压【确认】键确定。各项数据输入正确后，使光标移到【确定】按钮，按压【确认】键，确认修改参数有效【开车】灯点亮，表示输入的数据有效；如果【开车】灯不亮，则说明输入的数据有误，这时应重新输入正确的参数。

3. 注意事项

（1）客车/货车、本务/补机、车速等级状态修改必须在停车时进行，修改后装置进入降级状态（车速等级修改不会进入降级状态）。

（2）修改了交路号、车次、车站号，若输入正确则【开车】指示灯亮，显示屏显示车站名和输入信息，装置进入降级状态。

（3）修改司机号、列车编组数据时，无速度和信号条件限制。

（4）总重、计长、辆数不输入时，按最大设定数默认。计长要输入3位数（如要输入换长45.1，则应输入451）。

4. 缺省参数

缺省参数如下：

旅客列车：辆数21，总重1 100，换长50.00。

货物列车：辆数65，总重4 999，换长72.00。

（二）临时参数的输入条件

参数输入包括LKJ临时控制参数和LKJ临时数据两部分：LKJ临时控制参数包括司机输入的信息；LKJ临时数据包括司机输入的各种运行揭示信息，主要通过IC卡载入。

当LKJ无控制指令输出且不处于防溜报警状态，满足下列条件之一时允许进行LKJ的参数输入：

（1）机车信号为停车信号或按停车信号控制，且列车处于停车状态。

（2）机车信号为UU码，且列车速度<45 km/h（按车站侧线股道最低限速）。

（3）机车信号为其他进行的信号，且列车速度<60 km/h。

（三）车速等级相关操作

对走行径路相同、列车速度等级不同的列车，采用监控交路号和人工选择本次列车车速等级相结合方式，依据司机选择的"车速等级"来区分不同的列车种类限速。

（1）停车状态下按【设定】键进入参数设定界面，输入司机号、副班（学习）司机号、区段号、车站号、车次、列车种类、本/补、编组信息。

（2）若为动车组，"列车种类"中固定显示"动车组""车速等级"中固定显示动车组，且不允许进行修改。

（3）若选择货车，当光标移到"车速等级"窗口中时，按【↓】键弹出车速等级选择窗口，当选择其他时，弹出"请输入货车车速等级限速"窗口，在该窗口中输入货车车速等级限速值。

（4）若输入列车种类为客车，当光标移到"车速等级"窗口中时，按【↓】键弹出车速等级选择窗口，利用【↑】/【↓】选择相应的车速等级，车速等级选定后按【确认】键。

（5）若输入行包交路，根据线路限速、车型结构速度选择车速等级。

（6）若未选择"车速等级"（车速等级窗口中显示空白），按【确认】或【设定】键时弹出"请输入车速等级"的提示框，必须选择车速等级，否则不允许退出设定界面。

四、换室操作

降级和调车状态两端司机室显示屏均有操作权。

五、合格证签认

未取得"LKJ、机车信号设备检测合格证"的机车不得出库牵引或担当列车。"LKJ、机车信号设备检测合格证"应随机车全程携带和交接，机车入库时由电务部门检测工区回收存档备查。

机车司机在确认"LKJ、机车信号设备检测合格证"时，必须确认电务检测时间，如检测时间超过 24 h，应通知电务检测人员重新检测。

六、出入段状态操作

（1）进入出段状态操作。乘务员库内接车开机后，应将 LKJ 置于出段状态。在调车状态下，速度为 0 时，按压【出入库】键，进入出段状态。在闸楼停车，按压两次【出入库】键退出出段状态。

（2）进入入段状态操作。机车入库时，在闸楼停车，调车状态下，按压【出入库】键，进入入段状态，需退出入段状态时，必须按压两次【出入库】键。

（3）进入出入段状态后，LKJ 限速 20 km/h。

七、出库挂车

整备作业完毕后，以出段状态按库内允许速度动车出库。动车后要确认速度显示是否正常。

到达闸楼一度停车，退出出段状态，签认完毕，以调车状态按规定速度运行进入站场，准备挂车。

动车时应注意确认调车信号，显示正确后进行定标操作，并正确使用动车确认功能注意做好机车防溜，停车后应使列车管减压 80 kPa 以上或机车制动缸压力保持 80 kPa 以上。当听到"注意管压防溜""注意手柄防溜""注意相位防溜"时，及时按压警惕键解除防溜。

挂车换室后列车管缓解前退出调车状态，做好开车准备。

八、入库交接作业

入库和途中司机换乘作业机车以及沿线驻站调车机车，由机车司机负责使用 IC 卡转储 LKJ 运行记录数据。在库内与电务车载设备检测人员办理设备检查交接手续，说明 LKJ 工作情况，对列车运行中发现的 LKJ 系统及数据运用问题，应在机车入库后填写"电务车载设备使用信息反馈单"。

任务三　LKJ 运行途中常规操作

一、对标开车

1. 正常对标开车

机车信号显示进行信号情况开车，运行到正线出站（或发车进路）信号机或"开车对标距离特殊地点表"规定的地点按压【开车】键，"开车"灯灭，LKJ 进入监控状态。

按压【开车】键前，若机车信号转为白灯（单红灯或红黄灯），运行速度大于等于 5 km/h，LKJ 进行 2 s 周期性报警，注意按压【警惕】键，防止放风。

2. "绿灯/绿黄灯确认"对标开车

在各铁路局集团公司规定的侧线开车出站"绿灯/绿黄灯确认车站（股道）"机车信号显示双黄灯时，司机确认地面出站（或发车进路）信号机显示绿灯或绿黄灯后，人工按压【↑】键 2 s 弹出"非正常行车确认"窗口，选择"地面信号确认"，操作按键将光标移到【确定】显示框上，再按压【确认】键（解除 LKJ 在列车接近的信号机和次一信号机前的机车信号为一个白灯的停车控制功能），在监控屏幕左上角显示"地面绿灯/绿黄灯确认"字样。运行到规定地点，按压【开车】键。

3. 使用路票、绿色许可证对标开车

在停车状态下，司机按压【↑】键 2 s 弹出"非正常行车"窗口，确认相应选项，

先将路票、绿色许可证号和调度命令号输入 LKJ，在 5 s 内依次按压【解锁】+【确认】键，机车运行到规定地点，按压【开车】键，"开车"灯灭，LKJ 进入监控状态。

司机凭绿色许可证行车，同时接到车站监督表示器故障通知书时，除按绿色许可证进行 LKJ 有关操作外，须以不超过 20 km/h 的速度运行到次一信号机，再按其显示要求控制列车运行。

4．无码股道对标开车

出站信号开放，具备发车条件，启动列车，在正线出站信号机或规定地点，按压【开车】键。

适用于列车始发开车时，固定无码股道和电码化股道故障不发码机车信号显示白灯情况。

二、车位调整操作

（1）车位向前：出现距离滞后误差时，在机车接近地面信号机位置按【车位】键 1 次，当机车前端与地面信号机平齐时再按【向前】键 1 次，装置清除剩余距离，调出当前分区距离。【车位】+【向前】键间隔不得超过 5 s。

（2）车位向后：出现距离超前误差小于 300 m 时，在机车接近地面信号机位置按【车位】键 1 次，当机车前端与地面信号机平齐时再按【向后】键 1 次，装置将重新调用当前分区的距离。【车位】+【向后】键间隔不得超过 5 s。

（3）车位对中：当超前误差或滞后误差距离小于 300 m 时，当机车前端与地面信号机平齐时按压【自动校正】键，不论是滞后还是超前误差，装置自动进行校正。

（4）注意：距离超前 300 m 以上时，使用【车位】+【向后】，注意每次只能调整 300 m；LKJ 启动停车控制模式后，按车位向前、车位向后校正距离误差操作无效。

三、巡检操作

按规定地点进行巡视，在操纵端按压【巡检】键一次，到非操纵端按压【巡检】键一次，再回操纵端按压【巡检】键一次，执行巡视记录操作。

四、补机操作

机车重联牵引列车时，第二位及其以后的机车以及列车后部补机，应将 LKJ 转为非本务工作状态，担当本务牵引任务时须立即转为本务运行状态。在停车状态下，在参数"本务/补机"栏选择补机，LKJ 将置于补机工作状态，开车时按压【开车】键，LKJ 显示屏显示"非本务运行"。列车运行中，LKJ 解除监控功能，保留记录功能。

注意：速度为 0 时，可从补机状态直接进入调车状态，同时自动切换为本务状态。

五、机车担当特殊任务的操作

机车担当特殊任务，需要解除 LKJ 系统制动控制功能时，应按有关要求关闭 LKJ 制动阀或使其置于非本务运行状态。

六、支线号输入

（1）货物列车需要启用支线号时，在接近支线分支地点，显示屏"支线"指示灯点亮，下方显示支线方向，语音提示"请输入支线号"（"支线号输入"窗口不会自动弹出）。

① 在【支线】灯会点亮或有语音提示"输入支线号"后，按压【进路号】键，LKJ 显示屏弹出"支线×"对话框，司机输入相应的支线号"×"，再按压【确认】键确定，同时确认 LKJ 显示屏右下角显示"支线×"与输入支线号码一致。

② 在 LKJ 显示屏[侧线]灯、【支线】灯都点亮的情况下，按压【进路号】键后，LKJ 显示屏弹出"侧线×××"及"支线×"对话框，须输入侧线股道号后或将光标移至"支线×"对话框，然后输入支线号，按【确认】键确定，确认 LKJ 显示屏右下角显示"支线×"与输入支线号码一致。

③ 当支线号输入错误，需重新输入时，按【进路号】键，输入正确的支线号，再按压【确认】键确定，确认 LKJ 显示屏右下角显示"支线×"与输入支线号码一致。

④ 在错误输入支线号后，取消支线号的操作：按【进路号】键，弹出"支线×"对话框输入 0，再按压【确认】键确定，返回正线数据。

⑤ 注意：旅客列车应固定走行径路运行。

（2）过渡支线号。

货运列车遇线路运输基础设备、设施技术数据变化或行车组织变化引起 LKJ 基础数据调整，为适应变化过程中 LKJ 基础数据应用，作为特定行车办法，允许将一个实际列车走行径路按不同启用时间拆分为若干 LKJ 过渡数据径路，分别对应变化前后的 LKJ 基础数据。

LKJ 数据文件编制规范中规定货运列车过渡支线号为 30~42，货运列车输入支线号为 30~42 时，LKJ 屏幕显示器左侧以红底黄字提示"过渡支线"。

七、侧线股道号输入

列车进侧线时，须正确输入侧线股道号；侧线股道不明时，不得输入，LKJ 按该站最短的侧线和最低的道岔限速控制，进站确认所进股道后再按规定输入。

1. 侧线操作的时机

当列车侧线进站，在进站前至出站前（双黄闪无侧线输入）。

2. 操作方法

（1）当列车侧线进站，机车信号收到双黄灯后，LKJ显示屏自动弹出"侧线×××"对话框，并显示倒计时时间，司机须在倒计时结束前输入侧线股道号×××，并按【确认】键确定，否则对话框自动消失；（特别注意：在倒计时只有1~3 s时不要输入侧线，以免LKJ操作错误）。

（2）在进站信号机前至出站前，按压【进路号】键，LKJ显示屏弹出"侧线×××"对话框，司机输入相应的侧线号×××，再按压【确认】键确定，同时须确认LKJ显示屏右下角显示"侧线联"与输入号码一致。

（3）当侧线号输入错误，需重新输入时，按【进路号】键，输入正确的侧线号，再按压【确认】键确定，确认LKJ显示屏右下角显示"侧线××"与输入号码一致。

3. 注意事项

（1）在支线和侧线同时显示时，注意确认"支线号"、"侧线号"窗口，防止错输。

（2）引导进站解锁后，LKJ提供输入侧线股道号条件。

（3）除机车信号为双黄灯时自动弹出"侧线号输入"窗口外，其他信号均需通过按压【进路号】键调出。

八、解除报警操作

1. 解除动车确认报警

调车状态动车速度不小于3 km/h时，LKJ输出语音报警，7 s内按压【警惕】键，解除动车模式报警。

2. 解除降级报警

机车信号为停车信号，当列车运行速度大于5 km/h时，LKJ输出语音报警时，7 s内按压【警惕】键解除报警。

3. 解除防溜报警

防溜模式启动报警时（包括手柄、相位、管压三种防溜模式），10 s内按压【警惕】键解除报警。

4. 解除信号突变报警

在半自动闭塞区段，当LKJ计算列车距前方信号机距离≤100 m时，机车信号机由黄灯、双黄灯突变为红黄灯、白灯，LKJ持续"信号突变"语音报警，司机在确认为LKJ距离滞后时，按【警惕】键LKJ停止报警。

5. 解除动轮迟缓报警

运行中列车管减压量不足40 kPa且闸缸压力超过50 kPa的机车，2 min后LKJ输出语音提示指令"抱闸运行"，司机按压【警惕】键，或闸缸压力小于10 kPa，撤除语音提示指令。

6. 解除列车管欠压报警

运行中列车管压力小于定压超过 100 kPa 且速度大于或等于 5 km/h 时,持续 4 min 后 LKJ 输出语音提示指令"欠压运行",司机按压【警惕】键,撤除语音提示指令。

九、司机警惕功能

1. 进站信号确认功能

(1)列车运行前方信号机为 LKJ 固定基础数据中设置的进站信号机、进出站信号机,且次一信号机为出站或进出站信号机时,LKJ 语音提示"请确认信号"2 遍。

(2)列车越过信号机前,LKJ 未检测到按压司机操纵端警惕按钮(按下的动作,下同),则列车越过信号机后,显示屏弹出提示窗口,从第 20 s 开始倒计时,倒计时到 10 s 后伴以"呜呜"报警声,倒计时到 0 实施制动控制(报警声持续至制动指令被解除)。在倒计时过程中,检测到下列信息之一时终止本次控制过程:

① 按压司机操纵端警惕按钮开关。
② 列车管减压 50 kPa 及以上(以进入通常监控工作状态时的管压为基准,下同)。
③ 闸缸压力大于等于 50 kPa。
④ 机车工况(零位/非零位)状态变化。

2. 周期警惕功能

(1)列车速度大于 5 km/h 时,LKJ 启动周期警惕功能;列车速度小于 3 km/h,终止周期警惕功能。

(2)启动周期警惕功能后,开始计时;当检测到下列信息之一时重新开始计时:
① 列车管减压 50 kPa 及以上。
② 闸缸压力大于等于 50 kPa。
③ 机车工况(零位/非零位)状态变化。

(3)若计时达到 120 s,显示屏弹出提示窗口,从 20 s 开始倒计时,倒计时到 10 s 后伴以"呜呜"报警声,倒计时到 0 时实施制动控制(报警声持续至制动指令被解除)。在倒计时过程中,检测到下列信息之一时停止报警,清除提示窗口,启动新的警惕周期:

① 按压司机操纵端警惕按钮开关。
② 列车管减压 50 kPa 及以上。
③ 闸缸压力大于等于 50 kPa。
④ 机车工况(零位/非零位)状态变化。

3. 注意事项

(1)警惕按钮故障时,可用 LKJ 显示器上的【定标】键代替。

（2）具备常用制动功能时，发出解除牵引力和常用制动指令（减压量 80 kPa）；不具备常用制动功能时，发出解除牵引力和紧急制动指令。

（3）LKJ 紧急制动控制指令须停车后解除，常用制动控制指令须停车后按压【缓解】键解除。

（4）周期警惕功能在倒计时 120 s 时间内按警惕键无效，待 20 s 倒数提示窗口弹出按警惕键才有效。

任务四　LKJ 查询操作

按压【查询】键，屏幕中央显示"查询选择"窗口，用【↑】【↓】【←】【→】方向键，移动光标到相应选项，按压【确认】键，或按压相应数字键选择查询项目，查询完毕，按压【确认】键退出。

一、查询设定参数

操作目的：查看设定参数。

操作方法：在"查询选择"窗口，利用光标移动键将光标移到"设定参数"按钮，然后按压【确认】键，或直接按压数字键【6】，屏幕弹出系统当前设定参数。内容包括司机号、副司机号、交路号、车站号、车次、总重、计长、辆数、车速等级以及主轮径等。

二、查询当前揭示信息

操作目的：列车运行时查询前方的揭示信息。

操作方法：在"查询选择"窗口，利用光标键移动光标到"当前揭示"按钮，然后按压【确认】键，或者直接按压数字键【1】，进入揭示查询界面。当没有揭示信息时，提示"禁止查询!"。屏幕上的揭示显示，底色为白色的是正常的揭示，绿色的是已经越过的揭示，红色是已经解除的揭示。

三、查询全部揭示信息

操作目的：停车时查询装置内的所有揭示信息。

操作方法：在"查询选择"窗口，利用光标键移动光标到"全部揭示"按钮，然后按压【确认】键，或者直接按压数字键【3】，进入揭示查询界面。当没有揭示信息时，提示"禁止查询!"。屏幕上的揭示显示，底色为白色的是正常的揭示，绿色的是已经越过的揭示，红色是已经解除的揭示。如果揭示较多，可以用上下方向键翻页显示。

四、查询工况信息

操作目的：查询手柄位置、公里标等数据。

操作方法：在"查询选择"窗口，利用光标移动键将光标移到"工况显示"按钮，然后按压【确认】键，或直接按压数字键【2】。此时在屏幕右上角弹出"工况信息"窗口。这个显示窗口将一直存在，直到再次按压【确认】键才消失。

五、查询设备状态

操作目的：显示 LKJ 各插件的工作状态，绿颜色表示该插件工作正常，红颜色表示故障；查询监控程序、地面数据及屏幕显示器程序版本号；查询外接设备参数或状态（如管压、地面信息、主机自检状态及输入、输出自检状态等信息）。

操作方法：在"查询选择"窗口，利用光标移动键将光标移到"设备状态"按钮，然后按压【确认】键，或直接按压数字键【4】，屏幕弹出系统当前各模块工作状态和故障状态指示。查询结束后，按压【确认】键返回。

六、查询 LKJ 数据版本号

操作目的：查询机车 LKJ 数据版本号与显示器粘贴的"版本标签"的数据版本号是否一致。

操作方法：开机状态下，按压【查询】+4，调出 LKJ 版本号。

任务五　LKJ 其他操作

一、制动试验操作

在速度为 0 时，按压【查询】键，进入信息查询界面，然后用光标键移动光标至"制动试验"项，通过【↑】【↓】【←】【→】4 个方向键分别进行 A 机和 B 机常用制动及紧急制动（注：没有常用制动功能的除外）。

二、IC 卡文件转储操作

（1）将 IC 卡正确插入屏幕显示屏 IC 卡座内，"IC 卡"指示灯点亮。

（2）按压【转储】键，进入文件转储窗口。

（3）将光标移至"选择文件"选项，按压【确认】键，此时文件目录栏内出现一个光标条，可以用【↑】【↓】【←】【→】4 个方向键，将光标条移动到欲转储文件，按压【确认】键选择文件，光标自动移到下一个文件，同时选中文件变为蓝色。如想取消已选中的文件，只需将光标条移到该文件上，再次按压【确认】键即可取消对该文件的选择。

（4）按压【←】键，光标自动跳到"开始转储"选项，按压【确认】键开始文件转储。转储过程中，会弹出转储信息窗口，上面是当前正转储的文件序号，下面的3个进度条分别指示整个转储的进度、当前文件进度和IC卡上的空间。如转储成功，提示"转储成功"，否则提示"转储失败"。

（5）按压【确认】键光标自动跳到"卡上文件"选项，按压【确认】键可检查卡内的文件。

（6）将光标移到"返回"选项，按压【确认】键退出转储状态。

三、定标操作

在机车运行中按压【定标】键，装置记录此刻的公里标及时间，作为运行数据处理时查找的标记。

四、显示屏亮度调整

用【↑】【↓】方向键可调整屏幕亮度。按压【↑】键可加亮度，按压【↓】键减小亮度。

五、音量调节

连续按压【→】键可逐步增加音量，连续按压【←】键可逐步减小音量（司机警惕功能报警语音不能调整）。

项目总结

本项目对机车三项设备，LKJ出入段基本操作，LKJ运行途中常规操作，LKJ查询操作，LKJ其他操作等知识进行的系统阐述，而且对机车乘务员出乘作业中LKJ的相关操作进行了重点说明，希望同学们能进一步加强对LKJ出入段基本操作、LKJ运行途中常规操进行重点掌握。

事故案例

陇海线"12·16"杨庄站旅客列车冲突重大事故

（一）事故概况

1978年12月16日南京开往西宁的87次列车在陇海线杨庄车站与西安开往徐州的368次列车拦腰相撞，造成旅客死亡106人，重伤47人，轻伤171人，客车报废 3 辆，中断行车 9 小时 30 分，造成震惊中外的"杨庄事故"。

（二）事故经过

1978 年 12 月 16 日凌晨 3 时 12 分，由郑州机务南段东风 3 型 194 号机车牵引的西安开往徐州的 368 次旅客列车运行至陇海线杨庄站上行 1 号道岔处时未按规定停车，冒进出站信号，与正线通过的 T87 次旅客列车侧面冲突，造成旅客死亡 106 人，重伤 47 人，轻伤 171 人。内燃机车中破 1 台、客车报废 3 辆、大破 2 辆，损坏钢轨 14 根、轨枕 308 根、电动道岔 1 组。

（三）事故原因

368 次旅客列车司机、副司机和运转车长严重违反劳动纪律。按列车运行图规定，368 次旅客列车在杨庄车站停车 6 min，等会南京开往南宁的 T87 次旅客列车。368 次旅客列车机车乘务员在进站停车作业中违反劳动纪律，打盹睡觉，延误制动时机，运转车长擅离职守，没有监控列车运行，置车站值班员紧急停车手信号于不顾，未采取紧急制动措施。当列车进入杨庄后，没有停车，继续以 40 km/h 的速度运行，冒进出站信号机 42 m，在 1 号道岔处与正在以 65 km/h 进站通过的 T87 次旅客列车侧面相撞，造成重大旅客伤亡事故。

（四）事故教训

本次事故是典型的因个别司乘人员严重违反劳动纪律所引发的恶性行车事故。之后，原铁道部组织有关科技人员学习国外先进技术，在机车上安装了机车信号、自动报警停车装置和列车无线电话，俗称"三大件"。从此，铁路开始重视采用先进的科技装备来保证行车安全。

复习思考题

1. 机车三项装置包括哪几个部分？
2. 应用连续式机车信号装置的工作原理是什么？
3. 列车无线调度通信设备由哪几部分组成？
4. 列车运行监控记录装置由哪几部分组成？
5. 简述乘务员出乘作业时，操作 LKJ 的顺序。
6. 简述乘务员进行对标开车的具体操作方法。
7. 简述乘务员进行 LKJ 补机操作的方法。
8. 乘务员如何利用 LKJ 查询设备状态？
9. 乘务员如何利用 LKJ 的查询设定参数？
10. 乘务员如何进行 LKJ 的 IC 卡文件转储？

项目十一

电力机车整备作业

项目要点

电力机车经过一段时间的运用后,由于种种原因,机车的电气设备和走行部将会造成一定程度的磨损,甚至损坏,同时机车运动部件的润滑油也将减少或变质。所有上述异常状态的存在影响着机车的寿命,并危及行车安全。因此对运用机车定期进行检查、给油,早期发现不良处所,及时处理,是提高机车质量、保证和运输安全的重要工作之一。

扫码获取
项目十一课件

通过对本项目电力机车整备作业的基本知识,电力机车检查的基本知识,静止检查的内容顺序,乘务员自检自修范围和机车主要部件的维护保养等知识的系统学习,希望能进一步加强对相关规定的理解、认识,并重点掌握:

1. 电力机车检查的基本方法及注意事项;
2. 电力机车静止检查顺序;
3. 机车乘务员自检自修作业范围;
4. 电力机车主要部件的维护与保养方法。

任务一 机车整备作业基本知识

一、机车整备作业的意义及内容

电力机车在担当运输任务过程中,为保证列车运行安全正点,平稳舒适,除乘务员应具备良好的操纵技术外,还必须保证机车处于良好的运用状态和文明状态。为此,各机务段都要在机车运用前,对机车进行日常的整备保养工作。

所谓整备作业，就是电力机车在投入运用前的一切供应和准备工作。电力机车整备作业包括：机车外皮洗刷、给砂、给润滑油、机车检查、自动信号测试等。电力机车在折返段的整备作业，一般包括机车检查及补砂、补油等。

实行长交路后，可能在中间站到发线上补砂，补砂点的设置应在机车乘务组换乘点为宜，其补砂作业以机车不摘钩为准。一般可就近设置干砂小屋，以人工进行补砂。

由于机车运用周转的要求，机车整备作业必须在规定的时间内保质保量地完成，以满足机车供应的需求。为了很好地完成机车整备作业，除要有良好、先进的整备设备外，还必须有一套严密的组织和管理体系。机车整备作业必须按照一定的顺序进行，并尽可能地缩短机车整备作业时间。

机车整备作业的目的只有一个，即一切为了机车的正常运转。因此，在机车整备作业过程中，必须保证各项作业互相连接成一个整体，做到作业流程顺畅，避免相互交叉干扰，达到走行短、作业快，效率高，以缩短机车整备作业时间，提高机车运用效率的目的。

运用网络控制管理技术做好机车整备工作，是全面质量管理一种新的尝试。网络控制能及时掌握机车的整备作业进度和质量信息，做好对机车的统筹管理，提高整备台位的通过能力，并能够充分发挥现有整备设备的效率。

二、整备作业的范围及内容

电力机车乘务员的整备作业范围主要有：
（1）了解接班机车的维修情况和机车技术状态。
（2）按规定补充各种润滑油脂和工作油。
（3）按规定补足质量良好的机车用砂，并试验撒砂作用良好。
（4）按作业程序、标准对机车进行检查、给油和自检自修作业；进行机车电气系统的高、低压试验和制动机系统的机能试验。
（5）进行列车运行监控记录装置、机车信号及列车无线调度通信设备试验，并将其置于正常工作状态。

（一）机车整备给油

1. 机车给油的目的

机车高速运行中，会产生机车各运动部件的摩擦，摩擦所产生的摩擦力增加了机车的运行阻力，并且使相关部件的非正常磨耗加剧，增大了润滑间隙，造成高速摩擦部件间的发热，甚至使部件烧损、熔化，影响机车的正常运用。

按规定对机车进行给油，可以使机车各摩擦部位保持油液摩擦，不但降低了摩擦阻力，减少磨耗，还可以防止摩擦部件的发热、烧损，延长机件使用寿命，提高机车运用效率。因此，按规定给油对机车运用保养具有非常重要的意义。

2. 机车给油的基本方法及要求

（1）压油机压入式。

① 使用软油脂润滑的销与销套：在压油时，一般应压油至销套间隙中间，油挤出即可。压油过少，使摩擦表面润滑不良，产生干摩擦及半干摩擦，造成抗劲和部件的非正常磨损；压油过多，浪费油脂，也易使尘土杂物附着在销套表面，影响清洁，同样会产生非正常磨损，缩短部件的使用寿命。

② 各轴承的给油，由于部件在组装过程中，轴承空腔内部已预加油脂，机车运用中需在小修、辅修时定期补油，轴承内存油量不应多于轴承空腔容积的 2/3。油量过多，使轴承空腔内充满油脂，散热不良，影响油封的密封作用；油量过少，会使轴承产生非正常磨损，导致发热烧损。

（2）注入式：适用于各油箱、油盒日常补油。运用中应根据机车各部件对润滑的不同要求，正确使用油脂，避免造成混油，同时应使油位保持在最低油位线以上。

（3）油枪给油方式。

① 点式：适用于直径较小的穿销及摩擦接触面较小的部位。

② 弧形：采用点式给油不能满足其润滑要求的穿销及销套。

③ 线式：适用于摩擦接触面较大的部位。

以上 3 种给油方式所使用的工具为反射油枪，同时应使各销处于自由状态，托起穿销，将油给至穿销颈部及销套间隙内。

（4）抹入式：适用于软油脂润滑所保护的摩擦面、电路连接板等。

乘务员应经常对机车各给油装置进行检查，保证不低于规定的油位。机车给油要及时地、不错不漏地进行，做到部位准确、油量适当，既能满足润滑要求，又能节约油料，平时要保持给油器具、给油处所及油料的清洁，机车上应备有一定数量的常用润滑油脂，不同种类的油脂不得混用。电力机车整备给油处所和要求见表 11-1。

表 11-1 整备给油处所及要求

序号	给油处所	方法	使用油脂	周期	备注
1	空气压缩机	注入	压缩机油	不定期	油位保持在油表上下两刻线间
2	牵引电机抱轴承	注入	轴油	不定期	油位保持在油表上下两刻线间
3	齿轮箱	注入	齿轮油	不定期	油位保持在油表上下两刻线间
4	钩舌销	弧形	轴油	每次	润滑良好
5	轮缘喷油器油箱	注入	双曲线齿轮油	每次	油箱加满
6	钩体与托板磨动部	线式	轴油	每次	润滑良好
7	钩舌与锁铁磨动部	线式	轴油	每次	润滑良好
8	钩尾与托板磨动部	反射	轴油	每次	润滑良好

续表

序号	给油处所	方法	使用油脂	周期	备注
9	从板与弹簧箱、导框磨动部	反射	轴油	每次	润滑良好
10	钩提杆座磨动部	点式	轴油	每次	润滑良好
11	钩提杆肘销	点式	轴油	每次	润滑良好
12	制动器肘销	点式	轴油	每次	润滑良好
13	制动器各外露销套	点式	轴油	每次	润滑良好
14	手制动机传动装置	点式	轴油	每次	润滑良好
15	两位置转换开关	涂抹	工业凡士林	不定期	抹前将旧凡士林擦干净
16	隔离开关静触头	涂抹	工业凡士林	不定期	上、下均匀涂抹

（二）机车整备补砂

机车回段后，应向砂箱补足干砂，以备运行中防滑用，这是一项重要的整备作业内容。

撒砂装置应达到以下技术要求：

（1）机车撒砂装置作用良好，砂管的撒砂量均应调整到 2～3 kg/min。

（2）砂管距轨面高 30～55 mm，砂管距离动轮踏面 15～30 mm。

（3）砂子要经过干燥处理，粒度要均匀，成分要符合规定要求。

机车用砂要能使其在砂管内均匀流动，不会结成砂块堵塞砂管。砂子应保持松散状态，不致黏附在砂箱壁上，其中要有一定大小的颗粒，过小时容易从钢轨上吹掉，过大时又容易从钢轨上滚落。砂粒要具有足够的硬度和强度，其中含石英量越多，硬度和强度就越大。

机车用砂技术要求见表 11-2。

表 11-2 机车用砂成分和粒度

砂质砂种	成分		砂粒及比例		备注
	石英/%	黏土/%	粒度直径/mm	占有比例/%	
普通砂	>70	≤3	0.1～2.0	≥90	石英粒度直径为 0.2～0.5 mm 的应占 60%～65%
			<0.1	≤3	
优质砂	>90	≤1	0.1～2.0	≥95	
			<0.1	≤5	

三、电力机车清洁、防火与防寒

（一）电力机车清洁

机车经过运行回段后，外部的尘土油污甚多，为了保持机车外部清洁，便于检查保养，必须进行外部清洗。另外，在机车修理之前，亦应对机车外壳及走行部进行洗刷，以达到文明生产、提高机车检修质量的目的。

机车外壳洗刷，通常是人工擦拭刷洗，劳动强度大，作业时间长，应尽量采用机械化、自动化的设备来代替，以改善劳动条件，缩短机车整备作业时间。

（二）电力机车防寒

冬季由于气温较低、环境恶劣，季节性事故容易发生，严重威胁铁路运输安全。为此，必须强化过冬防寒意识，做好机车过冬前的防寒准备工作，杜绝季节性惯性事故发生。

机务段在每年入冬前要组织专人对新入职人员、机车打温人员进行脱产培训及考核，不合格者不得上岗。对有一定防寒经验的人员，也要进行防寒知识教育，加强他们的防寒过冬意识，提高操纵水平和故障处理能力。

每年入冬前，机务段要抓好机车冬防工作，专门建立冬防领导小组，负责机车冬防整修、职工过冬教育、过冬物资准备等工作。

机车的防寒整修工作一般要求在每年的 10 月 15 日之前完成。为做好冬防工作，要根据机车的修程安排好冬防整修计划，保证冬防整修按时完成，符合质量标准要求后方可发给机车"防寒合格证"。

电力机车防寒过冬整修范围包括：

（1）整修门窗、砂箱盖。
（2）清扫并检修窗加热器和取暖设备。
（3）检查牵制开关、门联锁风缸，并开盖补油。
（4）中继阀等易冻部件配备防寒罩或加热套。
（5）总风缸排水阀的胶垫更换为金属垫，并包扎防寒。
（6）蓄电池电解液密度调整为 1.2~1.22。
（7）压缩机油更换成冬季油，同时清洗空气压缩机油底壳。
（8）机车冬季运行中，应坚持排放总风缸中的凝结水，经常检查干燥器的工作状态，防止因干燥器故障造成总风缸无法充风。

（三）电力机车防火

1. 引起机车火灾的原因

（1）外来火源。

（2）电气火花。

（3）电气装置过热、烧损，电路短路着火。

（4）机械装置过热、烧损、碰撞产生火花。

（5）燃轴或闸瓦摩擦产生过热、火花。

（6）电气设备使用不当或违章使用。

2. 防止机车火灾的注意事项

（1）凡临时断开的电路导线端头均应包扎绝缘，并加以固定，以防止导线裸露与其他设备或车体接触。

（2）严禁在机车电路内使用不合格（或代用）的熔断器，对连续烧损熔断器的电路应查明故障原因并及时处理。

（3）定期检查清扫蓄电池，清除蓄电池漏液和导线连接松动、绝缘破损接地等现象。

（4）机车运行中发生导线接地或电机"放炮"时，未判明情况并妥善处理时禁止加载。

（5）严禁在司机室电炉、电暖气、空气压缩机上烘烤棉丝或其他易燃物品。机车各种油脂、备品及棉丝等擦拭材料应按规定放置，妥善保管。

（6）禁止携带易燃、易爆物品上车。确因工作需要携带汽油、酒精等易燃物品上车作业时，要断开机车电源，预先要做好防护，及时熄灭火种。

（7）经常检查清扫电机、电器，紧固松动的导线，更换损坏的灭弧罩，及时消除接地、短路和虚接等故障，严禁擅自敷设电气设备及导线。

（8）熔焊作业不应与换油、补油和用有机溶剂清洗等工作同时进行。

（9）吸烟只能在司机室内，用过的火柴棒和剩下的烟蒂及时熄灭放入烟灰盒内。

（10）行车中禁止机车两侧开门，防止带入外部火种。

（11）灭火器应放在固定位置，并保证其性能良好。机车乘务员应熟知灭火器的有关知识和使用方法。

3. 机车发生火灾时机车乘务员的处置方法

（1）断开主断路器，降下受电弓。

（2）将司机控制器的手柄放在零位。

（3）尽可能将机车停在安全和便于救火的地方。

（4）立即向有关部门报警。

（5）停在坡道上时，应使列车制动或拧紧手制动机，并打好止轮器。

（6）机车电器设备着火时，可使用二氧化碳、1211灭火器或干砂灭火；若木制器械着火，确认与电器无关时，可用水或泡沫灭火器灭火。

（7）如果火灾威胁蓄电池组时，必须立即断开蓄电池开关，取下熔断器，并将蓄电池各连线拆除，然后将蓄电池盖好。

（8）火灾扑灭后，应仔细检查机车设备损坏程度，如确认能够继续运行时，应将损坏的处所妥善处理好后方可维持运行。如无法处理时，应及时请求救援。

任务二　电力机车检查的基本知识

一、电力机车检查的形式

一般电力机车的检查按时间可分为日常检查和定期检查；按检查形式又分为静止检查和动态检查。

（1）日常检查：即机车每完成一个交路或一次循环后入段进行整备作业中的检查或在中间站换班、外段（折返段）整备由乘务员或检查司机进行的检查。

（2）定期检查：即机车每运用一段时间或完成一定的走行公里后对机车进行较大范围的检查。

（3）静止检查：即机车在无动力电源时对机车进行的检查。

（4）动态检查：即机车在牵引列车的运行中对机车的巡视检查等，或停车后立即对有关发热部件的检测。高、低压试验对控制电路来讲是动态试验，对主电路来讲是动态下的空载试验。

二、电力机车检查的分工

（1）司机负责机车内部、顶部的检查和高、低压试验，对机车发生的故障进行判断，指导副司机正确、可行地处理好故障，维持列车运行。

（2）副司机负责机车下部的检查和机车的全面给油工作，协助司机做好高、低压试验；并在司机的指导下，及时正确地处理好机车故障，保证行车安全。

三、电力机车检查的基本要求

（1）司机负责机车内部、顶部的检查和高、低压试验，对机车发生的故障进行判断，指导副司机正确、可行地处理好故障，维持列车运行。

（2）副司机负责机车下部的检查和机车的全面给油工作，协助司机做好高、低压试验；并在司机的指导下，及时正确地处理好机车故障，保证行车安全。

（3）检查顺序熟练不乱，名称、术语、技术参数正确无误，不漏检、不错检。

（4）步伐、锤击、动作、顺序协调一致，做到由上而下，由里往外，由左到右，以检、听、嗅、摸、测、撬、晃等方法进行。

（5）一般检查时，左手拿电筒、右手握锤。电筒、手锤不能倒手，不能触地。放置电筒、手锤要有固定位置，做到光照、目视、锤击一致，动作协调。

（6）检查低矮零件时，做到一腿半曲，一腿稍弓，斜身向着检查部件。

（7）检查内侧部件时，做到两脚叉开，上身前探。

（8）检查部件底部时，对较高的部件直身仰视检查；对较低的部件采用下蹲仰视。

（9）使用仪器测量时，必须按其使用规定进行。

四、电力机车检查方法

机车检查的基本方法一般有目视法、锤检法、手检法、测量法和耳听、鼻嗅法等。

1. 目视法

目视法主要是检查各种仪表的显示、铅封、漆封；各类扳钮、刀开关、塞门位置；各部件有无断裂、变形、丢失、歪斜、折损、擦伤、剥离、泄漏、脱落、卡滞、缺油、拉伤、发热、烧损、变色及油、砂贮备量；各类电器的导线连接、绝缘状态、触点接触状态等。目视检查贯穿在各种检查方法之中，是最基本的检查方法。

2. 锤检法

锤检法包括了锤击、锤触、锤撬3种方法。

（1）锤击：适用于检查各部件的紧固螺栓、螺钉。敲击螺栓或螺钉时，应向紧固方向轻轻敲击，以免把紧固的螺栓或螺钉敲松。锤击检查法主要是靠锤击的音响、锤柄对力的传递和用另一只手直接接触敲击处的感觉，判断螺栓（螺母）的紧固程度。

（2）锤触：对一些直径较小的管路和卡子，以及不宜锤击的螺钉或脆弱部件，可用检查锤轻轻触动，视其是否泄漏或松动。

（3）锤撬：用锤柄或锤尖撬动部件，用以检查部件的横向、径向活动量及间隙等。

3. 手检法

（1）手动检查法：对锤击容易损坏的部件，应用手动检查法，手动检查包括：晃、拍、握、拧。对较小的螺钉、管接头，用手旋拧视其是否松动或泄漏。对电器部件的安装、接线及绝缘板上的螺栓（螺钉）等，用手扳动视其牢固程度。对排水阀及其他把手、手轮、开关及玻璃塑料部件等应用手扳动，切勿锤击，以防损坏。

（2）手触检查法：适用于检查容易发热的各轴箱、轴承等部件，用手掌或手指触及发热处所，以感觉其温度，手触检查应在停车或关机后立即进行。手触时，应先用手指感觉温度，再用手背判断温度。手背触及部件表面的持续时间与相应的温度可参考表 11-3：

表 11-3　手触检查及判别方法

热别	相应的温度/°C	判断方法
平热	40 上下	能长时间手触
微热	70 上下	手触能持续 3 s
强热	90 上下	不能手触
激热	1 500 上下	变色
烧热	150 以上	生烟

4. 万用表、兆欧表、试灯检查法

万用表、兆欧表、试灯检查法适用于检查电器部件线路接地、虚接、短路，继电器、接触器接触状态及电气线路故障等。

5. 量具检查法

量具检查法适用于检查有关部件的间隙、开距、超行程、限度、高度等数据的测量。

6. 耳听、鼻嗅法

凭听觉或借助锤柄、听棒等判断运转机件有无异常；用鼻嗅感觉判断部件及电气装置有无发热、烧损现象。

7. 诊断技术检查法

这是一种新型微机智能检查方法，既能检查出故障缺陷程度，又能大约判断出继续使用的寿命，从而根据检查的状态参数确定修理方法和修理时间。如机车电器自动检测，检查机车各种接触器、继电器触头的接触状态。在整备场所的入库线地面设有专用插销，机车入库时一度停车，将专用插销插在机车加装的专用插座上，便可自动检查出有关触头接触状态。

五、电力机车检查注意事项

（1）进行机车检查作业前必须处于制动状态，并做好安全防护工作。

（2）机车总风缸压力应在 600 kPa 以上，蓄电池闸刀置断开位。

（3）电器间内禁止烟火，上下机车时应站稳抓牢，注意人身安全。

（4）车顶检查作业必须在安全作业区内，办理停电手续、挂好接地线后进行。接触网没停电时，不论何种原因，绝对禁止登上电力机车车顶。上车顶必须由车顶门登上，严禁从其他部位爬上车顶。在检查中，注意防止跌落和摔伤，确保人身安全。

（5）当机车受电弓升起时，禁止进入高压室、变压器室和开启防护高压用的护板、外罩及电机整流子孔盖，以及检查与修理电力机车车体下面的电气设备。

（6）机车检查前必须遵守"先联系、后检查"的原则，并通过有关作业人员在操纵的手柄开关处，挂好禁动标志。检查带电部件和转动部件时，禁止手触，以防触电和挤伤。

（7）检查机车时，应做到：顺序检查、不错不漏、姿势正确、步伐不乱、锤分轻重、目标准确、眼看耳听、仔细周到、鼻嗅手触、灵活熟练、消除隐患、保证质量。

（8）检查压力容器和带有压力的管、细小管接头螺母及M14以下的螺母时，对光洁度高或有镀层的零件表面，禁止用锤击法检查。

（9）用手晃动、拍击、拧动零件时，用力要适当，防止损伤部件，尤其检查线接头与紧固件松紧时，要顺时针推动。

（10）对加封的零部件（如铅封、漆封），严禁随意破封，各种保护装置及测量、计量仪器，不得任意变更其动作值及参数。

（11）机车检查时要注意安全，严禁跳越地沟。

（12）司机升弓做高压试验前，必须确认各高压室和地沟无人，并厉行呼唤应答和鸣笛，以确保安全。

13．各部件、塞门、开关检查完后，必须恢复定位。

任务三　电力机车的静止检查

一、电力机车的日常检查

1．交接班检查

（1）机车到达本次交路终点站并入段后，到达的乘务员、机车保养人员要按照分工，抓紧时间先详细检查各摩擦、转动部分及各电机的温度，并做好整台机车的检查、修理、试验、给油、清扫工作，然后将发现的问题和处理的情况详细填写交接班记录，为接班乘务员打好基础。

（2）接班检查要简单明了，重点突出，作业时间不宜过长，以免造成出乘前疲劳。为此，接班与交班检查要明确分工，接班者应特别注意与行车安全直接有关的部件检查，确认机车的整备状态，并详细了解机车在上一班的运行情况，认真阅读交班记录。

2．运行途中检查

（1）副司机负责机车走廊巡视检查，其检查的时机由各段在操纵示意图中规定。一般要在始发站出站后和每次通过分相绝缘器后，以及机车有异常状态时进行巡视检查。走廊巡视检查时，应在出站后开始，于到达前方站前返回，保证二人确认进站信号，去走廊巡视检查时，要先与司机取得联系，尽量保持各控制手柄位置稳定。在检查中发现有不良情况时，要立即向司机报告，二人密切配合，尽可能地维持运行，对能处理的要及时果断处理，防止事态扩大。

单司机值乘时，应有足够的措施让机车司机在操纵机车的同时查看机车内部设备的工作状况，并进行应急处理。

（2）中间站停车时，乘务员应下车检查走行部：确认车钩及风管（重联时包括重联线）的连接状态；轮箍有无过热、弛缓，轮踏面有无擦伤、剥离，轮缘润滑是否良好；轴箱温度是否正常，有无漏油现象，弹簧装置是否良好，闸瓦及基础制动装置有无不良现象，各管路系统及主变压器外壳是否有漏油，速度表传动装置等是否良好。

二、电力机车的定期检查

机车在中修或小辅修前，整备车间要按规定范围进行检查，按机车部件分类顺序填写"机统-28"预报本，并在小辅修开工前 24～72 h 内将"机统-28"送交检修车间。"机统-28"能反映机车在两次修程间的运用质量及检修工作后的检修质量，确保检修车间能及时掌握机车技术状态，做到合理地安排机车修程。机车入库后，乘务员或指定人员要按规定时间参加复检，发现不良处所时，应一次提出检修活票；检修中，乘务员或指定人员要按时参加检修汇报会，听取对机车保养的评定和意见，同时提出对修理工作的要求。日勤组人员在机车交车前，应将该台机车在复检中和检修中发现的超修活及时填写到"机统-28"上。机车交车时，由检修部门及时将"机统-28"退还整备车间保管。

三、电力机车的检查顺序

电力机车静止检查时要遵守自上而下，从内到外，由左向右的检查顺序，这是对乘务员基本功训练的要求。实行轮乘制的机务段，机车检查工作完全由地勤检查人员和辅修检查人员按分工进行检查，从而形成检查专业化。专业检查的特点是质量高、速度快、不易发生漏检；便于积累检查经验；能及时发现机车薄弱环节和惯性故障；掌握机车质量动态，从而不断提高机车检查水平。

以 SS_{9G} 型电力机车检查与给油作业为例说明。

1. 机车检查给油作业注意事项

（1）机车应停放在有地沟的平直线路上，机车前后放好渡板，禁止跳越地沟。

（2）进行检查给油作业前，机车必须处于制动（或防溜）状态，并做好安全防护工作。

（3）进行电气检查试验时，应严格遵守操作程序，避免造成电器误动作而损坏电气设备，并且防止异物落入电器间及各电器装置内部。

（4）上、下机车时应面向内侧双手把牢，脚要蹬稳站牢，避免人身伤害事故发生。

（5）刚封口的零部件（铅封、漆封），严禁破封。各种保护装置，乘务员不得擅自改变其参数。

（6）各部件检查完毕后，必须恢复正常状态。

2. SS$_{9G}$型电力机车检查与给油作业顺序

机车全面检查作业时，同时完成机车顶部检查，作业时间为 90 min（见图 11-1、图 11-2）。

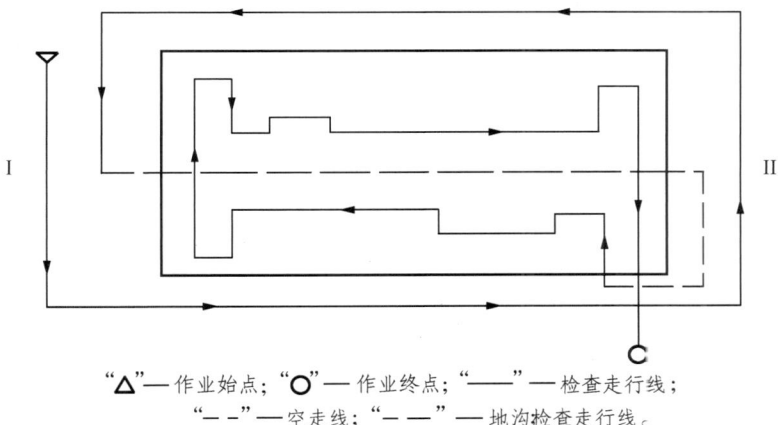

"△"—作业始点；"○"—作业终点；"——"—检查走行线；
"– –"—空走线；"— —"—地沟检查走行线。

图 11-1　SS$_{9G}$型电力机车走行部、内部检查给油作业路线图

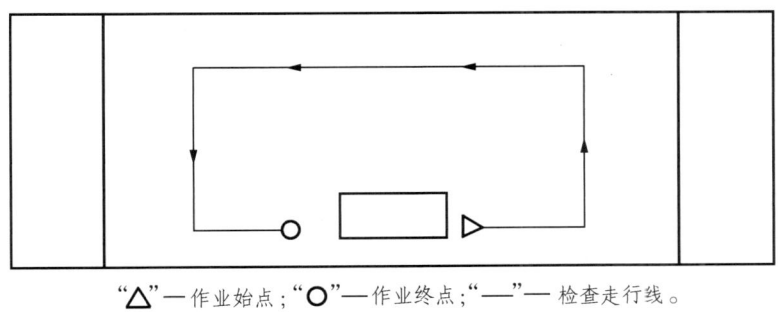

"△"—作业始点；"○"—作业终点；"——"—检查走行线。

图 11-2　SS$_{9G}$型电力机车顶部检查给油作业路线图

任务四　电力机车乘务员的自检自修

电力机车乘务员在机车运用中，除要熟悉机车各部件的作用原理及结构外，还应具有一定的自检自修能力，以便在运用过程中，及时、正确地判断、处理好各种随机发生的故障，维持机车的正常运行。因此，机车乘务员应刻苦钻研技术，熟练掌握，不断提高自检自修能力和故障判断及应急处理水平。

对整备作业中的乘务员自检自修范围，应按照从简、易行的原则制定。一般自检自修及常见故障的处理能力要求如下（各铁路局集团公司可根据机型及运用情况做出具体的规定）。

一、更换机车闸瓦，调整闸瓦间隙

1. 工具及材料

小撬棍、小活动扳手、新闸瓦。

2. 工作程序及注意事项

（1）机车缓解后，关闭需更换闸瓦的转向架闸缸塞门，重新施行机车制动，制动阀手柄和主手柄处挂好禁动牌。

（2）推或拉箱体上脱钩杆，逆时针旋转手轮，使闸瓦与车轮踏面间隙最大（需减小闸瓦间隙时，不必推或拉脱钩杆，顺时针旋转手轮即可）。

（3）取下闸瓦钎挡销、闸瓦钎、闸瓦，换上新闸瓦，装好闸瓦钎及挡销，顺时针旋动手轮，调整闸瓦间隙为 4~8 mm。

（4）如上、下闸瓦端部间隙不均匀时，通过调整闸瓦托上的调整螺栓，实现闸瓦与车轮踏面间隙均匀。

（5）开放制动缸塞门，取下禁动牌。

（6）注意检查是否穿好闸瓦穿销，检查新闸瓦制动、缓解状态是否正常。

二、拆装车钩钩舌及钩舌销

1. 工具及材料

克丝钳、300 mm 小撬棍、手锤、钢板尺、丁字尺、新钩舌及钩舌销。

2. 工作程序及注意事项

（1）机车停于安全的地面上，前后挂上禁动牌。

（2）拆卸不良钩舌：将车钩置于锁闭位，用克丝钳将钩舌销下方开口销合并，然后用小撬棍及手锤将其打出，手提车钩提杆，让车钩置于开放位，抽出钩舌销，双手抱住钩舌，贴身抱稳放在地上。

（3）装新钩舌：双手抬紧将新钩舌放在钩头上，左手托住钩舌，右手提起下作用销使下作用销及钩锁铁上移，左手随即将钩舌推至闭锁位。

（4）穿入新的钩舌销，将开口销装上并用克丝钳将其开度扳为 60°。

（5）检查车钩开锁、闭锁状态，动作是否灵活可靠，用钢板尺测量车钩开度，开启位 220~250 mm，关闭位 110~130 mm，用丁字尺测量车钩中心线距轨面高度 815~890 mm。

三、更换不良制动软管

1. 工具及材料

55 mm 开口扳手或管钳、同型号制动软管、胶带。

2. 工作程序及注意事项

（1）拆旧软管：确认折角塞门关闭后，打开防尘堵，用 55 mm 扳手或管钳卸下制动软管，检查折角塞门接口螺纹是否良好。

（2）装新软管：确认新管水压试验日期及螺纹符合要求后，在螺纹上绕上胶带，将新管拧上，斜度为 45°，接口应向内垂直，装好防尘堵，开放折角塞门，试验有无漏泄。

（3）安装制动软管时，不得紧过头再回扣；不要用力过猛，防止拧崩；以不松、不漏、角度符合要求为宜。

四、紧固或更换一般螺母、螺栓

1. 工具及材料

手锤、固定开口扳手（根据实际规格选用）、螺丝刀、活扳手、新螺栓。

2. 工作程序及注意事项

（1）工作前，对所需紧固或拆卸的螺栓、螺母擦拭干净。紧固 24 mm 以下螺母，禁止加套管。

（2）扳手开口应与所紧固螺母尺寸相符。

（3）紧固或拆卸时不可用力过猛，防止打滑和损坏部件。

（4）紧固双螺母时，先将基本母紧固，再紧固防缓螺母，以防损坏螺纹。松开时与上述方法相反。

（5）双螺母紧固时，两螺母对方应错开。

（6）拆卸死螺母，先涂防锈油（或柴油），稍停后再拧，若松不动，可用手锤往松的方向轻轻敲击后拧动。

五、清扫撒砂通路及调整机车撒砂量

1. 工具及材料

扳手、管钳、铁丝、手锤。

2. 工作程序及注意事项

（1）清扫风路：司机协助踩撒砂器，如风量小，应调整风量；如无风，则卸下风路清扫堵，用铁丝疏通，使其风路畅通。

（2）清扫砂管：先用手锤轻轻敲击砂管，然后用粗铁丝由喷嘴将砂管内部疏通，再轻轻敲击砂管，这样反复几次即可将堵塞的冰块、冻泥等物排出。

（3）清扫撒砂器：可先将大螺塞卸下，用粗铁丝分别疏通撒砂器进砂及出砂口，再将小螺塞卸下，用细铁丝疏通吹砂的通路，清扫后将大小螺塞分别装好。

（4）清扫砂箱：如较大的石块堵塞或砂子过分潮湿结块，则应用扳手将放砂堵卸掉，待砂子漏完后，装好排砂堵，重新装入质量良好的砂子。

（5）机车撒砂量的调整是靠改变调整螺栓的位置，即改变进风量大小来实现的。调整时，可用扳手先将调整螺栓的防缓螺母拧松，再拧动调整螺栓，拧到进风量适当的位置后，将防缓螺母拧紧。撒砂量调整到 2~3 kg/min 为宜。

六、更换不良熔断器及电炉丝

1. 工具及材料

螺丝刀、克丝钳、绝缘手套、同牌号熔断器、标定电压及功率相同的电炉丝。

2. 工作程序及注意事项

（1）更换不良熔断器时，应在该电路断电后进行。如果必须带电进行时，应戴绝缘手套并握熔断器的绝缘部分将其卸下，根据其容量，换上同容量的熔断器。装熔断器时一定要迅速。

（2）更换电炉丝时要断电进行，将新电炉丝适当拉伸，注意电炉丝不要凸出电炉盘，电炉丝与接线柱间的绝缘瓷管要装好，防止使用中出现短路或接地。

七、更换头灯灯泡、调整头灯焦距及更换其他照明灯泡

1. 工具及材料

小活动扳手、螺丝刀、同型号灯泡。

2. 工作程序及注意事项

（1）断开头灯开关。

（2）松开卡子，打开头灯检查盖，松开头灯安装螺母取下旧灯泡，装上新灯泡，然后拧紧螺母。

（3）闭合头灯开关，检查点燃状态，如照射距离或聚焦不理想时，应进行调整。

（4）调整照射距离和焦距，通过调整头灯后部的 3 个调整钮，调整好焦距使头灯聚焦成点，通过调整反光镜下部的调整钮，改变头灯射程，达到理想状态。

（5）试验头灯点燃时，要将检查盖盖好，防止灯光刺眼及灯泡爆炸伤人。

（6）更换其他照明灯泡时须注意新灯泡应与原灯泡功率一致，以防因功率增加而造成导线发热，烧损保险，产生电路断路。

八、更换不良电空阀

1. 工具及材料

小活动扳手、垫圈、同型号电空阀。

2. 工作程序及注意事项

（1）将电源断开，关闭风路塞门。

（2）用小活动扳手松下接线螺丝和安装座螺丝，取下电空阀。

（3）检查垫圈有无破损，若垫圈破损应更换新垫圈。

（4）将新电空阀装上，注意垫圈良好。先紧固安装座螺丝，再将接线紧固。

（5）开放风路塞门，闭合电源开关，试验电磁阀不漏泄，不犯卡，作用良好。

九、甩故障的蓄电池单节

1. 工具及材料

17～19 mm 开口扳手、300 mm 长中手指粗的连接导线。

2. 工作程序及注意事项

（1）断开主断器，降下受电弓，断开蓄电池闸刀。

（2）个别蓄电池单节故障需要甩掉时，可将故障单节的连板用扳手松下（戴手套操作），将备用铜线两端绝缘胶皮去掉，裸露铜线分别拧成环状，将欲甩掉的故障单节另一极柱与相邻单节已拆连板的极柱用螺栓拧紧，检查裸露铜线不得与电池箱或其他金属相碰。

（3）合上闸刀检查蓄电池电压应显示正常。

（4）严禁将扳手等金属物品放置在蓄电池上以防止短路。

（5）采用代用连接导线时，必须注意线径容量。

十、调压阀的调整

1. 工具及材料

小活动扳手、17 mm 开口扳手。

2. 工作程序及注意事项

（1）压力空气为额定值。

（2）用扳手松开防缓螺母，然后用手拧调整手轮，顺时针压力上升，反时针则压力下降。

（3）调整符合规定值后，紧固防缓螺母。

（4）调整 53 或 54 阀时，用小闸制动、缓解来判别调整。

十一、吹扫各电机和打磨整流子

1. 工具及材料

0号砂纸、长度与整流子面宽度相等的平整木块、钢锯条、350 kPa压力空气及风管。

2. 工作程序及注意事项

（1）机车停于有地沟并安全的地段上，降下受电弓。

（2）按规定着装，带好防护眼镜及口罩。

（3）打开电机检查孔盖，用风管将干燥清洁的压缩空气吹扫整流子及电机内部。

（4）若整流子发黑打磨时，应将砂纸包住木块，用手压木块在整流子面上进行打磨，当磨光一面再用其他动力使电机转动，直到打磨光洁，打磨后及时更换电刷。

（5）用锯条将云母沟的碳化物刮出，再用干燥清洁的压缩空气吹扫，直至把打磨出的铜粉及碳粉吹掉。

（6）吹扫干净后，检查电机各部状态良好后盖好电机盖。

十二、接触器、继电器触头的清扫与打磨

1. 工具及材料

0号砂纸、螺丝刀、细锉刀、干布、酒精。

2. 工作程序及注意事项

（1）断开打磨电器触头的电路电源。

（2）电空接触器、电磁接触器的主触头有轻微烧伤时，可拆下灭弧罩，用0号砂纸打磨消除伤痕。如烧伤严重时，可用细锉刀先将麻点轻磨平，再用0号砂纸打磨后，用酒精擦拭干净。

（3）中间继电器触头有黑氧化时，禁止用砂纸和锉刀打磨，可用干布沾酒精擦拭消除。

（4）整扫后的电器触头应进行试验，作用良好，不犯卡。

十三、擦拭车顶瓷瓶

1. 工具及材料

干净毛巾、洁瓷精。

2. 工作程序及注意事项

（1）机车停于安全区，断开主断路器，降下受电弓。

（2）司机办理隔离开关手续并分闸，挂好接地线。

（3）上车顶检查瓷瓶有无裂纹、烧伤或松动，用毛巾沾洁瓷精擦拭瓷瓶，直至干净光泽。

（4）按规定着装，穿好劳保鞋，禁止穿钉子鞋或塑料底鞋；雷雨天气禁止上车顶作业。

十四、更换风笛膜片，调整其音量

1. 工具及材料

小活动扳手、螺丝刀、清扫针、同号的新膜片。

2. 工作程序及注意事项

（1）机车停于安全无电区，上、下车顶联系好再作业。

（2）关闭风笛塞门，用扳手松开管接头，松下风笛支架螺栓取下风笛。

（3）用扳手卸下风笛后盖螺栓，用清扫针清扫盖板中心通气孔。

（4）取出膜片，用棉丝将空腔内擦拭干净。

（5）放入新膜片，盖上后盖板并对准螺孔，放上螺栓并用扳手对角分别均匀紧固。

（6）将风笛安装在支架上，连上风笛风管接头，适当紧固，开通风源。

（7）调整音量时，协助人员在司机室按风笛按钮，司机在车顶调整，拧紧调整螺栓则音高，拧松调整螺栓则音低。

任务五　电力机车主要部件的保养

电力机车保养与使用是不可分割的统一体，保养是为了更好地使用，使用必须注意保养。这样才能减少或避免机破、临修。同时机车保养的好坏，关系着机车性能的发挥和可靠性，并直接影响铁路运输行车安全。因此，为了提高机车运用效率和延长机车使用寿命，除检修人员提高维修工艺水平和检修质量外，机车乘务员应认真落实岗位责任制，本着"修养并重、预防为主"的方针，以极端负责和对技术精益求精的态度，掌握规律，积累运用保养经验，提高机车质量，为铁路运输安全正点、当好先行，提供可靠稳定的牵引动力。

一、机车保养工作的一般要求

（1）认真做好机车交接班和运行中的检查，及时处理并消除机车上的常见故障，防止机车"带病"运行。

（2）经常清扫机车，保持良好的清洁状态，要特别注意裸露的导电体及绝缘体的清洁，及时消除隐患。

（3）临时断开的导线接头，要包上良好的绝缘并固定，导线绝缘包皮不能与车体相摩擦。

（4）禁止使用不合规格的熔断器。

（5）机车上的灭火器具要配备齐全，定期检查，保证作用良好，并熟练掌握其使用方法。

（6）机车上除司机室外严禁吸烟。

（7）易燃物品要放在固定安全的地点，禁止在任何一端的取暖电炉上烤棉丝等物；司机室无人时严禁开启取暖设备。

（8）电器设备着火时，可使用1211（二氟一氯一溴甲烷）型灭火器或干砂灭火，灭火时，要断开电源，打开门窗。

（9）寒冷地区，应根据气候特点制订有效的机车防寒措施，加强防寒工作的检查，保养好机车，消除冬季的机车风路冻结，换向器结霜等冻害。

二、牵引电动机的保养

（1）打开检查孔盖检查电机内部，如电机内部有碳刷到限、断线、变色、烧损、松动、裂纹、开焊、甩油及整流子严重发黑或损伤等现象时，要立即与有关人员联系，判明原因并采取相应的处理措施。

（2）列车起动时不超过最大牵引电流，运行中调速时，要注意牵引电流不发生大的波动，在长大坡道上爬坡时，要防止电机超载运行。高速通过振动较大的区段和道岔群时，应适当减速，以防电机产生大的火花甚至环火，列车起动和运行中都要注意避免发生连续空转，有空转倾向时要及时撒砂。

（3）在任何情况下严禁"逆电"操作。双机重联运行时，重联机车的反向手柄必须和机车运行方向一致。在机车未停稳时，不许换向。夏季牵引电动机在大电流工作的情况下，牵引手柄退到"0"位后，不要立即关闭牵引通风机。

（4）冬季机车进入暖车库时，要在牵引电动机热态下进入。在库外停留时间长（如段备）时，要在制动的情况下，给牵引电机加小电流通电适当时间，保持牵引电动机内部的温度。

（5）牵引电动机的通风筒应良好，牵引风机的风道应盖严密封。切除牵引通风机后应切除相应的牵引电动机。

三、辅助机组的保养

（1）闭合主断路器和起动劈相机时，要注意有无单相起动现象和异音，禁止在辅助机组起动过程中断开电源；禁止同时按下各辅助机组起动板钮，以防造成起动过载，不利于电机保养。

（2）辅助机组启动时，应注意观看辅助电路电压表的波动情况，并注意监听启动运行声音和观察信号灯的显示是否正常，发现异状立即停机检查。

（3）各辅助机组应转动灵活，无异音，运用中注意检查各辅助机组运转时的温升（允许温升不超过55 ℃）。

（4）对直流辅助电机，要注意整流子的良好状态和碳刷有无断裂、到限，运行中注意观察火花情况。

（5）经常检查压缩机的油压，缺油时要及时补油。

四、主变压器的保养

（1）主变压器工作时，要注意油泵运转是否正常，油箱、油泵、散热器及油循环管路接头不得漏油。

（2）主变压器在运用中，油位要在规定范围内，以保证良好的冷却作用和绝缘性能。

（3）机车运行中，副司机要加强走廊巡视，注意观察变压器油的温度是否正常；观察吸湿器中的干燥剂是否变色。干燥剂由蓝色变成粉红色超过2/3时，应更换新干燥剂或进行烘干处理。

（4）经常清扫积尘、油垢，保持各部件和绝缘瓷瓶清洁，各接线不松动。瓷瓶碰伤、灼伤面积超过3 cm^{2}以上时，必须更换新瓷瓶；若面积不足3 cm^{2}可涂绝缘漆处理。

五、电器的保养

（1）检查和保养电器时要切断电源。机车辅修时，用压力为300～350 kPa的压缩空气吹扫电器，用棉布、毛刷等擦拭电器，保持清洁、干燥、无油垢，保证机械部分动作灵活；清扫两位置转换开关主触头，电空接触器联锁触指，各操纵开关及按钮，司机控制器各触头，并按规定涂以工业凡士林。

（2）电器装置各触头、触指、接点的工作表面有氧化层或接触不良时，要及时用棉布沾酒精或汽油擦洗，或用0号砂布打磨，烧痕严重的要用细锉刀仔细修整。银质接点禁止用砂布或锉刀打磨。各触头、触指、接点的接触压力、开距、超行程不良时要及时调整。触头焊片开焊、脱落、灭弧罩断裂破损的要及时更换或修理。

（3）电器线路各连接处要牢固无松动，有导电不良、虚接、断路、短路或接地现象时要立即消除。电器试验时动作要正确，有卡滞者要及时处理。

（4）电路中必须使用符合规定的熔断器，严禁以大代小，或用其他金属丝代替。

（5）在机车运用中严禁改变电器的整定值，严禁更改电器的接线或结构。

（6）电器上的各风管及接头、电空阀及阀座不漏风，传动风缸不漏风、不窜风。

（7）电器柜、电子控制柜的门和盖在运行中应关牢盖严。

六、蓄电池的保养

（1）经常检查、清扫蓄电池，保持整洁、干燥无异物，每节电池注液孔盖上的排气塞要作用良好，电池不漏液、不溢液，连接片及导线无松动，绝缘无破损。发现过热、放电时，要及时切除，维持运行，回段处理。

（2）检查、清扫蓄电池时，要断开蓄电池闸刀及其他输出线路，严禁吸烟、明火及将金属工具和异物放于跨线上造成短路。

（3）机车降弓停留时，禁止长时间使用前大灯和车内照明设备。

七、受电弓的保养

（1）受电弓滑板松动、到限、偏磨、断裂、脱落时，要及时紧固、更换。局部出现深沟或缺块时，应用锉刀打成大于120°的斜坡口。

（2）要保持框架各杆件活节处油堵齐全，油润良好，升、降弓不阻滞。

（3）滑板、框架有变形、烧损时，要查明原因，及时处理。

（4）车顶各高压瓷瓶要经常保持清洁、牢固，发现有裂纹应及时更换；有闪烙或爬电痕迹时，应及时刷绝缘漆处理。但瓷瓶烧损面积或缺损面积超过 3 cm² 以上时，必须更换新瓷瓶。

（5）运行中发现接触网晃动、跳动大、拉弧大时，多为碳滑板有缺陷，要及时换弓运行。

八、轮对、车轴轴箱及抱轴承的保养

（1）机车运行中要经常进行小闸瞬间缓解，以防止机车自然制动；实行制动时要防止滑行擦伤轮箍，机车停站时应检查轮箍有无过热、弛缓现象。

（2）机车运用中，必须保证轮缘喷油器作用良好，运行中不准随意关机停用，同时应经常清扫轮对踏面油垢，保证踏面干燥、清洁。

（3）接班乘务员应认真检查手制动机的状态，确认其缓解后才能出段，以免造成轮箍热弛缓。

（4）段内接班后，应仔细检查轴箱端盖、轴箱拉杆和电机悬挂装置是否良好。可用检查锤顺时针方向敲击各紧固螺丝，听其声音判断紧固状态。

（5）机车运用中，机车乘务员和地勤检查人员应经常检查轴箱盖下方有无漏油现象，发现漏油或其他异状应及时处理。

（6）机车运行中在站停车后，机车乘务员应下车检查轴箱温度。如发现温度过高或局部温度过高时，应打开轴箱端盖检查，并根据情况处理。

（7）抱轴承要使用规定的润滑油，油位要在油尺的上下刻度之间，要防止油位过高，导致向牵引齿轮箱窜油。

（8）运行中，抱轴瓦温度不应超过，遇温度太高或冒烟时，禁止用油、水等人工强迫降温，以防轴颈产生裂纹，要使机车在线路上慢慢移动，待温度降到正常温度以下时再处理，以防车轴弯曲。

（9）齿轮箱油位要符合标准，运用中要经常检查牵引齿轮的润滑情况，避免因缺油或油脂变质而使牵引齿轮加速磨损或拉伤。冬季要注意因低温所引起的油润性能变化。

任务六　SS_{9G}型电力机车电气试验

一、SS_{9G}型电力机车低压电气试验程序及要求

（一）准备工作

（1）确认机车顶部无人，车顶门锁闭。

（2）各自动开关、隔离开关、各闸刀及转换开关置于正常位。

（3）微机转换开关置于正常位，防空转开关置于投入位。

（4）各管路塞门置于正常位，总风缸压力不低于 700 kPa，制动缸压力不低于 300 kPa，并放好止轮器。

（5）闭合电源柜蓄电池整流输出开关 667QS、蓄电池电压显示 96 V 以上。

（6）闭合整流输出开关 666QS、蓄电池脱扣开关 601QS，确认柜内及司机操纵台电压表 658PV、650PV 指示 96 V 以上，闭合全部自动开关，电流表显示正常。

（7）将逆变器电源选择开关置于 A 组或 B 组位，确认逆变器电源标件板上 48 V、24 V、15 V 的信号灯显示，斩波器 48 V 风扇转动及司机操纵台"主断""预备""劈相机1""劈相机2""牵引风机""制动风机"等信号灯亮。

（8）闭合"信号检查"按钮 412SK1 或 412SK2，确认司机操纵台所有信号显示正常。

（9）将"欠压"，保护隔离开关 593QS 置故障位，制动风速1、3 及制动风速2、4 隔离开关 589QS，590QS 置于故障位。

10．将牵引风速1、3 及牵引风速2、4 隔离开关 573QS，574QS 置于故障位。

（二）SS_{9G}型电力机车低压电气试验操作程序

1．闭合电钥匙 570QS1 或 570QS2

（1）看：司机操纵台"零位"灯亮。

（2）听：钥匙箱内保护阀 287YV 得电吸合声。

2．断开电钥匙 570QS1 或 570QS2 后重新闭合

（1）看：司机操纵台"零位"灯灭。

（2）听：287YV 失电排风声。

3. 闭合"主断路器"开关 401SAl 或 401SA2

（1）听：主断路器闭合声。
（2）看："主断"信号灯灭。

4. 断开"主断路器"开关 401SAl 或 402SA2

（1）听："主断路器"断开声。
（2）看："主断"灯亮。
（3）重新闭合主断。

5. 闭合"劈相机"开关 404SAl 或 404SA2

（1）劈相机启动电阻接触器 213KM 及劈相机接触器 201KM 吸合。
（2）延时 3 s，劈相机启动继电器 283AK 吸合，213KM 失电，"劈相机 1"灯灭；再延时 3 s 后，劈相机 2 接触器 202KM 吸合，"劈相机 2"灯灭。

6. 闭合"空气压缩机"开关 408SAl 或 408SA2

听：空气压缩机接触器 203KM 吸合声。

7. 闭合"备用压缩机"411SAl 或 411SA2

（1）听：压缩机 2 接触器 204KM 吸合声。
（2）看：信号灯灭。

8. 将空气压缩机开关 408SAl 或 408SA2 从正常位转换到强泵风位

203KM、204KM 同时断开后，听 203KM 吸合声。

9. 将"空气压缩机"开关 408SAl 或 408SA2 重新转换到正常位

10. 闭合"通风机"开关 406SAl 或 406SA2

（1）听：牵引风机 1 接触器 205KM 吸合声。
（2）延时 3 s 后，听牵引风机 2 接触器 206KM 吸合声。
（3）延时 3 s 后，听牵引风机 3 接触器 207KM 吸合声。
（4）延时 3 s 后，听牵引风机 4 接触器 208KM 吸合声；看"牵引风机"灯灭。
（5）延时 3 s 后，听变压器接触器 211KM 及油泵接触器 212KM 吸合声，看司机操纵台"油泵"灯亮。

11. 闭合制动风机开关 407SAl 或 407SA2

（1）听：制动风机 1、3 接触器 209KM 吸合声。
（2）延时 3 s 后，听制动风机 2、4 接触器 210KM 吸合声。
（3）看："制动风机"灯灭。

12. 将换向手柄置于"制"位

（1）两位置转换开关 107QPB、108QPB 电磁阀得电，听牵、制转换开关 107YVB、

108YVB 转换声，励磁接触器 91KM、92KM 吸合声。

（2）看："电制动"灯亮。

13. 将换向手柄置"前"位

（1）听：两位置转换开关 107QPF、108QPF 电空阀得电吸合声。

（2）听：牵制转换开关 107YVT、108YVP 电空阀得电吸合声。

（3）听：牵引接触器 93KM 得电吸合声。

14. 将换向手柄置于"后"位

（1）听：两位置转换开关 107QPF、108QPF 得电转换声。

（2）听：牵制转换开关 107YVT、108YVP 得电转换声。

（3）听：93KM 得电吸合声。

15. 将换向手柄置"前"位，主手柄提至"0"级（假零位）

（1）看："零位"灯灭。

（2）听：线路接触器 12KM～62KM 吸合声。

（3）看："预备"灯灭。

16. 主手柄退回"零位"

（1）看："零位""预备"灯亮。

（2）听：12KM～62KM 释放声。

17. 将换向手柄置于"制"位（电制动灯亮），主手柄置 3 级

（1）听：12KM～62KM 得电吸合声。

（2）看："零位""预备"灯灭。

18. 将辅助司控手柄置于 1～6 位后回零

试验内容同前。

19. 跳主断保护试验

（1）人为闭合"紧急制动"按钮 594SB1、594SB2 后恢复。

主断跳开且列车紧急制动排风。"主断"灯亮，监控屏"紧急"灯亮，15 s 后，将电空制动器手柄由重联位移回运转位缓解。

（2）手动原边过流继电器 101KC。

主断断开，"主断""原边过流"灯亮。重新闭合"主断"，恢复线圈 97KER、98KER 得电，"主断""原边过流"灯灭。

（3）手动辅接地继电器 285KE。

主断断开，"主断""辅接地"灯亮。重新闭合"主断"，恢复线圈 97KER、98KER 得电，"主断""辅接地"灯灭。

（4）手动辅助过流继电器 282KC。

主断断开,"主断""辅助回路过流"灯亮。重新闭合"主断",恢复线圈 97KER、98KER 得电,"主断""辅助回路过流"灯灭。

20. 故障状态试验劈相机。将劈相机隔离开关 242QS 置故障位

听:213KM 吸合声。延时 3 s,听 283AK 吸合声,213KM 失电声及 202KM 吸合声。
看:显示屏"劈相机"灯亮,"劈相机 2"灯灭。

21. 断主断,关闭电钥匙,将 LCU 转换至 B 组重新进行以上各项试验

(三)低压电气试验结束工作

(1)将所有隔离开关置正常位。
(2)将所有故障状态恢复正常位。
(3)断开所有按键开关及电钥匙。
(4)断开蓄电池闸刀。

二、SS$_{9G}$型电力机车高压电气试验

(一)高压电气试验准备工作

(1)锁闭车顶门与各高压室门,门钥匙全部插入钥匙箱。
(2)将各隔离开关、库用闸刀、转换开关均置于"运转位",闭合各自动开关。
(3)各管路塞门在正常位,总风缸风压不低于 700 kPa,制动缸风压不低于 300 kPa 并放好止轮器。
(4)将微机Ⅰ、Ⅱ架转换开关置于"运转位",空转切除开关置于"投入位"。
(5)将逻辑控制单元(LCU)A、B 组转换开关置于 A 位。
(6)换向手柄置于"0"位,主手柄置于机构"0"位,各扳键开关均置于"断开位"。
(7)所有人员处于安全位置。

(二)SS$_{9G}$型电力机车高压电气试验程序及要求

1. 闭合电钥匙开关(570QS)

(1)听:保护阀(287YV)吸合声。
(2)看:司机操纵台"主断""预备""零位"及"劈相机 1""劈相机 2""牵引风机""制动风机"等信号灯亮。
(3)看:微机显示屏显示"蓄电池合"灯亮。

2. 操作 402SA1 或 402SA2 开关,分别升前弓或后弓

要求:乘务组人员齐全,并将头伸出窗外,高声呼唤:"升弓了",并鸣笛一长声升弓(有限制或禁止鸣笛规定的地区除外)。

（1）听：升弓电磁阀 1YV 或 2YV 吸合声。

（2）看：网压表显示网压 19~29 kV，确认弓网状态良好。

3. 将主断路器开关 401SA1 或 401SA2 置于"合"位

（1）听：主断路器的吸合声。

（2）看：司机操纵台显示"主断"灯灭，司机操纵台电压表显示充电电压 110 V。

4. 主断路器开关 401SA1 或 401SA2 置断开位

（1）听：主断路器断开声。

（2）看：司机操纵台主断路器灯亮，电压表显示 96 V 以上。

5. 重新闭合主断，启动劈相机，闭合劈相机开关 404SA1 或 404SA2

（1）听：劈相机 1 启动声，延时 3 s 后劈相机 2 启动声。

（2）看：司机操纵台显示灯"劈相机 1"灯灭，延时 3 s 后，"劈相机 2"灯灭。

6. 分别闭合"空气压缩机"开关 408SAI（或 408SA2）和"备用空气压缩机"开关 411SA1（或 411SA2）

（1）听：当总风缸压力低于 750 kPa 时，空气压缩机 1 启动声。

（2）延时 3 s 后，听空气压缩机 2 的启动声。

7. 将"空气压缩机"开关 408SAI 或 408SA 2 置于强泵位

（1）空气压缩机立即工作。听：空气压缩机 1 启动声（但不受 547KF 的控制）。

（2）听：当总风缸风压达到 1 000 kPa 时，高压安全阀的排风声。

8. 加载试验

要求：再次确认制动缸压力 300 kPa 以上，防止机车移动。

（1）换向手柄前进位加载试验：

① 主手柄置 2~3 级。

看：司机操纵台"零位""预备"灯灭，各牵引电机电流表显示正常值。

② 主手柄置 4 级（瞬间完成）。

看："预备"灯亮，各牵引电机电流回零后，将主手柄退回零位。

（2）换向手柄后进位加载试验：

① 主手柄置 2~3 级。

看：司机操纵台"零位""预备"灯灭，各牵引电机电流表显示正常值。

② 主手柄置 4 级（瞬间完成）。

看："预备"灯亮，各牵引电机电流回零后，将主手柄退回零位。

（3）辅助司机控制器前、后位加载试验：

试验步骤与第 8 步（1）、（2）项相同。

9. 断开操纵台所有开关及电钥匙，并将脱扣开关 609QA 断开，进行微机Ⅰ、Ⅱ架转换试验

试验内容与上述第 1~9 项相同，试验完毕恢复正常位置。

10. 闭合 609QA 升弓、合主断、合劈相机、闭合通风机开关 406SA1 或 406SA2 试验

（1）听：牵引通风机 1 启动声；延时 3 s 后牵引通风机 2 启动声；延时 3 s 后牵引通风机 3 启动声；延时 3 s 后牵引通风机 4 的启动声；延时 3 s 后"变压器风机""油泵"的启动声。

（2）看："牵引通风机"灯灭，"变压器油泵"灯闪亮后熄灭。

11. 闭合制动风机开关 407SAI 或 407SA2

（1）听：制动风机 1、3 的启动声，延时 3 s 后，制动风机 2、4 的启动声。

（2）看："制动风机"灯灭。

12. 换向手柄转置于"制动位"，主手柄置于"9 位"电阻制动试验

（1）看："零位""预备"灯灭，"电制动"灯亮。

（2）励磁电流上升约 930 A 时，牵引电流上升 70 A，微机屏显示"加馈"。

（3）关闭制动风机，电流指示回"0"，司机操纵台"制动风机"灯亮，"预备"灯亮。

（4）主手柄回零，"零位"灯亮，换向手柄置"前进"位。

13. 按紧急停车按钮 594SBI 或 594SB2

（1）听：主断路器跳闸声、机车紧急制动排风声。

（2）看：司机操纵台"主断""预备""零位""劈相机 1""牵引风机""劈相机 2""制动风机"灯亮，监控装置"紧急"灯亮。

14. 恢复紧急停车按钮

要求：恢复紧急停车按钮 15 s 后，将电空制动器手柄由重联位移至运转位时，重新闭合主断路器。

（1）听："主断路器""劈相机""牵引风机"的吸合声。

（2）看："主断""紧急"灯灭；"劈相机 1""劈相机 2"灯灭；"牵引风机"灯灭；"变压器油泵"灯亮后熄灭。

15. 断 402SAI 或 402SA2，降弓欠压试验

要求：启动劈相机。

（1）看：网压表指示下降。

（2）听：主断路器跳闸声。

（3）看：司机操纵台"主断""欠压""劈相机""牵引风机"灯亮。

（4）断开"劈相机""通风机"开关，闭合"主断"，看"欠压""主断"灯灭。

16. 逻辑控制单元（LCU）转换试验

要求：断开主断、操纵台全部开关，关闭电钥匙。将逻辑控制单元 A 组装换至 B 组，再进行上述各项内容的操作试验。

试验完毕后恢复各部件的正常状态。

任务七　HXD₃型电力机车高、低压试验程序

一、低压试验

（一）准备工作

（1）确认车顶门、控制电器柜柜门锁闭良好，高压接地开关在"运行"位（两把黄色钥匙插入）；蓝色钥匙插入制动控制柜锁孔，开通受电弓风路（蓝色钥匙呈垂直状态）。

（2）确认各风路塞门在正常工作位置（空气制动柜：总风塞门A24、踏面清扫塞门B50.02、弹停塞门B40.06、撒砂塞门F41.02、制动缸塞门Z10.22在开放位；干燥器下：控制风缸塞门U77在开放位、总风缸排水塞门A12在关闭位；压缩机与Ⅰ端变流柜间侧墙：Ⅱ端受电弓塞门U98在开放位；压缩机与Ⅰ端变流柜间小地板下：弹停风缸排水塞门A14、控制风缸排水塞门U88均在关闭位；控制电器柜与Ⅱ端变流柜间侧墙：主断路器塞门U94、Ⅰ、Ⅱ端受电弓高压隔离开关塞门U95、Ⅰ端受电弓塞门U98均在开放位）。

（3）确认总风缸风压不低于750 kPa；机车控制电路电压不低于96 V。

（4）确认控制电器柜上的自动开关位置正确（除直流加热及自动过分相自动开关在"断开"位外，其余自动开关均在"闭合"位）。

（5）实施弹停制动。

（6）司机室各控制器在"0"位，打开机械室门。

（二）试验顺序及要求

1. 机车照明试验

依次闭合仪表、司机室、走廊、车底、前（副）照灯、标志等照明灯开关，检查各照明灯照明良好、逻辑控制关系正确。

2. 辅机系统试验

检查遮阳帘、风扇、刮雨器、工作状态良好，功能与控制开关指示位置相符合。

3. 机车电钥匙试验

（1）机车电钥匙置"合"位。观察制动显示屏启动正常，检查制动显示屏各数据、参数设置正确。

（2）将自动制动手柄置"抑制"位1 s后回"运转"位、单独制动手柄置"全制"位观察制动显示屏"动力切除"消除，制动显示屏均衡风缸、列车管风压显示600（500）kPa、机车制动缸风压显示300 kPa。

4. 微机显示屏试验

（1）状态指示屏"微机正常""主断分""零位""欠压""辅变流器""水泵""停

车制动"灯亮。

（2）按下状态指示屏自检按钮，所有状态指示灯亮。

（3）确认微机显示屏显示正常，其网压、控制电路电压显示与仪表模块显示一致。

（4）主、辅变流器切除试验。

利用微机显示屏触摸开关，分别将主变流器、辅变流器切除、恢复一次。

5. 弹停装置试验

（1）弹停转换开关置"缓解"位。确认弹停制动缓解，状态指示屏"停车制动"红灯灭。

（2）弹停转换开关置"制动"位。确认弹停装置制动，状态指示屏"停车制动"红灯亮。

6. 主变流器试验

将主变流器试验开关（SA75）置"试验"位，进行以下试验。

（1）断路器试验。

① 将主断路器扳键开关（SB43 或 SB44）置"主断合"位。听主断路器闭合声；看状态指示屏"主断分"灯灭，微机显示屏显示"主断合"。

② 将主断路器扳键开关（SB43 或 SB44）置"主断分"位。听主断路器断开声；看状态指示屏"主断分"灯亮，微机显示屏显示"主断分"。

（2）牵引试验。

①"前"位牵引试验。

a. 换向手柄置"前"位：听充电、工作接触器动作声，看微机显示屏方向指示与手柄位置一致。

b. 缓慢将调速手柄由"0"推向"牵引"区最大位：看状态指示屏"0"位灯灭、微机显示屏级位显示从 0.0 升至 13.0，各轴扭矩输出显示由 0 升至约 95 kN。

c. 缓慢将调速手柄退至"0"位：看微机显示屏级位和牵引力显示逐步回"0"、状态指示屏"零位"灯亮。

d. 换向手柄置"0"位：听工作接触器断开声。

②"后"位牵引试验。

试验内容同"前"位牵引试验。

（3）电制动试验。

① 换向手柄置于"前"位，将调速手柄拉向"制动区"并逐渐推至最大位。看状态指示屏"零位"灯灭、"电制动"灯亮；听制动系统短暂排风声（机车制动缸有风时）；看微机显示屏手柄级位由 11.9~1 级变化。

② 调速手柄退回"0"位。

看状态指示屏"电制动"灯灭、"零位"灯亮。

③ 缓解机车制动，大闸置"初制动"位，将调速手柄置"制动区"。

看状态指示屏"零位"灯灭、"电制动"灯亮；观察机车制动缸缓解。

④ 调速、换向手柄回"0"。

（4）试验完毕，主变流器试验开关（SA75）恢复至"0"位。

7. 撒砂试验

分别将换向手柄置"前""后"位，脚踩撒砂开关 SA83（SA84），确认撒砂装置作用良好。

8. 警惕装置试验

在微机显示屏牵引/制动画面按点击【检修状态】→输入密码"000"→点击【确认】【状态】【信号信息】→进入信号信息画面→点击【DI2】→进入 DI2 画面第一页，手按警惕按钮或脚踩警惕开关，看 521 线底色变绿；松开后，底色恢复黑色。

二、高压试验

（一）准备工作

（1）确认机车各闸刀、试验开关、故障转换开关、风路塞门、车顶门、各屏柜门均在正常位。

（2）确认总风风压不低于 700 kPa，机车制动缸风压不低于 300 kPa。

（3）检查控制电路电压不低于 96 V。

（4）通过微机显示屏将主变流器 CI1~CI6 全部切除。

（5）将非操纵端自动制动手柄锁定在"重联"位，单独制动手柄置"全制"位，锁闭非操纵端司机室门窗。

（6）确认操纵端司机控制器手柄在"0"位、机车电钥匙在"0"位。

（7）确认机车停留在有电区且接地线已撤除、隔离开关已闭合，机车两端地面防护牌、信号旗（信号灯）已撤除，机车周围无闲杂人员且均处于安全区域，高压试验人员均在司机室。

（二）试验顺序及要求

1. 机车电钥匙置"合"位

（1）确认制动显示屏启动正常，检查制动显示屏各数据、参数设置正确。

（2）将大闸置"抑制"位 1 s 后回"运转"位、小闸置"全制"位，确认制动显示屏"动力切除"消除，制动显示屏均衡风缸、列车管风压显示 600（500）kPa、机车制动缸风压显示 300 kPa。

2. 升降弓试验

（1）后弓试验。

① 将受电弓扳键开关 SB41（SB42）置"后受电弓"位。

a. 听升弓电磁阀得电充风声。
　　b. 观察受电弓上升正常，无冲网现象，升弓时间不得大于 5.4 s（从弓头动作时起）。
　　c. 确认网压表及微机显示屏网压显示正常、状态指示屏"欠压"灯灭。
　　② 将受电弓扳键开关 SB41（SB42）置"0"位。
　　a. 观察受电弓下降正常，无砸车顶现象，降弓时间不得大于 4 s（从弓头动作时起）。
　　b. 确认网压表及微机显示屏显示网压低于 5 kV、状态指示屏"欠压"灯亮。
　（2）前弓试验。
　　试验内容同后弓试验。
　（3）升起后弓。

3. 主断路器试验

（1）将主断路器扳键开关 SB43（SB44）置"主断合"位。
　① 听主断路器闭合声及辅变流器 2（APU2）启动后，水泵、辅变流器风机、油泵投入工作声。
　② 看机车状态指示屏"主断分""辅变流器""水泵"灯灭。
　③ 进入微机显示屏"风机状态"画面，确认变压器油泵 MA21、MA22 及水泵 MA27、MA28 投入工作。
　④ 进入微机显示屏"辅助电源"画面，看辅变流器 2（APU2）输出频率为（50±1）Hz。
　⑤ 观察控制电路电压表及微机显示屏，看控制电路电压显示 110 V。
　⑥ 进入机械室确认冷却系统水流量计显示流量正常（黑色指针在 200 左右）。

4. 压缩机试验

（1）总风风压低于 750 kPa（0001~0640 号机车）或 680 kPa（0641 号机车之后）时，将压缩机扳键开关 SB45（SB46）置"压缩机"位。
　① 听空气压缩机 1、2 间隔 3 s 依次启动。
　② 进入微机显示屏"空制状态"画面，看压缩机 CMP1、CMP2 正常投入工作。
　③ 当总风风压升至 900 kPa 时，压缩机 1、2 同时停止工作。
（2）当总风缸风压高于 750 kPa 但又低于 825 kPa 时（0001~0640 号机车）或当总风缸风压高于 680 kPa 但又低于 750 kPa 时（0641 号机车之后），将压缩机扳键开关 SB45（SB46）置"压缩机"位，此时，仅操纵端压缩机投入工作，当总风风压达到 900 kPa 时自动停止工作。
（3）将压缩机扳键开关 SB45（SB46）置"强泵风"位不松手。
　① 看操纵端压缩机投入工作，总风风压升至 950 kPa 时听高压安全阀喷气声。
　② 松开压缩机扳键开关 SB45（SB46），操纵端压缩机停止工作。

5. 换向手柄"前"位试验

（1）换向手柄置"前"位。

① 听辅变流器 1（APU1）启动后，牵引及复合冷却风机启动。

② 进入微机显示屏"风机状态"画面，确认牵引风机 MA1~MA16 启动正常。

③ 进入微机显示屏"辅助电源"画面，看辅变流器 1（APU1）输出频率升至 33 Hz。

（2）换向手柄回"0"位。

待 1 min 之后，听各牵引、复合冷却风机停止工作。

6. 电制动试验

（1）换向手柄置"前"位、调速手柄离开"0"位至"制"区最大。

① 看机车状态指示屏"零位"灯灭。

② 进入微机显示屏"辅助电源"画面，看辅变流器 1（APU1）输出频率升至（50±1）Hz。

③ 看微机显示屏显示级位由 11.9 级~1 级间变化。

（2）调速手柄回"0"位。

看机车状态指示屏"零位"灯亮。

7. 牵引试验

（1）弹停转换开关置"缓解"位，看机车状态指示屏"停车制动"红灯灭。

（2）通过微机显示屏触摸开关恢复主变流器 CI1~CI3，看状态指示屏"预备"灯亮。

（3）将调速手柄置牵引"*"位。

① 看机车状态指示屏"零位""预备"灯灭。

② 微机显示屏显示"1.0"级、牵引电机 M1~M3 输出扭矩显示 13 kN 左右。

（4）调速手柄退回"0"位。

① 机车状态指示屏"零位""预备"灯亮。

② 看微机显示屏牵引电机 M1~M3 输出扭矩变为 0、手柄级位显示"0"级。

（5）通过微机显示屏触摸开关切除主变流器 CI1~CI3、恢复主变流器 CI4~CI6，将调速手柄置牵引"*"位。

① 看机车状态指示屏"零位""预备"灯灭。

② 微机显示屏显示"1.0"级、牵引电机 M4~M6 输出扭矩显示 13 kN 左右。

（6）调速手柄退回"0"位。

① 机车状态指示屏"零位""预备"灯亮。

② 看微机显示屏牵引电机 M4~M6 输出力矩变为 0、手柄级位显示"0"级。

（7）换向手柄置"0"位，通过微机显示屏触摸开关切除主变流器 CI4~CI6。

8. 辅变流器故障切换试验

（1）断开主断路器，通过 TCMS 屏"开放状态"栏手动切除 APU1，看 APU1 栏变红。重新闭合主断，听 APU2 启动声，各风机启动运行，通过 TCMS 屏"机器状态"栏"风机状态"界面，确认 WP1～WP2 水泵、MA21～MA22 油泵工作正常，MA11～MA16 牵引风机、MA17～MA18 复合冷却风机启动正常。

（2）通过 TCMS 屏"机器状态"栏"辅助电源"界面看 APU2 输出电源频率为 50 Hz，看 PSU1（PSU2）装置投入工作，观察控制电压表及 TCMS 屏显示控制电压 110 V。

（3）断开主断路器，恢复 APU1，切除 APU2 试验（试验内容及步骤同上）。

9. PSU 装置转换试验

（1）断电降弓拉回电钥匙开关，通过 TCMS 屏确认试验时正常工作的 PSU 单元，并通过 TCMS 屏检修模式修改系统日期，修改完毕后脱开蓄电池开关，30 s 后恢复蓄电池开关。

（2）重新升弓闭合主断，确认控制电压表及 TCMS 显示屏显示控制电压 110 V，通过 TCMS 屏"辅助电源"界面，确认另一组 PSU 投入工作。

（3）断开主断路器，采用手动转换 PSU 单元，将 PSU 装置柜侧面转换开关转至另一组 PSU 单元，重新闭合主断，确认控制电压表及 TCMS 显示屏显示控制电压 110 V，通过 TCMS 屏"辅助电源"界面，确认另一组 PSU 投入工作。

任务八　电力机车故障应急处理

电力机车由各类电机、电器、电子线路板、连接电线电缆以及空气管路等组成一个复杂而庞大的电气系统。由于机车的频繁操作、运行的震动、气候条件的复杂、各部件的寿命限制等原因，运用中机车难免会发生各种故障，直接影响行车安全。所以，乘务员应在发生故障后，迅速而准确地判断出故障处所及原因，及时处理，既可防止机破临修，又可避免事故扩大，造成不必要的损失。

机车故障应急处理是指在机车运行中发生故障时，用最简便的办法、最短的时间，将故障排除或将故障部分切除，以防止故障扩大，维持故障运行。所谓故障运行，是指机车发生故障后，经应急处理，在故障状态下，维持到终点站或车站的运行。

正确进行故障应急处理，首先要弄清楚机车故障过程的全部现象及司机台信号灯及各仪表的显示，然后对故障现象进行正确的分析、判断后，采取相应的措施，妥善实施处理。

机车在运行中发生电气故障，往往采用"手动"和"短接"两种方法来强迫某个故障电器动作。注意：这两种方法仅对控制电器或高压电器的低压部分而言。使用"手动"方法，首先要熟悉故障电器所处的具体位置、功用、结构和电压等级，要合理、准确、迅速否则误触电器高压部分将造成触电；位置不清而盲目操作将会使其他部件受到损失；动作不迅速、不果断、不合理势必造成触点的焊接、拉弧以致烧损电器，进而危及其他良好的电器。在处理电器故障过程中，还应考虑强迫闭合时与司机手柄及扳钮的操作配合,按照正确的逻辑控制关系去强迫闭合。使用"短接"方法处理故障时要慎重,要认真确认清楚线号及端子,短接时要可靠接触并固定好短接线,以免造成窜电现象扩大故障范围。

一、受电弓部分故障应急处理

(1)一台受电弓滑板或导弧角损坏或刮弓损坏后,若没接地,又不超限界,则换弓维持运行;若超限界或接地时,请求停电,在得到电调命令后挂好接地线,上车顶处理。

(2)一台受电弓降不下来,若属于受电弓本身故障,可暂不处理,维持回段处理。如遇临时降弓信号,应立即停车,问明情况,适当处理;万不得已时,应请求停电,挂好接地线,上车顶处理后,换弓继续运行。

(3)受电弓升起,车顶有放电响声时,若只响一次,又不影响接触网供电,可维持运行;若连续响时,应请求停电,挂好接地线,上车顶检查处理后,继续运行。

二、主断路器部分故障应急处理

(1)主断路器不闭合时,确认是主断路器本身故障,可将调速手柄放"0"位,并确认受电弓降下后,拉回钥匙,手按合闸电磁阀衔铁杆或用螺丝刀扳动转动瓷瓶下方转轴,强迫闭合。过绝缘分相段时不断开主断路器,降弓通过。

(2)如系转动瓷瓶或转轴断裂,一般应请求救援;特殊情况下,请求停电,挂好接地线,上车顶强迫闭合。

(3)主断路器不断开时,如无其他故障,可不处理,过绝缘分相段时解除牵引动力,关闭全部辅助机组,降弓过绝缘分相段。如有其他故障显示,则应对应处理。

(4)非线性电阻瓷瓶爆炸,若其他瓷瓶完好时,可维持运行回段。

三、劈相机部分故障应急处理

(1)一台劈相机接地或烧损。当检查接触器无焊接时,将相应的故障隔离开关置于故障位,用另一台劈相机维持运行;$SS_{4改}$型电力机车则改用通风机组电动机电容分相启动,代替劈相机维持运行。若接触器焊接,则应断电后撬开触头,再切除故障劈相机。

(2)两台均烧损时,一般应请求救援。

(3)劈相机起动电阻折断或烧损时,用起动电阻故障转换开关转换至另一组电阻。

四、压缩机部分故障应急处理

（1）一台压缩机电机烧损或不启动，可用相应的故障隔离开关切除该电机，使用另一台压缩机维持运行。

（2）两台均烧损时，则请求救援。若系两个接触器均故障不吸合，来不及处理时，检查主触头系统良好，可人为闭合接触器打风，维持回段。

五、通风机组部分故障应急处理

（1）当牵引通风机故障时，断开相应的故障隔离开关切除故障通风机，并切除相应故障通风机供风冷却的牵引电机，打开平波电抗器下面的小门，维持运行或要求减吨运行。

（2）制动风机或励磁风机损坏或制动电阻带烧损时，禁止使用电阻制动。

（3）潜油泵烧损或不启动，可用油泵故障隔离开关切除维持运行，但必须监视变压器温不得超过 90 ℃，超过 90 ℃时，应在车站停车冷却后继续运行。

六、两位置转换开关不转换故障应急处理

（1）前、后工况不转换时，电力机车要停车断电后方可处理或人工转换；人工转换后，同时关闭相关塞门，维持运行。

（2）牵引、制动工况不转换时，可在运行中降弓断电的情况下，确认励磁接触器释放后，人工转换维持运行。

七、固定分路电阻故障应急处理

当某个固定分路电阻烧损或折断时，在牵引状态下，给定Ⅰ级磁场削弱维持运行；在制动状态下，控制住励磁电流维持运行。但需处理好故障处所，保证不放电、不接地。

八、接触器部分故障应急处理

（1）当接触器焊接时，断电后将其撬开，根据焊接情况进行打磨或整修处理。

（2）当接触器烧损时，断电后将各触头断开，停止使用，然后按相关电机故障应急处理办法处理维持运行。

（3）接触器线圈烧损，又必须使用相关的电机电器时，可将其顶死维持运行，

过绝缘分相段后，合闸前，须将顶死的接触器放开，待劈相机重新启动完成后，才可再次顶死维持运行，以免相关的电机单相烧损。

九、主回路接地故障应急处理

（1）运行中如发生接地时，应立即进行检查，未发现异状时，可试合一次闸，若还跳闸，将主接地装置闸刀开关放故障位，加强走廊巡视，维持运行，停站时视情况处理。

（2）主回路发生接地后，一般停止使用电阻制动。

（3）主回路发生接地后引起网侧过流继电器动作的，检查无异状后可再闭合一次主断路器，若还动作，则请求救援。

十、辅助回路接地故障应急处理

进行检查，若发现故障机组时，按该机组故障运行办法处理；未发现故障处所时，可辅助电路接地开关断开，加强走廊巡视，维持运行。

项目总结

本项目就电力机车整备作业的基本知识，电力机车检查的基本知识，静止检查的内容顺序，乘务员自检自修范围和机车主要部件的维护保养等知识进行了具体的阐述，其中电力机车静止检查顺序、主要部件的维护与保养方法是重点内容，希望同学们能结合实践训练进一步加强对相关理论的理解并重点掌握。

事故案例

京广线"7·23"T91次旅客列车冲突重大事故

（一）事故概况

2001年7月23日14时45分，T91次旅客列车（沈阳北—广州东）运行至京广线信阳站进5道停车时，在K978+778处，机后17位车辆后部与信阳机务段库2线整备出段的单机（韶山$_3$型0521号，制动失灵）发生侧面冲突，导致机后18位（YZ25K45570）、19位（XL25K5565）车辆脱轨，T91次摘车2辆后，于16时45分由信阳站开出。客车中破2辆；延误T91次本列2小时；直接经济损失约385万元。构成旅客列车冲突重大事故。

（二）原因分析

因韶山型机车单元制动器经常发生闸瓦间隙过小，缓解不良，造成轮箍松弛。乘务员在机车入段后盲目调大单元制动器闸瓦与轮对间的间隙，是造成这次事故的主要原因。铁道部事故批复为：这起事故，系机车整备作业不充分，造成机车出库后机车制动失灵。同时也暴露了机车单元制动器在运用和检修及设计、制造、标准等方面的一系列问题。

（三）事故教训

（1）机车小、辅修时，对制动机、电阻制动、基础制动装置及走行部关键部件等要重点检修，确保性能良好；机车乘务员出段前整备作业时要认真对制动机性能进行试验、试风、试闸，在确认机车有足够的制动力后，方可办理要道出段。

（2）强化制动失灵时的辅助停车措施，各机务段要针对使用机型，按照铁路局集团公司电报要求，制定制动失灵时的应急处理办法，对乘务员进行强化培训和演练。

（3）要求株洲厂为用户提供正确的闸瓦间隙调整方法。

（4）会同株洲厂提出韶山$_3$型机车段修规程有关单元制动器传动装置销套间隙的修改建议报部，以防止今后因单元制动器传动装置销套间隙过大造成不良后果。

复习思考题

1. 电力机车检查的基本要求是什么？
2. 电力机车检查的方法有哪些？
3. 电力机车检查的注意事项有哪些？
4. 电力机车如何进行日常检查？
5. 机车保养工作的一般要求是什么？
6. 电力机车各主要部件的保养内容有哪些？
7. 举例说明电力机车常见故障的分析判断方法和流程。
8. 举例说明电力机车乘务员自检自修的方法。
9. SS_9型电力机车司机全面检查顺序有何规定？试画出司机全面检查作业顺序图。
10. SS_9型电力机车全面检查作业程序及要求是什么？

SS_9型电力机车检查作业

参考文献

[1] 中国铁路总公司. 机务行车安全管理规则[M]. 北京：中国铁道出版社，2015.

[2] 中国铁路总公司. 铁路技术管理规程（普速铁路部分）[M]. 北京：中国铁道出版社，2018.

[3] 中国铁路总公司. HXD_{1D}型电力机车检修技术规程（C1～C4修、C5修）[M]. 北京：中国铁道出版社，2019.

[4] 铁道部. 铁路机车操作规则[M]. 北京：中国铁道出版社，2013.

[5] 中国铁路总公司. 铁路机车运用管理规则[M]. 北京：中国铁道出版社，2015.

[6] 铁道部. 铁路交通事故调查处理规则[M]. 北京：中国铁道出版社，2007.

[7] 铁道部. 铁路交通事故应急救援规则[M]. 北京：中国铁道出版社，2007.

[8] 铁道部. 电气化有关人员电气安全规则[M]. 北京：中国铁道出版社，2006.

[9] 中国铁路总公司. 铁路机车统计规则[M]. 北京：中国铁道出版社，2016.

[10] 铁道部. 铁路机车行车安全装备管理规则[M]. 北京：中国铁道出版社，2012.

[11] 《技规》条文说明编写组. 铁路技术管理规程（普速铁路部分）条文说明[M]. 北京：中国铁道出版社，2018.

[12] 邢开功. 铁路机车及机车运用管理[M]. 北京：中国铁道出版社，2014.

[13] 北京铁路局. 铁路交通事故典型案例分析与警示[M]. 北京：中国铁道出版社，2014.

[14] 铁道部运输局装备部. HXD_3型电力机车[M]. 北京：中国铁道出版社，2011.

[15] 铁道部. LKJ-2000型列车运行监控装置操作手册[M]. 北京：中国铁道出版社，2009.

[16] 杨瑞柱. 电力机车运用与规章[M]. 北京：中国铁道出版社，2008.

[17] 胡德臣，方晨. 技规导读[M]. 北京：中国铁道出版社，2000.

[18] 曾青中. 电力机车检查与保养[M]. 北京：中国铁道出版社，2008.

[19] 郑州铁路局. LKJ-2000型列车运行监控装置操作手册[M]. 北京：中国铁道出版社，2009.

[20] 余卫斌. 韶山$_9$型电力机车[M]. 北京：中国铁道出版社，2006.

[21] 铁道部安全监察司. 铁路行车事故案例选编[M]. 北京:中国铁道出版社,1999.